全国教育科学规划教育部青年课题
"经济转型升级中区域职业院校的创新创业教育研究
——以广东省为例"（EFA150367）研究成果

高校创新创业教育发展动力机制研究

Research on the Dynamic Mechanism of Innovation and Entrepreneurship Education in Universities

王爱文　著

版权所有 翻印必究

图书在版编目（CIP）数据

高校创新创业教育发展动力机制研究/王爱文著. —广州：中山大学出版社，2019.12
ISBN 978-7-306-06824-8

Ⅰ.①高… Ⅱ.①王… Ⅲ.①高等学校—创造教育—研究—中国 Ⅳ.①G640

中国版本图书馆 CIP 数据核字（2019）第 301966 号

出 版 人：王天琪
策划编辑：熊锡源
责任编辑：熊锡源
封面设计：曾 婷
责任校对：叶 枫
责任技编：何雅涛
出版发行：中山大学出版社
电　　话：编辑部 020 - 84111996，84113349，84111997，84110779
　　　　　发行部 020 - 84111998，84111981，84111160
地　　址：广州市新港西路 135 号
邮　　编：510275　　　　传　真：020 - 84036565
网　　址：http://www.zsup.com.cn　　E-mail: zdcbs@mail.sysu.edu.cn
印 刷 者：广州市友盛彩印有限公司
规　　格：787mm×1092mm　1/32　8.5 印张　220 千字
版次印次：2019 年 12 月第 1 版　2019 年 12 月第 1 次印刷
定　　价：35.00 元

如发现本书因印装质量影响阅读，请与出版社发行部联系调换

序

  知识型社会的到来推动了经济发展模式的变革，以创新为主导的驱动成为新一轮国际竞争的关键。创新关乎国家战略发展，提升国家创新能力的驱动力根源在于深化高校创新创业教育改革，培养创新创业人才。近年来，随着国家对知识创新、科技创新、技术转移的需求日益迫切，创新创业教育成为高等教育改革研究和实践的热点，党的十九大报告多次提到创新创业，着重强调"促进高校毕业生等青年群体创业"。国家和各省市相继出台了一系列关于创新创业教育的鼓励和优惠政策，推动创新创业教育的开展。作为创新的主体——创新创业人才培养的重要性已经上升到了国家战略高度，发展创新创业教育、培养创新创业人才是高等教育改革的必然要求和发展趋势。国务院总理李克强2015年在《政府工作报告》中指出，推动大众创业、万众创新，有利于扩大就业，增加居民收入，同时对于促进社会纵向流动和公平正义具有积极意义。2015年3月，《国务院办公厅关于发展众创空间，推进大众创新创业的指导意见》出台；6月，《国务院关于大力推进大众创业万众创新若干政策措施的意见》发布。2016年5月国务院办公厅印发《关于建设大众创业万众创新示范基地的实施意见》，指出，要在更大范围、更高层次、更深程度上推进大众创业万众创新，打造发展新引擎。自"双创"成为国家战略之始，从中央政府到地方省市已经出台支持"双创"的相关政策措施及支持创业创新的一系列优惠政策。大众创业、

高校创新创业教育发展动力机制研究

万众创新的理念日益深入人心,然而,同率先迈入创新驱动的国家相比,我国大学生在创新创业上普遍存在着创新精神不够、创新能力偏低、创业意愿不足、实战能力较弱、生存型多社会型少、资源型多知识型少等问题。处于新旧经济发展方式转换的历史结点上,高等学校应不断提升对创新创业教育的认识,树立创新创业教育理念,将大学生的创新创业精神和能力培养作为高等学校人才培养的基本内容之一,进而形成适应本土创新驱动,并能促进人的全面发展的创新创业教育理论与实践体系,使更多大学生成为具有创新精神的知识劳动者、面向知识要素的创业者。教育必须承担起它应有的历史责任,通过开展面向全体学生的公共创新创业教育,来大规模地复制和生产创新创业精神与能力。

创业是一种探索性的行为,是人本质力量的展示与主体性的实现。创业教育作为培养创业者的教育活动,应该将人的自由与全面发展作为其核心的价值观。最早提出创业教育概念的柯林·博尔认为创业者应该具备如下素质:敢于尝试和冒险、善于提出创造性的想法、积极应对变化环境、善于组织和交流、强的自我效能感、坚韧不拔的决心和信心。放眼全球,谁拥有创新创业型人才,谁就能在激烈的国际和地区竞争中拥有竞争力,赢得先机,获得主动,取得发展。未来学家约翰·奈斯比特在《大趋势》(1982)中提到,创业是美国经济持续繁荣的基础。管理学大师彼得·德鲁克在《创新与企业家精神》(1985)中说到,创业型就业是美国经济发展的主要动力之一,是美国经济政策成功的核心。欧洲委员会认为,创业不仅是开公司,创业更是人民日常生活和职业生涯取得成功所应具备的一种自身的素质。英国政府就明确提出,学校创新创业人才的培养宗旨在于全社会形成一个激发创业、鼓励创新和实现成就的文化。近年来,国际上高校的"创业教育"发生着重大变革,提出了全新的理念,即高校创业教育的核心目标应该是培养、提升每个大学生的"创新创业素质"，培养与产业经济发展相匹配的创业人才，而不仅仅是培养出几个自主创业的学生。澳大利亚教育部指出，创业教育是培养人的创造能力、技巧和革新性、开创性等个性品质的教育。日本的创业教育要求培养创业观，教授学生创业知识，组织实践活动以培养他们的创业思维和创业能力，是一个授人以渔的概念。各个国家的创业教育体现虽有不同，但均强调对创业精神和素质的培养。可见，创业教育以培养创业精神和品质为目标，都是一种素质教育，一种授人以渔的教育。

创业教育的内容通常包含创业精神学、创业知识论、创业实践论三大模块。创业精神是创业主体进行创业实践的灵魂和支柱，通过对创业哲理、创业伦理与创业心理知识整合，培养出创业者应具有的辩证思维方式，自信、自主、自立、自强的企业家精神与良好的道德情操；创业知识是创业主体必要的知识准备与创业的理论工具，通过经济理论、创业管理、创业环境、创业人才与创业法规等知识的协调与整合，使创业者掌握创立企业、合法经营、规划企业的创业文化和应对社会环境与市场需求变化的基本知识；创业实践是创业者由理论到实践的中间环节，通过创业设计、案例教学与企业运营的计算机仿真等手段来培养创业者解决具体问题的能力。

创业教育是一种非常复杂的教育，从类型上看，它有别于专业教育与通识教育；从实施范畴上看，它不仅仅局限于高等教育领域；从其追求的目标看，成功创业本身越来越不是其最终目标，促进人的终身发展才是其根本目的。创业教育的这种复杂性对创业教育的研究者与实施者都提出了不少的挑战。但是，从目前的研究来看，学者们要么关注的是美国创业教育发展的背景环境和政策、制度条件；要么关注的是创业教育发展理念、创业教育课程体系、创业教育师资队伍建设、创业教育教学模式等问题；同时，也有一部分研究者对美国某些大学的创业教育发展个

高校创新创业教育发展动力机制研究

案进行了深入、细致的剖析,关注高校创业教育发展内部环境的研究者也明显多于关注其外部环境的研究者,极少有人对创新创业教育的发展动力机制问题展开研究,这不能不说是一种遗憾。目前,高校创新创业教育越来越受到各国高校和研究者的重视,许多研究者也投身于相关的研究之中。其发展的动力何在?其发展的有利条件或不利条件有哪些?为什么是创新创业教育,而不是其他类型的教育得到了如此迅速而广泛的发展?创新创业教育发展的生命周期是怎样的?这些问题都值得研究者们思考,而这些问题归根结底就是要回答高校创新创业教育发展的动力机制是什么。因此,本研究确立了"高校创新创业教育发展动力机制研究"这一主题,以期对以上问题进行系统的解答。本研究所关注的高校创业教育发展动力机制问题是一个较为宏观的问题,而且同时关注其内部与外部影响因素,因此,本研究有助于促进高校创业教育发展理论的进一步完善。动力机制是推动系统运动、变化、发展的内部力量和外部力量的相互作用方式,是使系统诸要素、部分、环节在相互作用的过程中形成有利于良性运转的结构和功能。这种机制是推动事物良性发展的机制,这种动力机制充分发挥作用,可使系统的整体运行从自发走向自觉、从被动走向主动。在这一概念基础上,本研究意在通过分析我国高校创新创业教育发展的内部力量和外部力量的相互作用方式,试图探索促进其发展的动力结构与动力运行特征,尝试着揭示出我国高校创业教育发展的基本规律。创新创业教育动力机制是为推进创业而建立的机构、系统和制度以及各因素、各环节之间各种关系的产物,它在任何时候都存在并发挥作用。

我国的高校创业教育仍处于起步阶段。然而,随着知识经济和我国经济发展转型期的到来,随着我国对创新创业需求的不断增加,高校创业教育越来越受到政府和普通公众的关注,那么,该如何有效地促进我国高校创业教育的发展呢?这是值得我们去

序

深思的。本研究立足于转变经济发展方式的背景与内涵，探讨了创新驱动的组织机制，即创新驱动是经由知识型创业活动组织起来，在此基础上分析了创新驱动对高等院校创新创业教育的要求，并在做调研的基础上总结了我国高校创新创业教育规律及特点；从美国等高校创业教育的发展历程中我们可以看到，高校创业教育的发展需要高校内部与外部力量的共同作用，尤其需要外部力量的强力干预。因此，借鉴美国、德国等国外高校创业教育发展动力机制可为我国政府决策者选择理性、高效的高校创业教育发展道路提供借鉴与指导。

本书从创新创业几个主要的概念入手，对创新与创业、创业教育、创业教育的模式、动力机制等重要内涵进行界定和分析，对创新创业教育发展动力机制的形成涉及政治政策、体制机制、法律制度、经济运行以及文化教育等各个层面做了概况性的阐述。并就动力机制系统性、诱致性和制度化等特征以及动力机制形成的主要动因如创业推动、政策驱动、需求拉动、学习效应等各方面进一步铺开。最后对动力机制的架构设计：创业驱动机制，鼓励和保护创新思想，建立健全风险投资的运作机制，在财税上对创新和创业进行扶持和建立创业文化等做整体设计。系统论作为研究客观现实系统的特征、本质、原理和规律的科学，主张从整体出发研究系统内部结构之间、系统与外界环境之间的普遍联系。系统论对高校创业教育发展动力机制研究具有重要的启示和借鉴价值。高校创业教育系统不仅是高等教育系统的一个子系统，更是一个社会系统，其运动演化非常复杂。运用系统理论，可对构成高校创业教育系统的要素进行深入分析，有助于认识各要素之间、由要素组成的整体与外界环境之间的非线性相互作用关系，揭示高校创业教育系统的动力机制，进而通过建构、调整和优化，推动高校创业教育系统的有序演化。高校创业教育发展的影响因素内外因理论启示我们可以从高校的内部与外部两个层面寻找影响其创业教育发展的因素，并深入地了解各因素间的相互作用。从高校系统内部寻找创业教育产生、发展的根本性影响因素，从高校系统外部寻找促进、引领高校创业教育发展的重要因素。

　　创业教育的产生主要是政治、经济等外力作用的结果，而在高校创业教育发展过程中，这些外部作用力同样起到了非常重要的作用，它们共同为创业教育的发展提供了良好的发展条件与环境，成为推动我国高校创业教育发展的重要动力。文化为我国高校创业教育发展提供了舆论与思想支持，政治环境则为其提供了发展的动力与可能性，并提供了良好的政策环境。高校应主动与社会对接，加快与社会接轨步伐，使学生在社会实践中提高创业技能和社会化技能。开展好大学生社会化教育，促进创业教育的发展，改革课堂教学内容，着力提升大学生的社会化素质与创业素质，加强制度文化环境建设，保障创业教育全面推进。充分发挥网络资源优势，与社会各界建立多渠道的联系，建立政府推动、学校主动、社会互动的创业教育联动机制，努力营造社会鼓励创业、支持创业的良好氛围。学术资本是由知识、经验和学术能力等要素积淀而成的文化资本。高校的创业教育可以利用其学术资源优势，在知识、知识创新成为资本的前提下，使高校知识、技术产品市场化或商业化，从而促进经济和社会发展。知识资本通过在大学和市场间的流动创造经济价值和社会价值，这种新的知识流推动了大学的创业活动，并在逐渐改变着大学的教育。在新的知识流网络下，知识成为大学参与创业行为的最重要资本。在学术资本主义环境下，高校开展以市场为导向进行创新活动和创业教育，要将人文管理与市场组织管理有机结合起来，保证知识创新和产业创造的顺利进行。创业型大学注重实践与创业目标的教育模式，所运用的教育模式能更好地使知识运用有效化、实际化，对学生掌握创业所需要的基本素质和技能、提升创业能力具有极大的帮助。一方面，要重视培养学生的创新意识和创业技能，加强对大学生知识产权及专利方面的教育，引导学生将科技成果转化和产业化。另一方面，在科技创新人才培养、科技发明及专利产品提供、科技成果转化等方面与社会经济发展建立起紧密的联系，有利于大学生了解市场行情和企业需求，提出有市场潜力的创意或发明创造，使得他们的研发成果化及产业化。

近十几年来，我国高校的创业教育已经取得了长足的发展，但是面对缺乏创业教育课程的体系建设、师资力量匮乏、大学生参与度和创业成功率低等诸多问题，还需要一个长期改进、完善的过程。他山之石可以攻玉，积极借鉴美国、德国、以色列等国家先进的创业教育经验，可以帮助我们发现和改进存在的问题，加强创业教育体系建设和创新研究，促进社会创新力量和高校间合作，逐渐走出符合中国特色的创业教育之路。

目　录

第一章　导　论 ·· 1
　第一节　研究背景与意义 ································· 1
　第二节　国内外研究综述 ································· 6
　第三节　相关概念界定 ···································· 13
　本章小结 ··· 25

第二章　高校创新创业教育的理论基础 ············ 28
　第一节　高校创业教育的培养目标 ··················· 28
　第二节　创业教育的发展现状与存在的主要问题 ······· 35
　第三节　高校创新创业能力结构与综合素质分析 ······· 39
　第四节　影响我国创业人才培养的因素 ············ 44
　第五节　高校创业教育政策解析 ······················ 48
　本章小结 ··· 57

第三章　高校创业教育发展动力机制的理论依据 ··············· 60
　第一节　系统论与高校创业教育发展动力机制 ··· 60
　第二节　内外因理论与高校创业教育发展动力 ··· 69
　第三节　学术资本理论与高校创业教育发展动力 ······· 78
　本章小结 ··· 83

第四章　高校创业教育发展的外部作用力 …………… 86
第一节　高校创业教育发展的政治环境 …………… 86
第二节　中国经济发展对大学生创新创业的影响 ……… 93
第三节　高校创业教育发展的社会化 ……………… 97
本章小结 ……………………………………………… 101

第五章　高校创业教育发展的内部作用力 …………… 103
第一节　高校创业教育与社会服务理念 …………… 103
第二节　高校创业教育发展与师资要求 …………… 107
第三节　高校创业教育与管理制度 ………………… 110
第四节　高校创业教育培养体系构建 ……………… 114
本章小结 ……………………………………………… 123

第六章　科技创新对高校创新创业教育发展的影响 ……… 126
第一节　科技创新促进了创业教育的快速发展 …… 126
第二节　科技创新促进了高校创新创业教育的
　　　　专业化发展 ……………………………… 133
第三节　科技创新促进创业型大学发展 …………… 138
本章小结 ……………………………………………… 148

第七章　高校创新创业教育动力机制构建的途径 ………… 151
第一节　营造创新创业的文化环境 ………………… 151
第二节　高校创业教育优化外部环境的途径 ……… 164
第三节　完善制度体系，增强高校的社会开放性 …… 169
第四节　提升高校科技创新能力 …………………… 177
第五节　培育专业的创业教育师资队伍 …………… 192
本章小结 ……………………………………………… 196

目 录

第八章 发达国家的高校创业教育发展动力机制借鉴 …… 199
    第一节 美国高校创业教育的发展系统的动力机制及
           启示 ………………………………………… 199
    第二节 德国高校创业教育的实施策略与发展模式 …… 214
    第三节 以色列高校创新创业教育的发展模式与
           借鉴 ………………………………………… 222
    本章小结 ……………………………………………… 230

第九章 结 语 ……………………………………………… 234

参考文献 …………………………………………………… 236

后 记 ……………………………………………………… 256

第一章　导　论

第一节　研究背景与意义

知识型社会的到来推动了经济发展模式的变革,以创新为主导的驱动成为新一轮国际竞争的关键。创新关乎国家战略发展,提升国家创新能力的驱力根源在于深化高校创新创业教育改革,培养创新创业人才。2015年5月13日,国务院办公厅发表《关于深化高等学校创新创业教育改革的实施意见》,在总体目标中明确提出未来五年中的创新创业教育改革规划。2015年9月10日,国务院总理李克强在出席夏季达沃斯论坛开幕式上发表致辞中重申"双创"——"大众创业、万众创新"的重要性。作为创新的主体——创新创业人才培养的重要性已经上升到国家战略高度,发展创新创业教育、培养创新创业人才是高等教育改革的必然要求和发展趋势。①

一、研究背景

(一)"大众创业、万众创新"的政策导向

当下,我们已经迈进了一个以知识、信息和技术为基础,以

---

①《国务院办公厅关于深化高等学校创新创业教育改革的实施意见》,见中华人民共和国中央人民政府网(http://www.gov.cn/zhengce/content/2015-05/13/content_9740.htm)。

创新创业为动力的知识经济时代。知识经济时代的兴起不仅要求出现新型的生产方式，要求人们适应新型的生产方式，还要求适应新时代的创新创业教育。

国务院总理李克强在 2014 年夏季达沃斯论坛上提出，要在全国上下广泛掀起"草根创业""大众创业"的新浪潮，形成"人人创新""万众创业"的新态势；同年 11 月，在首届世界互联网大会中外代表座谈时强调要促进互联网共享共治；2015 年在《政府工作报告》指出，推动大众创业、万众创新，有利于扩大就业，增加居民收入，同时对于促进社会公平正义具有积极意义。《政府工作报告》将"大众创业、万众创新"提升为中国经济转型和保增长"双引擎"之一。

2015 年 3 月，《国务院办公厅关于发展众创空间推进大众创新创业的指导意见》出台；6 月，《国务院关于大力推进大众创业万众创新若干政策措施的意见》发布。2016 年 5 月国务院办公厅印发《关于建设大众创业万众创新示范基地的实施意见》，指出，要在更大范围、更高层次、更深程度上推进大众创业万众创新，打造发展新引擎。自"双创"成为国家战略之始，从中央政府到地方省市已经出台支持"双创"的相关政策措施及支持创业创新的一系列优惠政策。大众创业、万众创新的理念日益深入人心，然而，同率先迈入创新驱动的国家相比，我国大学生在创新创业上普遍存在着创新精神不够、创新能力偏低、创业意愿不足、实战能力较弱、生存型多社会型少、资源型多知识型少等问题。处于新旧经济发展方式转换的历史结点上，高等学校应不断提升对创新创业教育认识，树立创新创业教育理念，将大学生的创新创业精神和能力培养作为高等学校人才培养的基本内容之一，进而形成适应本土创新驱动，并能促进人的全面发展的创新创业教育理论与实践体系，使更多大学生成为具有创新精神的知识劳动者、面向知识要素的创业者。教育必须承担起它应有的历史责任，通过开展面向全体学生的公共创新创业教育，来大规模地复制和生产创新创业精神与能力。①

（二）高等教育的改革与创新

高等教育要大力推进创新创业教育，还要创新人才培养模式。教育部文件《关于大力推进高等学校创新创业教育和大学生自主创业工作的意见》指出，在高等学校中深化教育教学改革，推进创新创业教育，提高人才培养质量，促进高等教育科学发展，具有重大的现实意义和长远的战略意义。然而，创业教育是一种非常复杂的教育，从类型上看，它有别于专业教育与通识教育；从实施范畴上看，它不仅仅局限于高等教育领域；从其追求的目标看，成功创业本身越来越不是其最终目标，促进人的终身发展才是其根本目的。创业教育的这种复杂性对创业教育的研究者与实施者都提出了不少的挑战。目前，我国研究创业教育的学者正在日益增多，研究的深度与广度也在不断扩展，这为创业教育实践的不断完善提供了经验与理论支撑。但是，从目前的研究来看，学者们要么关注的是美国创业教育发展的背景环境和政策、制度条件；要么关注的是创业教育发展理念、创业教育课程体系、创业教育师资队伍建设、创业教育教学模式等问题；同时，也有一部分研究者对美国某些大学的创业教育发展个案进行了深入、细致的剖析，却极少有人对创新创业教育的发展动力机制问题展开研究，这不能不说是一种遗憾。其发展的动力何在？其发展的有利条件或不利条件有哪些？为什么是创新创业教育，而不是其他类型的教育得到了如此迅速而广泛的发展；创新创业教育发展的生命周期是怎样的？这些问题都值得研究者们思考，而这些问题归根结底就是要回答高校创新创业教育发展的动力机

---

① 董伟：《大众创业、万众创新背景下的高校创业教育》，载《教育与职业》2015年第35期，第87页。

制是什么。因此，本研究确立了"高校创新创业教育发展动力机制研究"这一主题，以期对以上问题进行系统的解答。

二、研究意义

研究高校创新创业教育发展动力机制，顺应"双创"国家战略，着眼"十三五"规划，紧扣高校创新创业教育的本质特征，对于我国高校探索创新创业型人才培养的体系路径、对于我国高校走内涵式发展道路、对于建设创新创业型院校具有理论研究价值与实践意义。

（一）理论意义

（1）本研究立足于转变经济发展方式的背景与内涵，探讨了创新驱动的组织机制，即创新驱动是经由知识型创业活动组织起来的，在此基础上分析了创新驱动对高等院校创新创业教育的要求，并在做调研的基础上总结我国目前高校创新创业教育规律及特点，借鉴国外优秀创新创业教育发展模式。希望上述研究在一定程度上，能够丰富我国创新创业教育的理论体系，为我国高等院校创新创业教育如何满足创新驱动的需要提供有价值的理论支撑。

（2）本研究有助于完善高校创新创业教育发展理论。目前，高校创新创业教育越来越受到各国高校和研究者的重视，许多研究者也投身于相关的研究之中。但是从目前的研究来看，关注高校创新创业教育局部问题的研究者较多，如创业教育课程、创业教育师资、创业教育方法等；同时，关注高校创业教育发展内部环境的研究者也明显多于关注其外部环境的研究者。本研究所关注的高校创业教育发展动力机制问题是一个较为宏观的问题，而且同时关注其内部与外部影响因素。因此，本研究有助于促进高校创业教育发展理论的进一步完善。

（3）我国的高校创业教育仍处于起步阶段。然而，随着知识经济和我国经济发展转型期的到来,随着我国对创新创业需求的不断增加,高校创业教育越来越受到政府和普通公众的关注。那么,该如何有效地促进我国高校创业教育的发展呢?这是值得我们去深思的。从美国等国外高校创业教育的发展历程中我们可以看到,高校创业教育的发展需要高校内部与外部力量的共同作用,尤其需要外部力量的强力干预。因此,借鉴美国、德国等国外高校创业教育发展动力机制可为我国政府决策者选择理性、高效的高校创业教育发展道路提供借鉴与指导。

(二) 实践意义

(1) 有利于推动我国经济结构调整。"双创"有助于推动我国经济结构调整、打造发展新引擎、增强发展新动力、走创新驱动发展道路。推进"双创",既可以在最大范围内推动人、财、物等各种市场要素自由流动,更可以倒逼不合理的体制实现改革突破,最终提升整个经济的运行效率。

(2) 使人力资源转化为人力资本。目前,我国人力资源分布十分不均衡,高等院校培养人才模式单一化、模式化,学科专业特色不强,大学生就业竞争力不强。创建创新型国家需要高等院校培养具有创新精神、敢想敢干、有质疑和批判精神、善于发挥自身优势、善于人际交往的创新型人才。"双创"可以促进培养出更多具备创新意识、创新精神和创业能力的专业人才,让人力资源转化为人力资本,更好地发挥我国人力资源雄厚的优势。

(3) 有利于提高学生综合素质,增强我国的总体竞争力。随着经济国际化、全球化的发展,世界各国的竞争日益激烈,经济的竞争就是科技的竞争,其直接表现为人才的竞争。创新创业教育旨在培养学生的思维灵活性、敏捷性和创造性,能够提高学生的综合素质,使教育面向现代化、面向世界、面向未来;培养出具有独创能力,能够提出问题、解决问题,有积极进取开拓精神的人才。我国当前人才发展的总体水平与发达国家水平相比还有很大的差距，培养综合素质高且创新创业能力强的高素质人才是提高我国在世界的综合竞争实力的迫切要求。因此，要加强我国高等院校的创新创业教育力度，为支持国家发展提供所需人才。

第二节　国内外研究综述

美国经济奇迹的秘密武器在于近30年兴起的创业革命。未来学家约翰·奈斯比特在著作《大趋势》（1982）中提到，创业是美国经济持续繁荣的基础。管理学大师彼得·德鲁克在《创新与企业家精神》（1985）中说到，创业型就业是美国经济发展的主要动力之一，是美国经济政策成功的核心。英国和德国、法国等欧洲国家也相继提出创业革命。放眼全球，谁拥有创新创业型人才，谁就能在激烈的国际和地区竞争中，拥有竞争力，赢得先机，获得主动，取得发展。近年来，国际上高校的"创业教育"发生着重大的变革，提出了全新的理念，即高校创业教育的核心目标应该是培养、提升每个大学生的"创新创业素质"，培养与产业经济发展相匹配的创业人才，而不仅仅是培养出几个自主创业的学生。

笔者以电子期刊网站如中国知网等为检索平台，以"高校创新创业教育""创新创业型人才培养""创新创业教育发展动力机制"等为关键字段进行检索，分别查到9758篇、1954篇、30篇相关论文。经过删选，以其中百余篇论文为分析样本，对创新创业教育、人才培养理论研究与实践上的若干成果进行归纳。

第一章 导论

一、国内有关创新创业教育的研究文献

(一) 关于创新创业型人才

郁震、高伟、李书明等(2011)提出,创新创业型人才是具有创新意识、冒险精神、创新创业能力和独立工作能力、企业家思维、社交能力和管理技能等的一种复合型人才,具有创新型人才与创业型人才双重特点。何独明、滕发祥(2007)认为,人才是创新的根基,是创新的核心要素。创业教育就是"培养具有开创个性的个人"。党咨文等(2016)指出,创业教育的本质含义不是向学生灌输技能,而是"开创事业、开拓事业、开拓业绩",其出发点和落脚点是培育创新精神和培养创业能力。培养创新型人才的根基是塑造创新人格,其决定因素是人格因素,而非智力因素。培养创新型人才需将创造性思维培养和创造性人格塑造有机结合。

(二) 关于创新创业型人才培养模式

颜惠庚等(2015)提出了构建以服务学生全面发展为核心、以职业生涯规划和创新创业教育为支撑、以全面提高大学生核心能力为目的的"一体三翼"创新创业型人才培养模式。郁震等(2011)提出了基于实践的PBL(Practice – Based Learning)人才培养模式。王联翔、韩德静(2010)认为,"校企一体",充分利用企业资源是高职开展创新创业型人才培养最佳形式。李梅、罗南林(2015)提出"三项融汇,分层递进"创新创业人才培养模式。"三项融汇"即将竞赛项目、企业真实项目以及高校科研项目整合,"分层递进"即建立由专业社团、工作室、虚拟公司组成的循序渐进的创新创业人才培养平台。邓志良、孙卫东(2016)指出,高职创新创业教育,一是营造创新创业文化氛围,二是传授创新创业知识,三是组建创新创业师资队伍,四是

构建创新创业实践体系与评价体系等。

（三）创新创业课程建设、实践基地建设及服务区域经济发展等方面

赵丽等（2015）指出，实践教学基地是高职院校培养学生创新实践能力的重要场所，高职院校要加强校内外实践教学基地建设，努力为创业型人才培养营造环境。王海涛、陈志平等（2016）指出，要以"行业协会＋一体化实训室＋创新创业基地＋车间＋公司"为专业建设思路，构建"产学研创四位一体"的课程体系。该课程体系以创新创业能力为导向，以"层次化、模块化"为特点，将创新创业课程始终贯穿其中。因此，高职院校需要针对性地培养能服务于地方经济建设的创新创业人才。占卫国（2015）指出，课程体系设置要注重本土化，高职院校的发展需要结合区域经济，融入区域经济的发展中，为区域经济的发展培养创新创业人才。

（四）其他方面有代表性的研究论述

沈召前（2000）指出，在设计人才培养模式时，要注重学科交叉的实践能力培养，突出实践环节，强调培养学生的团队精神和创新能力；要注重营造良好的教育环境；要注重系统性地培养创新创业人才。殷忠敏、赵海志等（2015）从四个角度构筑立体联动式创新创业教育体系：教师应树立以学生为主体、以创新创业能力培养为中心的教育观念；将创新创业教育与专业课程教学，特别是专业实践课程教学有效融合；还要把公共基础课程、专业核心课程与第三课堂融合组成创新创业教育课程体系；要建立健全科学的多维创新创业评价标准等。李梁、殷惠光、姜慧等（2014）指出，作为一种崭新的高等教育范型，个性化创新创业人才培养模式的根本宗旨是以个性化教育为基本手段，培养高素质创新创业人才。刘颖（2014）指出，创新创业教育是

一种新的职业教育人才培养模式,能更好地促进高职院校培养大批具有创新创业意识和能力的高端技术技能型人才。

（五）关于我国创新创业教育的反思

何杨勇（2013）指出：我国在创新创业型人才培养上缺乏持续的教育危机意识；学生真正的学习自由受到制约；实践体系不够有效等,加上缺乏创业教育前沿研究成果,从事创新创业教育的教师的教学效果很难令人满意。倪涵（2013）指出,高职创新创业教育缺少实践平台。尽管目前大多数学校开展了创业教育,然而与专业课程相比,创新创业课程在学时、教材、教学标准、教学内容、教学方法等方面均存在不足。吕胜男、方法林（2016）提出创新创业教育理念亟待升华,观望的心态较重,高校创新创业教育作为权宜之计,其改革只局限于部分学生及少数教师,导致深化改革的内在动力不足；创新创业教育出现"孤岛效应"和"两张皮"的现象；创新创业教育的推动力度不够,学校缺乏强有力的执行力,不能将创新创业教育真正落实到教育教学的关键环节上。蔡兴怀等（2016）指出,企业参与不足,校企合作的深度和广度仍然不够。一些企业与学校只是签订了合作协议,或者向学校捐赠部分设备,但没有选派优秀员工参与到学校的教育教学活动中,更别提共同开发课程、共同开展技术开发与创新等。

（六）国内创业教育的研究现状存在的问题

目前,我国的创业教育工作虽然已取得了一些成绩,但起步较晚,问题很多,基本处于美国20世纪六七十年代的水平,属于萌芽状态。国内创业教育的研究现状存在的主要问题有：

1. 创业教育尚未成为一个独立的专业和学术领域

近年来,国内对创业教育的研究逐渐活跃,创业教育研究论文的数量越来越多,但是,创业与创业教育在我国大多数高校并未成为一个独立的专业和学术领域，创业教育教学方面研究成果的增长速度远低于创业教育整体研究成果的增长速度。

2. 创业教育教学研究平台尚未形成

近年来，KAB（Know About Business）创业教育已陆续走入高校课堂，但我国高等教育的创业教育基础还处在相当薄弱的阶段。无论是在教学内容方面，还是在教学方法方面，创业教育与传统教育都有着显著的区别。

3. 缺乏匹配创业教育理论和实践延伸的相关服务体系

我国创业教育的发展在借鉴国外经验、推行创业教育课程、改进教学方法、开展创业实践活动等的同时，急需构建匹配创业教育理论和实践延伸的相关服务体系。

二、国外对创新创业教育的研究

（一）关于创新创业型人才的培养目标

国外高校在这方面实践案例情况，如美国普林斯顿大学在本科生培养目标的 12 项标准中，就包含了创新型人才所需要的知识、能力和素质结构，如具有表达、写作和清楚的思维能力，创新意识的能力，批评、辨证和系统的推理能力，解决问题、构建概念的能力，辨识"关键少数"的思维方式，独立思辨精神的思考能力，某一领域、学科知识的专长与相应深度，与时俱进求学不止的能力，人际关系妥善处理的能力等。

（二）关于创新创业型人才培养模式

美国高校自 20 世纪 90 年代以来，就不断进行教育创新，逐渐形成了以学生为中心，突出教学与科研结合、课堂内外教学结合、科学课程与人文课程结合的三个结合为特点的创新人才培养模式。20 世纪 90 年代，英国高校开始实施打破课程严格界限，具有宽口径特色的综合课程教学改革，把提高学生独立思考的能力和创新的思维能力,重视学科间的交叉训练,作为创新人才培养的重点,教育过程强调实践性。[①] 注重营造公正、开放、竞争的学习氛围是法国高校创新人才培养模式的特点。在教育方式上,法国高校注重理论和实践的结合,注重校企合作关系,进行理论教学的同时,还要求学生去工厂、企业实习;在教学内容上,经济学、外语、人文及体育的教学成为所有专业的通识性教育。

(三) 不同专业领域的创业教育研究

美国创业教育涉及的专业领域比较广泛,美国高校不仅在经济学院、商学院、管理学院中开设创业教育课程,还在工程技术、艺术学、体育学、医学等专业中开设。例如,赖德奥特认为,科技领域的创业能够创造新公司、新的工作岗位,推动经济的增长,并且强调了创业教育对创业者的重要作用,阐述了创业教育学习者先前的学习方式和经验对其创业行为、活动和盈利等方面的影响。斯诺在其研究中也明确指出,音乐中的创业教育能帮助学生创造性地应用音乐知识、音乐技术和专业热情,创造一个有利于其音乐生涯持续发展的独特眼光。

(四) 创业教育学习者研究

系统接受过创业教育的学习者在学习结束后进行创业活动,并取得一定的成就是创业教育有效性的一个显著体现。然而,即使经过系统创业学习,也并不意味着创业就能够成功,相反,创业失败的人大多是接受过创业教育的人。创业学习者的创造性解决问题的能力会对其独特思维的发展产生积极的作用。利奇在对创业者的研究中,提出了创造、创新和创业之间存在一定的逻辑

---

① 姚聪莉、任保平:《国外高校创新人才的培养及对中国的启示》,载《中国大学教学》2008年第9期,第94页。

关系，指出商业机会识别是创业能否成功的关键影响因素。罗斯（E. J. Roth）研究发现，影响一个人成为创业者的特征主要有人际交往、个人特点、导师特征和性别因素。在创业课程设置和学习中，应该考虑到男女性别的差异。更有研究表明成功创业的小企业与企业创始人接受的教育之间的关系，得出的结论是：创业者的受教育年龄、性别专业和所选行业对创业成功都有一定的关系。

（五）创业教育对经济的促进意义和社会影响

创业教育所产生的影响和意义是多方面的，它最为直接的作用便是对创业教育学习者产生影响，进而提高创业型企业的数量和效率，同时，还有利于开发人力资源，创造更多的工作岗位，促进经济的发展等。本杰明（P. Benjamin）和瑞克在探讨创业产生的条件时，认为经济自由水平程度高的地区有利于新生企业的诞生，政府规模较小更有利于提高创业效率。布朗（S. Brown）发现创业对社会发展和经济增长具有巨大的作用，发现创建新公司有利于创造新经济增长点，自我雇佣和公司数量增长在地区发展中具有积极的作用，并提出了需求和人口数量对创业的发展具有积极的推动作用，工作经验、初始资金和社会资源对商业成功非常重要。

（六）国外创业教育发展中存在的问题

1. 创业教育领域远未发展成熟

虽然创业课程在过去几十年中迅速发展，但人们仍然认为这个领域远未发展成熟。创业的研究在过去的几年中研究很广但深度不够，很多研究是借鉴经济学、心理学、市场学等其他领域的理论和框架，尚未建立创业领域特有的理论。

2. 从事创业教育的专家学者匮乏

目前许多学校都面临这样的问题：学生对创业课程的需求不

断增加，但高质量的创业研究的专家和学者极其匮乏。卡茨（Katz）指出，在创业教育领域有两个同时存在的问题：一是各个学术阶层的创业研究学者匮乏，二是专门针对创业的博士课程缺乏。

3. 在创业教育领域新技术的应用方式有限

沙罗蒙（Solomon）在其对创业教育的全国调查中发现，只有49%的被调查者为创业家和学生提供有关创业和创立新企业的网上信息，而其中30%为学生和创业家提供在线管理和技术帮助，只有21%的被调查者在创业教育课程中使用远距离教学，可见创业教育领域新技术的应用方式有限。

第三节 相关概念界定

一、创新与创业

（一）创新

"创新"，本义是"引入新东西、新概念和制造新变化"。20世纪前，"创新"是一个普通词语。但在1912年，美籍奥地利经济学家约瑟夫·熊彼特把"创新"概念引入经济学，在《经济发展理论》一书首次提出了"创新理论"，认为企业家对生产要素的组合，包括开发新产品、采用新方法、开辟新市场、获得新能源，以及实行新的组织形式这五种方式都属于创新。从此，创新便成为经济学的范畴。创新的概念也在不断发展，至今已提出十多种创新理念，如提出新理论、发明新技术、建立新制度、制定新政策、构建新机制、组成新文化、创造新艺术等。可见，创新是为人类社会的文明与进步获得新发展、新突破，创造出有价值的、前所未有的物质产品或精神产品的活动。创新过程是创造性劳动的过程,创新是能促进社会发展的。①

(二) 创业

创业,从广义的角度来看,是以创新的思维,在事业上开创新的工作局面,开辟新的工作途径,建立新的工作业绩,促进事业取得开创性的发展,从而实现某种追求或目标的过程。也可以指岗位创业,在现有工作岗位上,通过勤奋努力,创造性地发挥自己的聪明才智,在事业上取得突破性的进展。可见,广义上的创业,实质上是一种劳动方式,是创造价值的劳动行为。狭义的创业普遍仅指自主创业,是指创业者个人或创业团队运用自己所掌握的知识、技能、资源和发现的机会等,通过自筹资金、技术入股或寻求资本合作等方式创立新的社会经济实体,创造新的市场,创造新的价值和经济效益,并创造新的就业岗位。② 创业是富有创新精神的创业者与机遇相结合,并创造社会经济价值的活动。

二、创业教育

(一) 创业教育的含义和内容

创业是一种探索性的行为,是人本质力量的展示与主体性的实现。创业教育作为培养创业者的教育活动,应该将人的自由与全面发展作为其核心的价值观。最早提出创业教育概念的柯林·博尔认为创业者应该具备如下素质:敢于尝试和冒险、善于提出创造性的想法、积极应对变化环境、善于组织和交流、强的自我效能感、坚韧不拔的决心和信心。欧洲委员会认为,创业不仅是

---

① 贺腾飞:《"创新与创业"概念与关系之辩》,载《民族高等教育研究》2016年第4期,第7页。

② 同上。

开公司，创业更是人们日常生活和职业生涯取得成功所应具备的一种自身的素质。英国政府就明确提出，学校创新创业人才的培养宗旨在于全社会形成一个激发创业、鼓励创新和实现成就的文化。澳大利亚教育部指出，创业教育是培养人的创造能力、技巧和革新性、开创性等个性品质的教育。日本的创业教育要求培养创业观，教授学生创业知识，组织实践活动以培养他们的创业思维和创业能力，是一个授人以渔的概念。各个国家的创业教育体现虽有不同，但均强调对创业精神和素质的培养。[①] 可见，创业教育以培养创业精神和品质为目标，都是一种素质教育，一种授人以渔的教育。

创业教育的内容通常包含创业精神、创业知识、创业实践三大模块。创业精神是创业主体进行创业实践的灵魂和支柱，通过对创业哲理、创业伦理与创业心理知识整合，培养出创业者应具有的辩证思维方式，自信、自主、自立、自强的企业家精神与良好的道德情操；创业知识是创业主体必要的知识准备与创业的理论工具，通过经济理论、创业管理、创业环境、创业人才与创业法规等知识的协调与整合，使创业者掌握创立企业、合法经营、规划企业的创业文化和应对社会环境与市场需求变化的基本知识；创业实践是创业者由理论到实践的中间环节，通过创业设计、案例教学与企业运营的计算机仿真等手段来培养创业者解决具体问题的能力。

（二）创业教育模式

实施创业教育的形式可视不同类型的学校、不同的专业、不同学生进行个性化的设计。一般而言，可采取以下方式：渗透性教育，如创业理念在各学科、各专业在教育活动中，甚至是创业

---

① 常晓茗：《创业教育：创业和教育的关系分析》，载《企业家信息》2013年第7期，第124页。

的校园文化的渗透；普及性教育，如创业知识与创业实务普及性、讲座性的教育方式；针对性教育，如结合专业开设"××专业创业金融""××专业创业管理"等课程；专业性教育，如学校设置创业管理专业，开设创业财务、创业营销、创业人力资源管理等创业学课程。

20 世纪 90 年代以来，美国大学创业教育发展进入成熟阶段，美国大学创业教育的迅猛发展得益于其不断探索行之有效的创业教育模式。美国高校开展创业教育主要遵循两条轨迹：一是以创业学学科建设为目标的发展路径；二是以提升学生创业素养和创业能力为本位的发展路径。前者主要是将教学活动安排在商学院和管理学院进行，培养专业化的创业人才，这种方式为聚集模式。在该模式中，学生经过严格筛选，课程内容呈现出高度系统化和专业化的特征，商学院和管理学院提供专门的师资、经费、课程，学生接受系统的创业教育。这样一来，也促进创业学作为一门独立的学科得以发展。哈佛大学商学院是采取聚集模式创业教育的典型代表。哈佛大学商学院强调申请者的创业特质，精心挑选学生，通过整合所有资源和技术吸引来自全校范围内的、有着不同专业背景的学生，并通过实施相关课程与活动提升学生的创业技能。后者为辐射模式，主要是在全校范围内开展，学生的创业精神和创业意识的塑造贯穿于人才培养的全过程，为学生从事各种职业打下基础。辐射模式也是一种全校性的创业教育模式，不仅创设良好的氛围为非商学专业学生提供创业教育，它的实施涉及了管理体制、师资、经费筹集等各方面的改革，全程参与创业教育。学校层面成立了创业教育委员会，负责协调和指导全县范围创业教育的开展；所有参与学院负责实质性的创业教育和活动，根据专业特征筹备资金、师资、课程等，不同学院的教师积极参与创业教育过程。① 学校根据专业特征设置课程，学生能够结合专业背景进行创业。不同学院的学生可以互选创业课程，从而打破学科边界，实现资源共享。康奈尔大学是采取辐射模式创业教育的典型代表。

（三）我国创业教育面临的问题

1. 创新创业教育目标不明确

高校未能将当地经济发展服务的新型就业观、创业观传递给学生，学生缺乏创业意识及能力。毕业生有创业意愿的人数寥寥无几。社会的各个层面对创业的认识与支持不够，没有形成广泛的社会影响，不利于大学生进行创业发展。

2. 局限于创业管理的"创业学"教育

我国高校所开设的"创业学""创业管理"等课程，大多采用国外创业教育中的核心课程"创业管理"。例如以美国的杰弗利·蒂蒙斯著的《创业学》为蓝本编写教材和讲义的修订和编写，围绕创业过程，商业机会识别、商机选择、组建创业团队、创业融资、企业创建与运营、制作商业计划等。

3. 创新创业教育模式落后

传统的、大众化的教育模式会带来同质性的弊端，有的强调创业实务与案例学习，有的开展创业专题讲座，创业学和创业教育大多只能以课程形式或教育活动的方式开展。学生的创新意识和能力难以发挥，更谈不上将学习到的创业理念与技巧应用到实践中，可见创新创业教育模式的落后致使难以培养出与经济相适应的创新创业型人才。

4. 远远未能作为一个系统来培育

把"创业精神"作为精髓的创业教育，远远未能作为一个

---

① 李楚英、王满四：《美国大学创业教育模式及与中国比较》，载《高等农业教育》2010 第 2 期，第 90 页。

系统来培育。对创业者的精神与心理的培养,创业教育与经济学、管理学知识的结合,与创造学、成功学、人才学、环境学、哲学和法学等方面的融合等,都没有充分地展开。当前,我国的创业教育还停留在大学的教育行政、教师和学生的层面上,对创业教育的认识尚未形成,缺乏重要性和紧迫性的理性认识。

5. 教育资源匮乏

创业教育过程中,大学生对创业实践服务的需求是多方面的,有的需要通过创业教育的理论教学予以帮助,更多需要提供实际的服务予以解决。然而,我国的创业教育开展较晚,现阶段处在发展初期,师资队伍、创业基金等资源配套匮乏。

6. 政府和社会各界缺乏支持力度,未能营造出大学生创业的有利环境

国家和地方政府虽相继出台了一些支持大学生创业的政策,但涉及面较窄,仅涉及税收的减免、政策优惠等方面,未能有效整合各类资源,发挥引导作用。同时,社会各界的配合程度不够,没有实质性地建立起创业信息平台、设立创业扶持基金,以降低大学生创业的准入门槛。这些因素造成了在全社会范围内未能有效营造出创业教育的大环境。

三、动力机制

动力机制,是推动系统运动、变化、发展的内部力量和外部力量的相互作用方式,是使系统诸要素、部分、环节在相互作用的过程中形成有利于良性运转的结构和功能。这种机制是推动事物良性发展的机制。这种动力机制充分发挥作用,可使系统的整体运行从自发走向自觉,从被动走向主动。在这一概念的基础上,本研究意在通过分析我国高校创新创业教育发展内部力量和外部力量的相互作用方式,试图探索促进其发展的动力结构与动力运行特征,尝试揭示我国高校创业教育发展的基本规律。

第一章 导论

（一）创新创业教育发展动力机制的形成动因和特征

创新创业已成为现代社会中世界各国一种普遍的经济现象。建立适合本国特点的动力机制，促进个人创业、团队创业和企业内创业也已有了广泛的共识。动力机制的形成涉及政治政策、体制机制、法律制度、经济运行以及文化教育等各个层面，是一个复杂的巨大系统。动力机制形成的动因主要包括创业推动、政策驱动、需求拉动三方面及其之间的交互作用。

1. 创业推动

传统的观念或经济学中的主流观点认为，大企业创造了整个社会中绝大多数的就业机会、产品和服务，是经济发展的主导力量和社会福利的主要来源。但是较多的研究表明，新创企业和小企业等中小企业成为经济发展的重要动力，提供了大部分就业机会。以美国为例，在20世纪50年代，每年大约产生93000个新企业，而到80年代，新企业的产生速度上升到每周大约12000个。1977年到1980年期间，列入《财富》杂志500强的企业削减了300万个职位，但从1970年到1980年，新创企业在美国却提供了大约2000万个新的工作岗位。1980年以来，小企业和创业者每年创造了70%以上的新就业机会和70%以上的新产品和服务。[①] 近10年来，美国经济的推动力越来越多地来自小企业和创新型企业。研究表明，创新创业对于经济发展的作用不仅在于提高了人均产出与人均收入水平，更重要的是，创业还促进新的社会结构和经济结构的转变，让各阶层、各种劳动力和更多的空闲人员参与到经济建设中。未来学家约翰·奈斯比特认为，创业是美国经济持续繁荣的基础。更有经济学家认为，创新创业是

[①] 王延荣：《创业机制及其架构分析》，载《理论月刊》2004年第4期，第55页。

一个国家经济腾飞的秘密。因此，创业者和创业企业的增多、创业带动就业不仅为国民经济增长做出贡献，而且是推动创业教育发展的重要动力。

2. 政策驱动

创新创业成了一个国家经济腾飞的的强大推动力，如何鼓励和推动创业已经成为各国政府经济政策的核心。英国政府早在 1998 年就发表了《我们竞争的未来：建设知识推动的经济》白皮书，提出新经济社会对企业家的挑战，要求他们是创新的、有创造性的，能够持续改善性能。政策制定者能否创造一个顶层框架，用这个框架激发全民的创新创业热情和细胞？如何支持科技的持续发展？如何营造创业环境和创新文化？此外，还需要有一个稳定的金融和经济背景，有一支精良的教育队伍和技术熟练灵活的劳动队伍。新加坡政府为打造创业的社会环境，推动科技企业发展和培养科技实业家，拨款建立了科技企业家投资种子基金，吸引更多创业基金公司到新加坡投资创业活动，目标是争取在 25 年内使新加坡发展成为国际上重要的科技企业中心。在我国，原民建中央主席成思危力主在中国建立风险动力机制，各地高新技术园区又单独划出一部分成立了创业园区，纷纷出台了系列政策，鼓励留学海外学子归国创业，鼓励博士们到创业园区进行创业。1999 年 8 月 30 日《中华人民共和国个人独资企业法》出台，鼓励创业、保护创业的大环境正在逐渐形成。随着中共中央"科教兴国"发展战略的实施，国家开始促成高新技术领域的创业活动，在各地相继成立了很多高新产业区，并陆续推出了一系列鼓励创办高新技术企业的政策和法规。政府开始制定相关政策，更好地引导和鼓励大学生创业，大学生创业相关政策开始启动并推向高校，大学生创业成功率以及社会经济效益日益显现。这些都将对动力机制的形成具有极大的驱动作用。

3. 需求拉动

成功的创新和创业项目几乎都从好的创意开始，创意要顺利地进入市场，并形成创业过程，资金是一个必备条件。有了创意，要转化成市场项目甚至成立创业企业，资金短缺是最棘手的问题之一。因此，培育新创企业，建立风险资本市场是一种重要的战略选择。风险资本与高新技术、风险资本与创业机会、风险资本与企业管理的高效组合，是高新技术迅速转化为生产力和产品的新型投资机制。如果相关的法律和政策配套措施得当，可以预见进入创业领域的风险资本的数量将十分可观。创业需要建立相应的创意市场、风险资本市场和证券市场，以便为创业企业获得创意、创业资本和成功的收获创业收益提供便利，而这些市场的建立也能进一步带动动力机制的形成。

(二) 动力机制的主要特征

动力机制不同于我们所从事的各种创业活动和行为。创业活动和行为不仅是经济生活中各种创业现象的反映，更是动力机制作用的外部表现。动力机制是为推进创业而建立的机构、系统和制度以及各因素、各环节之间各种关系的产物，它在任何时候都存在并发挥作用。

动力机制具有系统性、诱致性和制度化等特征。

1. 系统性

动力机制包括若干相互联系的子系统结构和运行原理，以及各种相互制约关系的具体机制，如创业驱动机制、创业决策机制、创业管理机制和创业者收获机制等。建立动力机制还涉及政治体制、法律制度、经济运行、文化教育等层面，是一个复杂的系统。[1]

---

[1] 王延荣：《创业机制及其架构分析》，载《理论月刊》2004年第4期，第56页。

2. 诱致性

动力机制各个子系统有自己特有的功能和机能，如驱动功能和管理功能等，对潜在创业者开展创业产生巨大的诱导和引致作用。比如，创意市场的形成、在财税上对创新和创业的扶持、风险投资的发展、创业文化氛围的营造、创业教育的开展以及创业管理的逐步规范等会激起人们的创业冲动，进而开始各种创业尝试。

3. 制度化

建立国家创新体系和相应的管理制度是建立动力机制的一部分，可进一步完善经济法律制度，引入风险管理制度，建立健全证券管理制度，改革现行的教育体制和制度，建立创业管理制度等，为创业者提供一个宽松的、规范的、健康的创业环境。

（三）动力机制的架构设计

1. 创业驱动机制

（1）鼓励和保护创新思想。创业是实现创新的过程，而创新是创业的本质和手段。美籍奥地利经济学家的约瑟夫·熊彼特最早将"创新"这一概念作为一个经济学范畴纳入经济理论体系。他赋予创业者以"创新者"的形象，认为创业者的职能就是实现生产要素新的组合。基于创业的创新是以创业机会为导向展开的。创业者发现、辨识由于技术、市场和环境的变化带来的技术机会、市场机会以及环境机会，通过技术创新、市场创新、制度创新、观念创新、产品创新和管理创新等去把握这些创业机会，甚至创造创业机会，进而形成创意。创意是创新的基础和源泉，只要是好的创意，就应该鼓励和保护，并促进其加快实现市场价值。即要有一个完善的创意市场，让各种创意进入市场评价和市场交换，特别是要让创意能够体现为对企业产权的拥有。这不仅可以促进创意以及使创意产业化和市场化，而且有助于形成技术创新过程中的合作关系，减少同类企业的重复投资。创新包括技术创新、市场创新、制度创新、观念创新、产品创新和管理创新等。其中,观念创新是核心,制度创新是前提,技术创新是基础,产品创新是载体,市场创新是目的,管理创新是保证。其主要制度安排之一是完善知识产权制度。而且在企业制度上也要允许知识产权和知识型劳动者能够更多地参与经济剩余的分配。①

(2) 建立健全风险投资的运作机制。创意市场与金融市场的有机结合是产业创新过程的一个突出特点。在我国,金融机制特别是风险投资的运作机制不完善是制约我国产业创新和创业的重要障碍之一。创业风险主要来自创业活动所处的不确定性环境和诸多因素中。在创业过程中,创业者要投入大量的人力、物力和财力,要引入和采用各种新的生产要素与市场资源,还要或对现有的业务流程、工作方法、组织结构、管理体制等进行创建或革新。市场复杂多变,创业过程中必然会遇到各种难以预料的情况和障碍,甚至会使结果偏离创业预期的目标。创业者和创业投资者应通过严格的风险管理程序和科学的风险管理手段,进行严格的风险监控,尽可能地降低风险。创新机制与风险投资机制的密切结合,是促进高新技术和创意迅速实现产业化的强大推进力量。②从美国等发达国家20世纪90年代以来高技术产业发展的状况看,创新机制与风险投资机制的密切结合,是促进高新技术及创意迅速实现产业化的强大推进力量。因此,在我国,健全风险投资的运作机制是推动创业不可或缺的重要条件之一。

(3) 财税上对创新和创业进行扶持。政府应在充分发挥现

---

① 唐鹏程:《企业的创业与发展——基于企业家的视角》(博士学位论文),四川大学2010年。

② 吕际荣:《大学生创业风险分析及防范》,载《现代营销》2018年第10期,第122页。

有各类科技工业园区带动、辐射功能的基础上，研究并总结区域性、行业性中小企业技术创新服务机构的成功经验，加快培育中小企业技术创新基地和产业化基地。积极鼓励社会各类投资者以技术等生产要素投资创业，并且要根据财力情况，安排一定的资金投入，重点用于中小企业的信用担保和创业资助、科技成果产业化、技术改造项目贴息以及税收减免等。

（4）建立创业文化。创业文化的培育，有利于知识和信息的传播以及人才流动。创业充满了风险，一个企业要想能够承受高风险，实现快速发展，就必须在企业内营造敢于冒险、理解冒险、支持冒险、容忍失败的宽松进取的文化氛围；倡导企业家精神，鼓励员工创业，树立将创业作为工作目标的工作观念，鼓励基于创业目标的各种创新活动，鼓励为实现创业而勤奋工作的敬业精神，形成促使员工成才和成功的环境；倡导将工作视为乐趣的工作态度；崇尚企业内部员工竞争与学习的和谐人际关系。

2．创业管理机制

创业者要创建自己的企业，通常要识别与评估市场机会，准备并撰写创业计划，确定并获取创业所需资源和管理新创企业。首先，创业者必须能够发现和评估新的市场机会，通过制订创业计划和组织创业资源，或者是找到投资人，进一步将其发展为一个新创企业。在制订创业计划和组织创业资源的同时，就已经开始了企业管理活动。在新创企业初期，创业者必须对各种竞争战略进行评估和选择，以确保企业占领目标市场。在企业成长过程中，管理的复杂程度往往超出创业者的想象。因此，要充分了解企业成长过程中管理任务的艰巨性，采取措施予以解决，将创业管理机制贯穿于创业过程的始终，要改变传统的管理思想，对管理流程进行某种程度的再造。①

（1）实施管理创新，包括要建立鼓励创业的氛围，为创业人员提供能够开展风险事业的自由空间，允许创业人员尝试各种创新创意的实验，建立一套鼓励冒险、容许错误的体制。

（2）实施多重激励，建立健全的创业动力机制。要使创业具有强大的动力和旺盛的生命力，就必须制定激发创业者积极性的机制。除了通过理念激励、目标激励、兴趣激励等措施调动其积极性外，还必须通过报酬激励、产权激励等满足创业者及其团队的独立的经济利益。创业者责、权、利的统一是建立动力机制的中心环节。

（3）制定创业评价办法，建立健全的创业约束机制。第一，利益约束机制。形成管理者利益、创业者利益和员工利益的利益制约关系。第二，权力平衡约束机制。创业活动具有较大的灵活性和自主性，在现代企业制度的权力制衡下，对创业团队和创业人员保持必要的柔性，形成既灵活又相互制约的权力结构关系。第三，财务约束机制。创业者必须建立一套科学严密的资金配置、运用和监管的机制，同时，要求创业者要对未来技术和市场有敏锐的感觉和预测能力、勇敢的冒险精神和谨慎严密的投资谋略。②

本章小结

知识型社会的到来推动了经济发展模式的变革，以创新为主

---

① 王延荣：《高新技术创业动力的经济学分析》，载《科研管理》2006年第5期，第33页。

② 王延荣：《创业机制及其架构分析》，载《理论月刊》2004年第4期，第57页。

导的驱动成为新一轮国际竞争的关键。未来学家约翰·奈斯比特在《大趋势》（1982）中提到，创业是美国经济持续繁荣的基础。管理学大师彼得·德鲁克在《创新与企业家精神》（1985）中说到，创业型就业是美国经济发展的主要动力之一，是美国经济政策成功的核心。放眼全球，谁拥有创新创业型人才，谁就能在激烈的国际和地区竞争中拥有竞争力，赢得先机，获得主动，取得发展。英国、德国和法国等欧洲国家相继提出创业革命。创新关乎国家战略发展，提升国家创新能力的驱力根源在于深化高校创新创业教育改革，培养创新创业人才。近年来，国际上高校的"创业教育"发生了重大变革，提出了全新的理念，即高校创业教育的核心目标应该是培养、提升每个大学生的"创新创业素质"，培养与产业经济发展相匹配的创业人才，而不仅仅是培养出几个自主创业的学生。

　　创业教育是一种非常复杂的教育，从类型上看，它有别于专业教育与通识教育；从实施范畴上看，它不仅仅局限于高等教育领域；从其追求的目标看，成功创业本身越来越不是其最终目标，促进人的终身发展才是其根本目的。随着我国对创新创业需求的不断增加，高校创业教育越来越受到政府和普通公众的关注，那么，应该如何有效地促进我国高校创业教育的发展呢？这是值得我们去深思的。紧扣高校创新创业教育的本质特征，研究高校创新创业教育发展动力机制，对于我国高校探索创新创业型人才培养的体系路径、走内涵式发展道路、建设创新创业型院校具有理论研究价值与实践意义。动力机制是为推进创业而建立的机构、系统和制度以及各因素、各环节之间各种关系的产物，它在任何时候都存在并发挥作用。本章从创新创业几个主要的概念入手，对创新与创业、创业教育、创业教育的模式、动力机制等重要内涵进行界定和分析，并对创新创业教育发展动力机制的形成，例如政治政策、体制机制、法律制度、经济运行以及文化教

第一章 导论

育等各个层面做了概况性的阐述；并就动力机制系统性、诱致性和制度化等特征以及动力机制形成的主要动因，如创业推动、政策驱动、需求拉动等各方面进一步铺开阐述；最后对动力机制的架构设计：创业驱动机制、鼓励和保护创新思想、建立健全风险投资的运作机制、对创新和创业进行扶持和如何建立创业文化等做了整体设计。

第二章 高校创新创业教育的理论基础

第一节 高校创业教育的培养目标

高校遵循教育基本原则和规律，宏观上制定指导教育工作的教育目标、方针、政策，微观上确定教育内容、设计教育方法和教育手段等。因此，探究创业教育应遵循的基本原则，对解决当前高校创业教育中存在的各种问题，全面提高创业教育的质量具有重要的作用。

一、高校开展创业教育的基本原则

高等教育体系中的高校创业教育是一种新的教育理念，它是素质教育的延伸，应该遵循高等教育的普遍规律，根植于高校的专业教育中。基于高等教育的一般规律、创业教育的目标定位以及对高校开展创业教育的时代要求，高校开展创业教育应该遵循以下基本原则。

（一）立足未来，注重创业教育的发展性原则

高校开展创业教育必须坚持以人为本，注重学生的全面发展原则。侧重于培养学生的创新思维、意识和能力，激发学生的创业潜能，着力提高其创造力、学习力、适应力、竞争力、耐挫力

等终身受用的能力和素质，为其以后开展创业活动、拓展自己的事业奠定扎实的基础。

（二）注重实践，着力培养学生创新能力的原则

创业能否成功，创业者的创新意识和创新能力至关重要。有一部分大学生在毕业时或是在校时都乐于创办自己的企业，开展创业活动。复旦大学学生顾橙勇大学毕业后回农村卖鸡蛋，他成功开发了鸡蛋"身份证"，设计修改了"阿强鸡蛋"的包装并有效推出阿强"头窝鸡蛋"。研究成功创业者的经验表明，"创新"是他们成功的重要原因。因此，创业活动不仅需要创业者掌握全面的创业知识和相关的专业知识，更需要创业者具有创新的实践动手能力。创业教育必须是以实践教学为重要内容和主要形式的教育活动。高校必须以创业教育实践能力作为重点培养目标，通过组织创业计划大赛、创业实战训练、组织他们到企业挂职锻炼等方式培养学生的创新能力。

（三）依托专业，强化创业教育与专业教育融合的原则

以专业课程为载体进行创新、创业理念、知识、技能的教育，将创业教育与专业教育的融合与渗透，不仅是实施创新、创业教育的重要方法和有效保障，也是深化专业课教育、拓展专业课教育功能的全新举措。① 创业离不开所学的专业知识，创业教育的基础是系统的专业教育，将创业教育融合于专业教育，是创业教育需要牢牢把握的重要原则。

（四）依据特点，强化创业教育开放性原则

高校应面向全体学生开设创业教育必修课和选修课，让学生

---

① 程利敏、陈泰：《高校创新创业教育课程的宏观建构》，载《中国成人教育》2018年第2期，第115页。

积累必要的创业基础知识。全面培养创新、创业能力的创业教育还必须是一个开放的教育系统。教育理念必须开放，创业教育应该是着眼于全体学生，指向全体学生的未来事业发展的意识培养和能力发展，以提高全体学生的创新欲望和能力为核心；创业教育课程体系要开放，除了安排传统的学科课程，还应该让学生走出校门，将见习、挂职锻炼等社会性课程融入非学科课程体系，把校友创业典型、企业家等请进学校为学生授课等；教育组织形式要开放，将教学活动向课外、院外、校外拓展，向寒暑假延伸，面向社会、依托社会、服务社会；教育评价过程要开放，变总结性评价为过程性评价，评价主体向学生、社会开放。创业教育开放性原则是创业教育的本质所在，是有效实现创业教育目标的必然要求。①

二、高校创业教育的人才培养目标

（一）高校创业教育的内生逻辑

高校要主动顺应社会时代和经济形势的发展，人才培养模式的深化和转变是高校践行素质教育和创新教育人才培养理念的进一步具体化。人才培养是高校整体性的中心任务，由诸多内容和方式构成，高校根据人才培养的目标，有针对性地选择某种或某些教育内容和方式。

目前，创业教育是高校在人才培养过程中萌生的一种新的教育理念以及该理念指导下的教育内容或方式，它注重的是对大学生的创业意识、创业精神和创业能力的培养，着眼于人的创业素质培养，是高校人才培养工作开展的深入和具体化，是建立在素质教育基础上的一种人才培养手段。创业教育是高校人才培养体

---

① 张政文、田刚健：《面向全体探索以创新意识培养为主旨的创业教育模式，载《中国高等教育》2010年第12期，第7页。

第二章 高校创新创业教育的理论基础

系的一部分，它必须融入或服务于高校人才培养的全局。高校开展创业教育必须贯穿于大学人才培养的整体结构，并以此为载体，使创业教育与人才培养相协调、相统一，即必须紧紧围绕人才培养的基本要义来进行。可以说，人才培养是高校实施创业教育的最终目的，而创业教育则是高校为实现人才培养目标而在动态、复杂环境下具体实施的一种手段或方法。实质上，高校创业教育与人才培养都是"培养什么样的人才"的问题。高校的创业教育目标就是要把大学生培养成具有一定创业素质的人，这与国家的教育方针精神是相一致的，与高等教育人才培养任务是相融合的。

（二）高校创业教育目标的分层

"培养成什么样的人才""把大学生培养成具有一定创业素质的人才""大学生应该具备知识、能力、品质等创业素质"，围绕着高校创业教育的总目标要求，落实到高校的创业教育实践，在学校整个人才培养体系的框架内，结合社会现实状况、学校办学类别、学生自身条件等因素，从纵向维度将高校创业教育的目标分为三个层级。

1. 第一层级：培养具有良好创业素质的社会公民

第一层级的创业教育目标具有普适性，面向所有的大学生，普及创业课程、创业活动及传递创业精神。在这一层级，培养具有良好创业素质的社会公民是高校创业教育的主要目标，把创业教育的精神和理念贯穿于学校整个人才培养体系中，融于专业教育和通识教育中，融于大学生的职业生涯教育、思想政治教育等教育中，培养大学生具有正确的职业价值观、创业的基本素质和开拓型的个性特征，为大学生毕业后的继续求学深造或就业创业，在知识、技能、体质和心理上做好充分的准备，为他们日后的创业实践打下坚实的基础，从而使他们成为知识经济时代背景下的合格的社会公民。①

2. 第二层级：培养自谋职业的创造者

在我国日趋紧张的社会就业形势下，具备良好创业素质的大学生在激烈的就业市场竞争环境下，能自谋职业。第二层级的创业教育目标应该培养解决自我就业岗位的创造者，是对大学生的创业知识、技能和品质践行教育强化的更高层级目标。大学生毕业后不仅要培养他们自谋职业的能力，还要培养他们在一定的时机条件下开创自己的事业，成为自我工作岗位创造者的能力。

3. 第三层级：培养创业企业的创办者

培养创业企业的创办者应是创业教育的最高理想和追求，是大学生实现最高层次的"就业"，应针对有强烈创业意愿并有良好创业条件的大学生制订专门的、富有个性的人才培养方案，贯彻一种创业知识、能力和品质的提升原则，培育他们高层次的创业品质，使其最终走上创业之路，如创办专业服务型企业、产品创新型企业等，进而成为既创造社会财富又创造就业机会，既为自己发展也为他人谋生的开拓型企业家。

三、高校创业教育的课程设置

创业教育课程是高校开展创业教育活动的载体，是实现创业教育目标的重要元素。美国的创业教育成效显著，重要的原因之一就是其开设了丰富全面的创业教育课程。1977年美国仅有50～70所学院和大学开设了与创业有关的课程，而1999年则有1000多所，到2005年年初，就有1600多所高校开设了创业教育课程。虽然我国创业教育相对于西方国家起步较晚，但最近几

---

① 夏人青、罗志敏：《论高校人才培养框架下的创业教育目标——兼论高校创业教育课程的设置》，载《复旦教育论坛》2010年第6期，第57页。

第二章　高校创新创业教育的理论基础

年,我国高校在创业课程建设方面也取得了不小的进步。如上海所有高校从 2009 年起就陆续开设创业教育课,并成立创业教育的领导管理机构和教学研究机构。2010 年,全国近 600 所高校实施 KAB 创业教育项目,341 所高校开设了 KAB 创业教育课程。[①] 课程内容涵盖创业构思、融资、设立、管理等模块,涵盖"创建和运营新企业""创业营销""家族企业的创业管理""创业领导艺术及教育""风险投资""企业成长战略"和"如何写创业计划书和技术转移"等十多门课程。

从国外高校模仿与借鉴过来的创业教育课程不能单独作为市场运作的培训课程或商业课程,也不能作为创业课程的部分内容。结合我国及地方高校所处的文化背景以及高等教育办学模式的特点,学校应将创业教育课程渗透到通识教育课程和专业教育课程,整合到高校整个人才培养的大框架内,真正把创业教育贯穿于人才培养的全过程,构建有中国特色或地方特色的创业教育体系。

（一）创业教育课程与人才培养体系的融合

如果把创业教育课程作为一个独立的课程体系,独立于高校原有课程体系之外,那么,要么会增加大学生额外的课业负担,缩小大学生的自由发展空间;要么会挤占其他课程的教学时间,使大学教育成了"创业培训班"。高校应该在整个人才培养体系框架内增加创业教育课程的设置。根据培养创业素质的需要,创业教育课程的设置分层次分体系,可以分为"理论知识"和"实践技能"两个子系统,即专业知识和创业知识、专业基础实践和创业技能实践两大模块,再开设相关课程和拓展实践课程,如故事类、商业计划设计、案例研究和创业宣讲报告等。

[①] 季学军:《美国高校创业教育的动因及特点探析》,载《外国教育研究》2007 年第 3 期,第 62 页。

（二）创业教育课程与专业课程的融合

高校要对现有的课程进行综合性改革，在开设的课程中挖掘、开发、增强和融入创业教育的内容。一方面，要在挖掘学生所修专业应有的创新性、创造性教育内容的同时，融入或渗透有关创业教育的理念，培养大学生在专业学习中的创新意识，丰富他们的创业知识。要加强创业教育与专业教学的融合，启发大学生将创业与所学专业有机结合，并引导大学生基于自身的专业知识背景去寻找创业途径和机会。国外诸多高校采取了多学科互补、多学科交叉融合的方式来推进创业教育。如北德州大学音乐学院就把创业教育课程与专业课程进行融合，开设了"音乐创业与营销""音乐创业导引"等课程，讲授关于音乐类企业的创新、管理和营销等内容；爱荷华大学创业中心与表演艺术系开设了表演艺术创业课程；康奈尔大学以跨学科教育作为培养创业人才的主要方法，开设了"创业精神与化学企业""设计者的创业精神"等课程。

（三）创业教育课程与其他课程的融合

创业教育课程的设置虽然注重对所有大学生创业素质的培养，但不能忽视大学生的个性化的需求。根据大学生的个性化需求和社会发展实际，可设置增加个性化创业教育课程模块，如创业教育强化课程模块和创业教育提升课程模块供学生选修，达到高校创业教育"分类指导、个性提高"的目的。此外，还可以通过大学的思想政治教育课程，对大学生进行就业价值观教育、挫折教育、创新教育以及社会学、心理学、管理学、经济学等方面的教育，以帮助大学生形成创业品格。

第二章 高校创新创业教育的理论基础

第二节 创业教育的发展现状与存在的主要问题

我国经济正处于转型升级时期,大学生创新创业活动对于我国建设创新型国家具有重大意义。习近平总书记和李克强总理曾多次表达了对大学生创新创业的鼓励和支持。习近平总书记在北京大学师生座谈会上指出:"要全面深化改革,营造公平公正的社会环境,促进社会流动,不断激发广大青年的活力和创造力。要强化就业创业服务体系建设,支持帮助学生们迈好走向社会的第一步。"李克强总理也曾多次在高校调研和在国务院常务会议中强调:"大学生是人才,只要努力就会有就业的机会。不光要就业,还要创业。""推动大学生创业企业发展,要进一步加大力度,实施新一轮'大学生创业引领计划'。"此外,《教育部关于做好 2015 年全国普通高等学校毕业生就业创业工作的通知》中开篇就明确指出"全面推进创新创业教育和自主创业工作",并且明确"各地各高校要把创新创业教育作为推进高等教育综合改革的重要抓手,将创新创业教育贯穿人才培养全过程",还提出"允许在校学生休学创业"。[①] 我国已经充分认识到大学生创新创业的重要性,并且在宏观政策上为将来我国的大学生创业教育指明了方向和目标。从 20 世纪 90 年代末至今,经过十几年的发展,大学生创新创业教育在我国已经取得了一定的发展成效,但是仍然存在着一定的问题,制约着我国创新创业教育开展。

---

① 《教育部关于做好 2015 年全国普通高等学校毕业生就业创业工作的通知》,见中华人民共和国教育部官网(http://old.moe.gov.cn//publicfiles/business/htmlfiles/moe/s3265/201412/xxgk_180810.html)。

一、创业教育观念存在偏差

（一）不够重视创业教育

我国长期实行应试教育，学生在传统的教育模式中主要以"考试、升学"为学习目标。上了大学后，很多高校还停留以培养学习型、考试型的学生为主要目标，在课程设置和要求上拘泥于传统的课堂教学。学生在创新和课外实践上难以适应、未能大胆放手或有较大的改变。这一切都不利于学生创新、创业能力的培养。然而，大学生创业教育是一项长期的素质教育，周期较长。高校的管理人员和教师必须适应市场经济的新要求，改变教育的观念和人才培养理念，提高对创业教育的重视，深入思考"什么是大学生创业教育""怎样开展大学生创业教育""大学生创业教育究竟能为高等教育带来什么"等问题，落地践行创新创业教育改革。

（二）注重结果而忽略过程

很多高校已开展了创业教育，但模式单一、功利性较强，创业教育将关注点放在学生参加的各级各类的创业大赛或专业技能比赛上，将大赛中获奖作为学校创业教育的成果和主要目标。"以赛促学""以赛促创"的战略路径虽能推动部分学生投入创新创业的活动中，但学校教师和学生只围绕着获奖冲刺，而忽略了学生的创新意识和创新精神的培养本质，也就背离了创业教育的根本宗旨。只注重结果、只关注短期的成果而忽略过程的功利性态度严重制约了大学生创业教育的开展，严重打击了广大师生开展创业活动的积极性，进而严重影响到创业教育开展的成效。

二、缺乏有效的基础保障支撑

（一）专业师资力量不足

专业师资力量是创业教育得以顺利开展的可靠保障，开展创业教育需要一支经验丰富、创业实践能力强、综合素质的教师队伍。我国高校负责创业教育的教师主要来源于教学一线、指导就业的辅导员，在数量上和创业实践能力上还有待进一步提高。专职的具有创业和企业实践经验的导师尤为缺乏。高校开展创业教育缺乏专门、专业的师资已经成为制约我国大学生创业教育的主要瓶颈之一。

（二）配套设施和政策保障不到位

大学生创业活动的实践性非常强，需要有配套的大学生实践基地、创业孵化基地和校企合作方式等来开展。大学生开展科研活动的实验室、开展商业活动的实践基地等配套设施的不足也会严重制约创业教育实践活动的开展。但由于受传统教学理念和模式的影响，很多高校对大学生创业缺乏足够的保障支撑。有的高校在创业教育方面投入的专项经费明显不足，难以扶持专项师资的建设和配置专门的组织机构；有的高校面临教学用地紧张，难以投入足够的配套设施；有的学校能够解决创业园孵化场地和经费的问题，却缺乏专业的管理组织机构和人员；有的高校对大学生创业缺乏足够的政策保障支撑，教师受制于政策和教学、科研压力，没有太多的精力开展创业活动积累和丰富创业指导经验。这些情况都严重影响创业教育的开展，导致无法有效开展辐射面广的创业教育活动。

三、创业环境不佳

（一）宏观创业环境喜忧参半

改革开放四十多年来，我国的经济建设虽然取得了举世瞩目的成绩,创业活动持续了好几个阶段,但是在经济和社会的转型期也出现了一些不好的环境因素和导向。如前几年国内对楼市的过度投入,在一定程度上形成了全民炒房的局面。很多做实业的企业纷纷涉足房地产开发,将大量主要的资金集中转向房地产开发。房地产短时间内高盈利模式,把本来应投向实业和创业的紧缺资金引向楼市和资本运作市场,不仅造成实业和创业环境的资金困境,还造成短时间内经济的虚假繁荣和房地产泡沫,不利于实体经济的发展和创业环境的良性发展。不良的创业导向致使创业活动开展的大环境不佳。目前,国家也出台了很多刺激经济的政策,如"一带一路"国家战略政策、供给侧经济政策、创业带动就业、精准扶贫等一系列有利于创新创业发展的策略。

(二) 社会对大学生创业不够认可

当前,已有不少来自高校的学生开始走上创业的舞台,但社会和家长们对大学生创业存在很多误解和担忧,担心学生涉世未深,担心学生在创业实践活动中受到伤害或者误入歧途,担心学生创业实践能力不足,担心学生创业失败产生经济负担等,对大学生开展的创业实践活动有诸多的限制和干涉。最终致使很多学生不敢进行创业尝试,或者是受限于诸多不必要的规定和限制,最终无法迈出创业的第一步。

(三) 大学生中的创业氛围不浓

受传统的就业观念影响,大学生未能对自己今后的职业和社会定位有更多的思考,更不会将其与创新创业相联系。很多大学生对自己的职业规划只局限于本专业相对稳定的职业岗位,如大型国企和外企或是一些相对成熟的大企业,公务员更是很多大学生对自身职业最满意的归宿。目前,大学生创业的成功率非常低,创业艰辛,也让很多大学生对创业望而却步,放弃更多的创新实践机会,即使有创业想法,也缺乏对实际的可行性考量,以至于一时还无法在大学校园里形成创业创新之风气。

第二章　高校创新创业教育的理论基础

第三节　高校创新创业能力结构与综合素质分析

创新精神是一个民族发展的灵魂所在，源源不断的创新型人才是一个国家进步的不竭动力，是民族兴旺发达的源泉。大学生是社会主义建设的中坚力量，其创新创业能力能够有力地推动我国的现代化建设。在我国高校的创新创业教育中，培养大学生创新能力和创业素养是一项十分重要的工作内容。政府、高校以及社会必须不断关注大学生创新创业能力结构的研究，并且为大学生群体构建一个良好的创新创业平台，有效提升大学生群体的综合素养，为国家和社会输送更多的创新型人才。因此，我们需要加强关于大学生创新创业能力结构与综合素质方面的研究。

一、高校大学生创新创业的能力结构分析

近年来，我国高校不断扩招，大学生数量大幅度增多，导致大学毕业生面临着就业难的问题。联合国教科文组织发表的《世界高等教育发展与趋势》综合报告指出，中国高校在校人数在过去非常短的时间里翻了一番，2001年中国高校教育规模跃居世界第一，紧随其后的是美国、印度、俄罗斯和日本。中国常驻联合国教科文组织代表团说，这是中国首次在高等教育规模上超过美国。毕业人数每年都在增多，每一年都是新的"史上最难就业季"，毕业生在一个时间段内集中就业，就业形势非常严峻。很多毕业生并不能够找到匹配的工作，因此，加强大学生创新创业教育，培养大学生创新创业能力是一项十分重要的工作，这也是高校人才培养中的一个重要的环节。

（一）大学生创新创业的能力结构

近些年来，我国政府提出了"大众创业、万众创新"的工

作理念。与此同时,全国各地的高校也积极响应政府提出的口号,加强自身的创新创业教育体系建设,就我国目前的大学生创新创业活动成功率而言,很多大学生仍然面临着一系列的困难和挫折,创新创业活动的开展情况不容乐观。目前,很多大学生都已经逐渐认识到了创新创业活动的重要意义,不仅能够缓解就业压力,更能提升个人的综合素质,还能够帮助自己实现人生价值。中国社会的创新创业活力已被激发出来了,充满朝气的大学生是国家创新创业的重要力量,也是经济发展与建设的主要生力军,大学生群体已经成为我国创新创业活动的典型代表。为了更好地落地国家对创新创业的响应政策,我国高等教育优化和完善大学生创新创业培训体系。大学生创新创业能力结构包括大学生创新创业能力的培养与开发、创新创业团队能力的提高以及社会外部环境的支持等多维度元素。

1. 鼓励冒险探索和自我能力的开发

大学生是充满朝气的一代,具有充足的冒险探索精神,对身边一切新鲜事物都有一种勇于探索的想法,冒险探索精神不但包括大学生对新事物的接受能力,也包括对新事物的尝试精神。只要学生有创新想法,学校就要鼓励学生把自己的想法落实到行动中,在行动中检验真理,积极投入其中,开展创新创业活动,发挥自我价值。当大学生全身心地投入自己的乐趣之中时,他们就能够最大限度地开发出自身的潜力,这也是创新精神的一种表现。同时,还要鼓励学生借助自己的爱好和兴趣来充分发挥自身的优势,在职业生涯规划中实现自我价值和自我能力的开发。

2. 创新创业团队能力结构的开发

一个人单打独斗很难成功,大学生要想获得创新创业活动的成功,应当以团队为单位来开展工作,不断寻找志同道合的合作伙伴,共同朝着一个目标努力前进。项目的市场调研,团队的管理能力、风险评估能力、财务管控能力等都是创新创业工作者所必须面临和解决的问题。大学生可通过组建跨专业团队，发挥创新创业团队的能力结构优势，有效施展创业过程的各项功能，例如战略能力、组织能力以及财务管理能力等。专业结构和能力的相辅相成，可以有效规避风险，保障创业项目的平稳性。

二、高校大学生综合素质分析

大学生的价值观、世界观和人生观影响着他们的行为、人生方向、职业选择和就业创业倾向。当代大学生的素质总体上有较大的提高，但也还存在许多薄弱方面，有些问题甚至还相当突出。

（一）思想道德素质

1. 功利主义倾向

当代大学生对传统道德价值和伦理的评价标准发生了重大变化，特别是"90后""00后"，部分大学生认同重实效、重现实的价值观；在人生价值取向上表现为注重个人利益和个人幸福，在物质上崇尚高消费，而忽视了精神上的洗礼和现实生活的磨炼；受社会上所谓"实惠"观念和"个人功利"因素的影响，淡漠精神动力，崇拜金钱，从事创业活动就会陷入只重利益的价值取向。大学生的人生价值尺度渐渐向"功利化"偏移已严重地影响他们对社会问题的思考和人生价值的追寻，更谈不上对创新精神和创业意识的培养。

2. 自我主义倾向

部分大学生过于看重自我，以自我为中心，过分重视自我价值的实现，忽视了集体和社会的存在，职业价值观注重个人获得，把自我价值的实现与集体和社会对他们的召唤对立起来，职业价值观注重个人获得，渐渐淡漠集体主义的价值观念。创新创业活动离不开社会、身边的环境，严重的自我主义倾向不利于创新创业团队的组建，不利于发展创业教育。

（二）科学文化素质

科学想象力和科学态度是科学素质的重要组成部分，是大学生进行科技创新的重要前提。没有科学想象力和认真的科学态度，对科学知识的求知欲不强，对科技新事物好奇心不强，科学方法的掌握和运用不足，运用新的科学方法和研究手段欠缺，就难以在创新范畴取得成绩。大学生要不断积累各种知识和经验，想象力也会随之逐渐丰富，还要积极探索科学研究方法，提高科学文化的探索效率。

（三）创新素质

创新意识是创新能力形成和发展的前提和条件，几乎所有的创新创造都是从意识开始的。没有创新意识和实践意识，就难以在专业技能应用方面取得创新。很多学生经过长期的应试教育，形成了固定的思维和行为方式，缺乏独立观察、提问、判断、分析和解决问题的能力，这在很大程度上制约了他们创新思维的培养。

（四）身体身心素质

大学生学业繁重、学习压力大，缺乏科学的身体锻炼，学生仅仅完成体育课上的练习，很少再有学生自觉制订锻炼计划。这对他们身体的锻炼有一定的影响，身体素质有待提高。

有的学生还存在很多不良的生活习惯。大学生能比较自由地分配时间，自制力欠佳的学生在这种宽松的管理方式下更容易形成不规律的生活方式和习惯，导致精神萎靡，学习热情不高。长期的不良生活习惯必然会严重影响大学生的身体健康。同时，学生在生理、心理方面还没有完全成熟，学生的竞争压力日益增大都会造成大学生心理疾病的人数明显增加，在身体和学习等方面受心理疾病影响的大学生人数比例呈上升趋势，部分大学生的心理不够健康。

三、大学生创新创业的素质与能力培养

从以上分析看出,大学生综合素质分析整体情况不是太理想,有的问题相对突出。大学生的创新创业能力结构也存在不平衡的问题。如有的大学生专业技能创新能力较强,但管理能力较弱,人际交流能力不强;有的学生人际交流能力强,但专业基础不扎实等。这些都无法保障创新创业项目的顺利开展。大学生自身创新创业能力的优化不仅包括创业能力的提高,还包括综合素质的提升。

(一) 综合素质的提升

综合素质是一个人知识、修养、处事方法技巧及反映其内在精神的综合表现。良好的综合素质是开展创业的可靠保障。然而,大学生因其生活成长的环境不同,家庭背景、遗传基因、教育方式、生活习惯等差异性很大,在大学学习期间想要找到最适合自己的定位,需要长期的内修外炼。道德是一个人立身处世的根基。大学生内心世界丰富,志向高远,但因涉世未深,阅历尚浅,容易意气用事,容易在纷杂的世俗中迷失自我。道德修养对大学生极为重要,道德之于个人、之于社会都具有基础性意义,做人做事第一位的是崇德修身。大学生的道德修养可从中华传统道德文化中汲取营养,从人的物性角度阐述人性中的感性与自然性,只有具备了正确的道德认知度、自觉的道德习惯,在扎实的道德实践中完善自我,达到真善美的圆融,道德教育才能厚德载物,自强不息,这样才能既有宏远的目标,又有脚踏实地的行动,能够担负起时代赋予的神圣使命。

德性培育在于使大学生投身于创新创业的终身事业当中,成为推动社会进步的力量源泉。心态是一个人精气神的展现,良好的心态是大学生创业干事的基本因素。心态好的人遇事不慌乱,从容而淡定。心态越好越容易成功;心态调整不好、越急功近

利,越容易遭受挫折。态度决定一切,大学生对待学习生活要树立正确的价值观,确定切实可行的目标,不追逐可望不可及的事情,不依靠投机取巧追逐人生目标,而要靠脚踏实地去实现。心理成熟,精神昂扬,不轻易被引诱而停止奔向目标的脚步,养成好心态是成就人生目标的保证。

(二) 能力锻炼与提升

创新创业能力是体力与脑力的融合,一靠学习,二靠实践锻炼,要学习各种科学知识,掌握认识世界和改变革新的能力。技能是立身之本、创业之基。大学生要多参加各种社会实践劳动,在长期的学习理论和劳动实践中掌握本领,运用已有的知识和技能,去解决实际问题;还要抓紧时间利用机会锻炼体能技能,加强忍耐力,强化体能锻炼,全面提升各方面综合素质。[①] 兴趣是实现自我创新创造的前提,是个人对某一事物发生浓厚的探索欲望。大学生只有在兴趣中才能找到学习快乐,在实践中找到劳动快乐,在创造生活的同时,不断依靠自己的兴趣挖掘潜力,既立足现实,又创新超越现实,发挥出自己独特的天赋。一个成功的创业者还必须是开放包容的,要把自己放在社会和学校的大环境中,才能更好地识别市场环境,创建团队,才能成功融入集体之中,让整个集体共同进步和发展。

第四节 影响我国创业人才培养的因素

一、影响我国创业人才培养的外部因素

创业外部因素主要指的是创业环境,包括政府政策、金融环

[①] 李凯:《基于胜任力的大学生创新创业能力素质培养与评价》,载《高教学刊》2018 年第 6 期,第 29 页。

第二章 高校创新创业教育的理论基础

境、经济环境、法律环境、文化环境等多个方面，对创业活动产生了深远的影响。研究表明，推动创业活动、促进企业成长的因素包括政策法律的制定、创业文化的提升、学校的创业教育的整合、降低进入壁垒、科技发展因素、为初创者提供启动融资等。

（一）政策法律因素

法律与政策在创业环境中发挥着重要的作用，政府制定并颁布实施的各种可行的有效政策推动着创业活动的发展。稳定的政治环境为当代大学生创业全面而健康的发展奠定了坚实的基础。与此同时，政治环境对当代大学生创业有着非常重要的影响，主要表现在对大学生创业政治素养的培育以及不断发展完善等方面。

（二）经济环境因素

经济的发展需要产业的创新发展，产业的创新发展则需要创业人才的支持，需要高等教育与之配合、为之服务，形成与之相适应的人才培养体系，为区域经济的发展提供人才、智力和技术支持。高等院校担负着为地方培养创新创业人才的责任，创新创业型人才的培养离不开创新创业教育。

（三）金融环境因素

金融是市场经济融资体系的基础和主体，是现代经济的核心，是发展金融是市场经济融资体系的基础和主体，是发展生产力不可分割的组成部分。企业融资方式的选择、风险投资的有效性对创业率起重要的影响作用。大学生创办企业，不同企业的不同成长阶段，资金的需求不同。小的成长型企业可以寻找内部资金，如自己的积蓄、亲友的资金等，但在成长过程中，企业会有一个从内部融资到外部融资的转折点，即需要从银行、公共债券或权益市场融资。稳定的金融环境、对资源配置的高效率利用和优化，对整个社会经济的稳定、健康发展起着重要的作用。

（四）科技发展因素

创新始终是推动一个国家、一个民族向前发展的重要力量。人类发展的历史表明，经济强国的出现，背后都有一个重要的力量，那就是创新。中国要实现"两个一百年"的奋斗目标，必须坚持创新发展，培育新的增长动力和竞争优势。科技技术的发展是提高创业企业创业率的重要因素，也是促进新企业建立的重要推动力。

（五）文化环境因素

文化环境主要由文化传播机构和其他社会力量构成，它们能够影响社会的基本价值观、理解、偏好和行为。大学生在一个特定的创业文化环境中长大，形成了他们基本的信仰，价值观、世界观也随之形成。

二、影响我国创业人才培养的内部因素

作为创新创业人才培养的主要机构，学校应严格落实创新创业人才培养计划，学校在该过程中完全发挥其在教育体制中的主导性作用。

（一）教育理念

教育活动是指人类在一定的思想理念指导下进行的自觉行为。教育理念决定着后期的教育活动。而长期以来，我国的高等教育主要以知识中心论为基础开展。知识中心论是指通过健全受教育者知识结构的系统性和完整性，使受教育者达到知识型人才的评价标准。在此评价体系的主导下，学校必然会以理论课程为主，忽视实践课程；设置更多的必修课，忽视选修课；更多地强调教师的主体性，忽视学生的主动性发挥。在以知识为中心的知识结构教育体系中，受教育者长期处于被动状态，以单纯的书面知识为主，严重缺少实践操作，最终导致主动性难以发挥，扼杀

第二章　高校创新创业教育的理论基础

了创新所需要的判断力和思考力,严重限制了创新创业人才的培养。教育活动创新应以教育思想观念的创新为基础。

（二）教学模式

长期以来,理论阐述式是我国高等教育的主要教学形式,课堂面对面式授课使得大多数老师对授课内容的重视度极高,与此同时也存在一定的缺陷,如教学内容过于单一,易使学生的学习模式逐渐变为"本本主义"或"题海战术",课后也主要以理论作业为主。学生在课堂上,严重缺乏动手操作能力,课后更缺乏实践训练机会。因此,以理论阐述式为主的教学模式会使得学生创新的机会和灵感难以发挥。这对创新创业人才的培养产生极为不利的影响。此外,对教育质量的评价方式也应及时从传统的学校内部或者以考试为主的教育质量评价标准转向更深层次的社会综合评价标准。因此,及时审视传统的教育观念并进行适当的调整对教育活动的创新具有重要的意义。

（三）教学管理机制

高校采取标准化管理机制,对学生的管理约束机制过于强调标准化、规范化,就难以发挥其独特的办学特性以及鲜明的人才创新体制。如果没有制定并出台激发学生创新活力的政策,支持学生灵活的选修制度和灵活的学习方式,所有的学生必须在标准化、严格化的体系中接受教育,就会使学生的思想行为失去主观能动性,从而进一步丧失自由思考和自由学习的机会,更难以摩擦出创新的火花。长期以来,我国高校创新创业人才培养的着力点在于提高教师的教学状态和教学水平,而对学校的创新性及学生的学习状态、学业水平和学习能力关注不够。因此,我国高校创新性人才培养改革的着力点应在于关注学生的学习过程,注重学生的长远发展。与此同时,我国高校教学管理需要建立和完善多元、分层、分类的综合人才培养体系,更多地运用过程性培养模式、诊断性评价。在改善学生的学习状态、提高他们的学习能力和学业水平的同时,为不断改善教师的有效教学提供高效、周到和专业化的服务,从而进一步促进大学教师教学能力和专业能力的可持续发展。

第五节 高校创业教育政策解析

近年来,随着国家对知识创新、科技创新、技术转移的需求日益迫切,创新创业教育成为高等教育改革研究和实践的热点,党的十九大报告多次提到创新创业,着重强调促进高校毕业生等青年群体创业。国家和各省市相继出台了一系列关于创新创业教育的鼓励和优惠政策,推动创新创业教育的开展。

一、我国大学生创业政策的现状分析

(一)以教育部为主体的政策导向

1995年5月《中共中央、国务院关于加速科学技术进步的决定》提出了在全国实施科教兴国的战略的宏观政策。同时,应当时国际教育改革与发展的趋势,教育部率先对清华大学等一些大学校园发起的大学生自主创业活动表示鼓励和支持。1999年1月教育部制定、国务院批转发布的《面向21世纪教育振兴行动计划》第27条指出,要"加强对教师和学生的创业教育,采取措施鼓励他们自主创办高新技术企业"。1999年5月《国务院办公厅转发教育部等部门关于进一步做好1999年普通高等学校毕业生就业工作意见的通知》也提出,要鼓励和支持毕业生到非国有制单位就业或自主创业"。与此同时,教育部、共青团中央、中国科协、全国学联联合主办了首届大学生"挑战杯"创业计划大赛,2000年和2002年又分别在上海交通大学、浙江大学举办了第二届、第三届大学生创业计划大赛。这些由政府部

第二章 高校创新创业教育的理论基础

门和社会组织主办的创业计划大赛增加了大学生创业活动在社会层面的权威性和认可性,在全国产生了很强的影响力和辐射作用。2002年4月,教育部召开了普通高校"创业教育"试点工作会议,正式发文确定清华大学、北京大学、中国人民大学、北京航空航天大学、上海交通大学、南京经济学院等九所高校为创业教育试点院校,并给予政策和资金支持。① 如大学生、研究生(包括硕士、博士研究生)可以休学保留学籍创办高新技术企业。同时,教育部先后召开多次创业教育试点院校座谈会。教育部高教司还举办了"教育部创业教育骨干教师培训班",积极推动高校创业教育的开展。此后,全国高校的创业教育活动拉开帷幕并逐渐增多,很多高校相继开设创业教育课程,以选修课或以其他形式开展,高校的创业教育活动得到发展,大学生中也掀起了一股前所未有的创业热潮。

(二)对大学生创业的优惠政策

2003年5月,《国务院办公厅关于做好2003年普通高等学校毕业生就业工作的通知》要求,凡高校毕业生从事个体经营的,除国家限制的行业外,自工商部门批准其经营之日起,一年内免交登记类和管理类的各项行政事业性收费。经济条件优越的地区,地方政府还在现有渠道中为高校毕业生提供创业小额贷款和担保。同年6月,国家工商总局发布通知,就当年普通高等学校毕业生从事个体经营出台了关于收费优惠的具体政策。2005年,国家更是加大了对大学毕业生自主创业的支持力度。其中包括扩大创业教育试点范围,设立大学科技园以及创业孵化机构、加大创业培训力度、建立创业孵化基地、实施创业税费减免、小额担保贷款等。许多地方政府也响应这一政策,纷纷建立高校创

---

① 罗三桂:《大学生创业能力的培养现状及提升策略》,载《中国高等教育》2013年第12期,第8页。

业园区，为大学生创业实践提供场所，设立"扶持大学生创业基金"，为新创企业减免税收、租金及行政性收费等。上海市政府从2006年起，连续五年，由市科委、市教委每年各投入5000万元、向基金会投入一亿元专项拨款，以鼓励和支持大学生进行自主创业实践；河南、山东等省则推出了高校毕业生"试营业制度"，实行货币出资"零缴付"、经营场地"零成本"、服务创业"零收费"等优惠措施。

（三）对创业活动的支持面拓宽、力度加大

随着创业教育的开展，全国范围内支持大学生创业的相关部门纷纷加入行动中，政策发布的主体也由以前的几个部门到现在的十几个部委，除教育部以外，还有劳动与社会保障部、财政部、科技部、工业和信息化部、中国人民银行、国家工商行政管理总局、国家税务总局等，另外还有中华全国总工会、共青团中央、全国工商联等社会组织。有关扶持大学生创业的政策内容更加详细，支持力度也从提供创业优惠政策到提供创业服务，对大学生实行创业培训、项目开发、小额担保贷款等提供一体化的服务。2010年，人力资源和社会保障部在不到两个月的时间内连续发布了《关于实施2010高校毕业生就业推进行动大力促进高校毕业生就业的通知》和《关于实施大学生"创业引领计划"的通知》两项政策。这些政策除了强调加强创业教育、开展大学生创业培训（实训）、加大对大学生创业的政策优惠扶持（如大学生自主创业三年内每年减免8000元税费）之外，还着重提出了要为大学生创业提供指导服务和孵化服务，如指导大学生制订创业计划书，为大学生制订创业路线图，成立大学生创业导师、专家志愿团，为创业大学生提供低成本的生产经营所和提供企业孵化服务等。大学生创业政策还从提供单纯的创业技能培训，到提供创业意识、创业知识、创业技能培养的全面的创业教育，希望从源头上促进大学生创业。2011年3月，国务院总理

第二章 高校创新创业教育的理论基础

温家宝在《政府工作报告》中也专门强调要提高教育质量,增强学生的就业创业能力,强调把创业人才培养与高校的人才培养模式改革以及人才培养质量的提升联系起来。

(四)改善大学生的创业环境

2012年11月,党的十八大报告提出:"引导劳动者转变就业观念,鼓励多渠道多形式就业,促进创业带动就业。"2013年,《国务院办公厅关于做好2013年全国普通高等学校毕业生就业工作的通知》(国办发〔2013〕35号)要求各地区和各有关部门积极完善创业政策,对自主创业高校毕业生进一步放宽准入条件,降低注册门槛,给予小额担保贷款及贴息、税费减免等政策扶持,积极推进大学生创业孵化基地建设,为创业毕业生提供"一条龙"创业服务。财政部《关于加强小额担保贷款财政贴息资金管理的通知》(财金〔2013〕84号)进一步完善了小额担保贷款的贴息政策。2013年党的十八届三中全会通过的《中共中央关于全面深化改革若干重大问题的决定》提出,要健全促进就业创业的体制机制,完善扶持创业的优惠政策,形成政府激励创业、社会支持创业、劳动者勇于创业新机制。会议对金融体制、财税体制、行政体制等方面提出了深化改革的方案,并把非公有制经济提到了更为重要的地位。2014年5月,《人力资源社会保障部等九部门关于实施大学生创业引领计划的通知》(人社部发〔2014〕38号)提出2014—2017年实施新一轮"大学生创业引领计划",并明确地提出了实施新一轮"大学生创业引领计划"的预期目标。同时,要求各地有关部门要从普及创业教育、加强创业培训、提供工商登记和银行开户便利、提供多渠道资金支持、提供创业经营场所支持、加强创业公共服务六个方面综合施策,为大学生创业提供支持和服务。随后,国务院办公厅发布《关于做好2014年全国普通高等学校毕业生就业创业工作的通知》(国办发〔2014〕22号),提出"要充分发挥市场配置人力资源的决定性作用，着力改革创新，完善政策措施，强化就业创业服务，改善就业创业环境，引导高校毕业生转变就业观念，力争实现高校毕业生就业和创业比例都有所提高"的要求。随即，教育部出台文件"允许在校学生休学创业"。2015年2月，人力资源和社会保障部下发《关于做好2015年全国高校毕业生就业创业工作的通知》（人社部函〔2015〕21号），将切实抓好就业创业政策的落实放在首位，强调各地要将高校毕业生创业的税收优惠、小额担保贷款、创业培训和创业服务等各项优惠政策落实到位，"确保政策落实'最后一公里'畅通"。随后，政府颁布文件，加大对小微企业税收的优惠力度，简化行政审批程序，促进创业环境的优化。2015年3月，全国两会召开，"大众创业、万众创新"被正式确立为我国经济转型和保增长的引擎之一，由此开启了全民关注创业、万众支持创业的新时代。

二、当前我国大学生创业政策中存在的问题

近年来，我国从中央到地方政府都出台了很多促进大学生创业的政策，这些政策使大学生创业活动进入了前所未有的大发展阶段，有力地促进了地方政府和高校对大学生创业活动的支持，将我国高校的创业教育推进了全面发展的阶段。然而，从大学生创业实践成果来看，我国大学生参与创业的比例不到毕业生总数的1%，相较于发达国家20%～30%的比例而言，我国大学生创业比例还比较低，甚至在创业比例最高的浙江省也只有4%，广东省仅为1%，而国际大学生的平均创业成功率则是20%。[1] 我国大学生创业所面临的尴尬处境，除了跟大学生所处的社会文化环境、家庭背景等因素密切相关之外，创业政策也是一个不容忽

---

[1] 张宇飞：《新时期大学生创业的困境及对策研究》（硕士学位论文），山西财经大学2017年。

视的方面。

(一) 创业支持政策力度不够

大学生创业的支持系统构成了大学生创业政策体系的起点，教学机构所推出的有效变革性措施可以激励并帮助大学生更有效地实现他们的创业计划。如果学校的政策制定者不了解创业流程的真实情况，不了解创业活动的复杂性，最终导致政策只会是以文件的形式发放，缺乏权威效力，实际意义不大。流于形式的创业支持政策与真实的创业环境不匹配，无法形成对大学生创业的有力支持，激发不了学生的创业积极性。

(二) 创业政策未突出大学生的特殊性

大学生创业者是一个特殊的创业者群体，具有学生和创业者的双重身份。他们除了需要掌握本专业的知识和技能外，还需要承担创新创业的风险，需要面对不确定的、复杂的人际关系与管理问题。针对这个群体区别于其他创业群体所具有的特殊性，学校有必要针对大学生创业拟定一些减免与优惠政策，例如以模拟实践的方式在校内或者联合企业让大学生体验创业。如规定创业实践可以抵学分，创业者可以获得学校有限资金的资助；对大学生创业过程的知识含量与科技水平予以奖励和支持等。政策内容的重心在于照顾与激励大学生这个目标群体，这对形成高校的创业文化有积极的作用。

(三) 创业政策的落实不到位

高校的大学生创业政策大都对国家有关文件精神的政治呼应，规定了原则和方向，以"意见""通知""讲话"等形式出现。如果缺乏监督贯彻落实的配套政策以及激励机制，大学生创业的支持和优惠政策就无法落到实处，政策含金量小，驱动效应有限。

三、完善大学生创业政策的策略

(一)建立健全大学生创业信用担保体系

资金问题是大学生创业的关键问题,缺乏融资渠道造成融资困难,制约着创业的发展。当下没有完善的创业信用担保体系是大学生创业发展遇阻的主要原因。银行作为商业金融机构,在追求利益回报的同时,也要考虑资金的安全问题。因此,银行慎贷的行为也是可以理解的理性选择。由政府主导建立大学生创业信用担保体系是解决这一问题最快捷、最有效的办法。建议将我国中小企业信用担保体系延伸到大学生创业群体,借鉴国外经验及大学生创业的特点,建立由政府出资的大学生创业信用担保体系。我国的中小企业信用担保体系始建于20世纪90年代,经过近20多年的发展,目前已经形成了较为完善和规范的中小企业信用担保体系模式,为中小企业解决融资难题发挥了重要的作用。就大学生创业企业来看,由于企业互助性担保模式和商业性担保模式存在抗风险能力不足、担保费率高等弊端,现阶段不具适用性。而政策性信用担保,是政府间接支持中小企业融资的政策性非盈利机构,具有资金来源稳定、抗风险能力强、信用度高以及费用低等特点,因而更适合大学生创业企业。可将大学生创业信用担保纳入中小企业政策性信用担保体系中,并针对大学生创业企业的特点设计申请条件、担保条件、运作方式等,并以法律的形式进行规范。

(二)配投政策性基金,支持大学生创业

引导社会资金投向大学生创业企业,形成在政策性基金支持的引导下,创业者利用金融资源放大的效应,从而以较少的公共资金投入,获取较大的社会经济效益。在商业利益最大化原则下得到的项目评价、项目支持更加符合市场要求,从而可保证支持政策能够延续。因此,一个可行的途径是将政策性基金的运作与风险投资结合起来,采用"配投"的资金运作方式实现对大学生创业融资的支持,改变过去政策性创业基金的运作模式。通常情况下,创业者能够获得风险投资,表明其创业项目的质量、运营前景和预期收益都得到了一定程度的认可。在企业的运行过程中,风险投资还会帮助他们所投资的公司进行经营管理,带给他们市场分析、战略决策的制定、技术评估、风险及回收的评估等资源,这些行为可以极大地提高新办企业的成功率。可见,配投政策性基金能够将有限的资金集中到优秀的、最具有成功可能性的创业者身上。

(三)强化政策导向,拓展创业融资渠道

在欧美等创业发展较为发达的国家,风险投资成为大学生创业的一种主要融资手段。如上所述,风险投资寻找和发掘的是那些具有高风险、高潜在收益的项目,而大学生创业市场是一个既富有创意又相对廉价的投资对象。一项针对有创业意向大学生的调查显示,33%的人选择会吸引风险投资。这说明大学生创业和风险投资有着强烈的彼此需求。从许多国家推进创业活动的公共政策实践来看,风险投资产业对创业活动的作用巨大,因而我国在支持大学生创业活动的政策选择中,也应当重视创业风险投资产业的发展,以利于解决大学生创业的融资难题。① 政府可以通过建立健全与风险投资相关的法律制度以优化风险投资企业的发展环境,通过制定税收优惠等相关政策鼓励风险投资企业的发展。当然,这些政策和措施的关键,是对创业风险投资行为加以引导,使其投资行为更加契合国家的创业、创新目标,以此形成国家政策与民间资本的双重合力。

---

① 曾凡奇、郑慕强、刘倩:《创业意向的影响因素实证研究——基于大学生社会创业问卷调查》,载《汕头大学学报(人文社会科学版)》2015年第3期,第73页。

四、大学生创业环境政策的软性驱动

创业环境对创业者的创业意愿、创业动机和成功创业具有深远和重要的影响。创业文化深厚、创业氛围浓郁的区域，其创业活动会有更强的自发性和活跃性。美国硅谷浓厚的创业氛围造就了创新冒险、追求成功的"硅谷精神"。因此，在建设大学生创业的硬环境的同时，更应进一步促进创业软环境的建设，大力培育创业文化，营造创业氛围，让创业意识深植于人们的心中。

（一）营造激励型创业文化氛围

大众创业可以说是一场思想解放运动，它使人们的观念由保守转向开放，由依赖转向创新和独立自主，并带来市场经济多样化的思维方式。创业文化环境的建设是一项长期的、复杂的系统工程，需要政府、高校和社会等主体的共同参与。政府引导创业文化的构建，高校进行创业文化的培育，社会营造创业文化的支持氛围，构建三螺旋的创业环境建设体系。

政府可以发挥其主导性作用，通过政策引导和制度创新，综合利用广播电视、报刊等媒介，解读创业政策，发布创业信息，提高大众对创业的认识，营造良好的社会舆论；同时，高校更要积极开展创业文化的宣传活动，积极对大学生进行创业文化和创业素质的教育，宣传和鼓励创业，大力表彰和宣传创业典型，培育全校园崇尚创新、鼓励创业、宽容失败的文化氛围，激发更多的大学生选择创业、敢于创业；社会各种力量也要开展与创业相关的知识培训、技能培训等服务活动，使所有拥有创业意愿的劳动者都能方便获得有关创业方面的专业指导，营造出一种尊重创业、鼓励创业、乐于创业、勇于创业的文化氛围和社会风气，从而形成崇尚创新创业的民族风尚和价值体系。

（二）营造公平诚信的创业环境

社会信用体系是企业、个人和政府在内的各种社会主体在经济活动中必须普遍遵守的信用制度。社会信用资源缺乏、社会信用缺失会严重阻碍我国社会主义市场经济的健康发展。

建立社会信用体系有利于建设新的信用文化,完善社会主义市场经济体制,加强和创新社会治理方式。建立信用制度体系、信用服务体系,建立失信约束和惩罚机制,健全信用监营体制,形成守信光荣、失信可耻的社会环境,为大学生自主创业营造诚信经营、公平竞争的良好市场环境,从而促进大学生创业活动朝着健康的方向发展。

(三)优化创业公共服务环境

服务功能完善、服务行为规范、服务运转高效的创业服务平台是大学生创业的可靠保障,政府应发挥协调功能,积极调动社会各主体的力量,搭建大学生创业服务平台,提升创业服务的水平,在创新创业的不同阶段提供专业化、国际化、标准化的服务。成立大学生自主创业服务中心,为大学生提供创业项目展示、项目洽谈评估、工商税务登记、小额贷款申请及法律援助等服务。发挥政府的信息资源优势,各地方建立创业信息发布平台,向社会开放包括政策、技术、市场信息在内的各种信息,推进信息资源共享,使大学毕业生及时有效地获取信息服务,同时,还要完善社会保障制度,为大学生创业者解除后顾之忧。如将大学生创业者纳入失业保障管理体系,建立失业保险基金,以财政拨款与大学生个人交纳的形式共同筹集资金。一旦创业失败,大学生可以领取失业保险金以维持日常生活,顺利地进行连续创业或就业。

本章小结

高校主动顺应社会时代和经济形势的发展、人才培养模式的深化和转变,是高校践行素质教育和创新教育人才培养理念的进一步具体化。人才培养是高校的中心任务，由诸多内容和方式构成，高校根据人才培养的目标，有针对性地选择某种或某些教育内容和方式。

作为目前社会形势下形成的创业教育理念，创业教育是高校在人才培养过程中萌生的一种新的教育理念以及在该理念指导下的教育内容或方式。它注重的是对大学生创业意识、创业精神和创业能力的培养，着眼于人的创业素质培养，是高校人才培养工作开展的深入和具体化，是建立在素质教育基础上的一种人才培养手段。

人才培养是高校实施创业教育的最终目的，而创业教育则是高校为实现人才培养目标而在动态、复杂环境下具体实施的一种手段或方法。"培养成什么样的人才？""把大学生培养成具备哪些创业素质的人才？""如何培养人才？"将高校创业教育的总目标落实到学校整个人才培养体系的框架内。创业教育课程是高校开展创业教育活动的载体，是实现创业教育目标的重要元素。学校应将创业教育课程渗透到通识教育课程和专业教育课程中，整合到高校整个人才培养的大框架内，真正把创业教育贯穿于人才培养的全过程，构建有中国特色或地方特色的创业教育体系。高校需注重三个方面的融合：创业教育课程与人才培养体系的融合、创业教育课程与专业课程的融合、创业教育课程与其他课程的融合。大学生创新创业能力包括大学生创新创业能力的培养与开发、创新创业团队能力的提高等多维度元素。我们还需要加强大学生创新创业能力结构与综合素质方面的研究。

研究表明，对创业活动的作用、促进企业成长因素包括政策法律的制定、创业文化的提升、学校的创业教育的整合、降低进入壁垒、科技发展因素、为初创者提供启动融资等。影响我国创业人才培养的外部因素主要是创业环境，包括政府政策、金融环境、经济环境、法律环境等多个方面。这些因素对创业活动产生深远的影响。而作为创新创业人才培养的主要机构,学校应严格落实创新创业人才培养计划,学校完全发挥其在教育体制中的主导性作用。影响我国创业人才培养的内部因素主要包括教育理念、教学模式、教学管理机制等。

第三章 高校创业教育发展动力机制的理论依据

第一节 系统论与高校创业教育发展动力机制

系统论作为研究客观现实系统的特征、本质、原理和规律的科学，主张从整体出发研究系统内部结构之间、系统与外界环境之间的普遍联系。系统论对高校创业教育发展动力机制研究有重要的启示和借鉴价值。波尔·达林认为："我们一直没有把学校和教育过程当作复杂的社会系统的一部分，没有认识和考虑到这个系统各个不同部分之间的复杂的相互作用。我们还没有把教育作为一种社会系统而建立起教育的系统观。"[①] 他对系统论寄予厚望，强调系统分析的根本特点在于解释复杂事物各个组成部分之间的内在联系，着眼于事物作为一个完整系统的整体。高校创业教育系统不仅是高等教育系统的一个子系统，更是一个社会系统，其运动演化非常复杂。运用系统理论，可对构成高校创业教育系统的要素进行深入分析，这有助于认识各要素之间、由要素组成的整体与外界环境之间的非线性相互作用关系，揭示高校创

---

① 王星霞：《学校发展变革研究》（博士学位论文），西北师范大学2007年。

第三章 高校创业教育发展动力机制的理论依据

业教育系统的动力机制，进而通过建构、调整和优化，推动高校创业教育系统的有序演化。①

一、系统论的基本观点

（一）系统的概念及其特征

系统是指由若干相互联系、相互作用的部分组成，在一定环境中具有特定功能的有机整体。组成系统的各个部分被称为"要素""单元"或"子系统"。由于系统可以划分为不同层次的要素，因此，各要素具有相对性。从不同的角度对系统进行分类，自然界从低级到高级的层次，可分为无机系统、生物机体系统、社会系统；按照系统的形成与人类实践的关系，可以分为自然系统和人造系统；按照系统与环境的联系，可分为封闭系统和开放系统。此外，按系统状态与时间的关系，可分为静态系统和动态系统；按系统的规模、复杂程度，可分为小系统、大系统及简单系统和复杂系统等。系统的一般特征包括整体性、层次性、功能性、关联性、动态性、目的性等特征。

1. 整体性

美国著名的哲学家 E. 拉兹洛指出："科学现在不再像从前那样，在一个时刻观察一个事物，看它在另外一个事物作用下的行为。而是观察一定数目的不相同的、相互作用的事物，看它们在多种多样的影响作用下作为一个整体的行为。"② 系统总是由若干单个元素组成，但不是若干简单事物的堆砌，系统中各元素各具功能且相对独立，但系统内各元素不是孤立存在的，又存在

---

① 林航、邓安兵：《中国高校创业教育生态系统引入及风险分析》，载《创新与创业教育》2016年第4期，第6页。

② 张慧：《论 E. 拉兹洛的系统整体观》（硕士学位论文），华南师范大学 2010 年。

有机联系。① 例如，人体是由呼吸器官、消化器官、血液循环器官、神经器官等部分组成的。企业是由若干车间、班组、科室组成的，各个部分有各自的功能，系统内各部分之间发生的物质、能量、信息的传递和交流，各部分之间也会相互影响。例如，企业的销售部门工作不力会导致正常的采购商品积压，经理的高昂斗志会鼓舞其下属努力工作等。

2. 层次性

绝大多数系统都有各自的层次结构，不同的层次具有不同的功能。例如，联想集团公司由联想电脑、神州数码、联想控股三家法人企业组成。联想电脑公司又由许多部门组成，每个部门由若干员工组成，部门可以生产部件或提供采购、会计、人事等某一方面的职能；联想电脑公司则提供相对完整的商品或配套服务。

3. 功能性

系统的功能表现为系统对环境的作用，系统把环境的输入变成自身输出的转换作用，如消化系统的功能就是将食物变成人体活动及生长所需的热量和各种营养。甲系统之所以区别于乙、丙系统，是因为功能不同。例如，根据社会功能性质不同，把各种组织划分为工厂、学校、医院、商店等；根据功能的水平高低把医院分成甲级、乙级等。

4. 关联性

系统不是孤立存在的，它时刻与外部环境发生各种联系。系统间元素发生的物质、能量、信息的传递和交流，不同的结构和不同的联系导致系统具有不同的性质和功能。一方面，系统的功能取决于系统内部的结构和联系；另一方面，系统要受环境的影

---

① 高霞：《价值链内部控制框架的构建与应用研究》（学位论文），河北经贸大学 2011 年。

响和制约，例如，植物的种植受所在的土壤特性、天气、温度、湿度等环境的影响，企业的效益则受政治环境、经济环境、文化环境的影响。

5. **动态性**

系统受内部结构和外部环境的同时作用影响，它的状态随时都会改变。系统论认为，封闭系统因受热力学第二定律的作用，其熵将逐渐增大，活力逐步减小。一个有机系统必须对外开放，与外界交换物质、能量和信息，才能维持其生命。系统论认为，系统处于不断的运动和变化状态之中。一方面，系统内部存在"自组织"的活动；另一方面，由于环境的变化，系统也难以维持其原来的状态。系统不仅作为一个功能实体而存在，而且作为一种运动而存在。系统的内部联系是一种运动，系统与环境的相互作用也是一种运动。例如，企业的人员、资金、设备运行状态经常发生变化，企业效益必然也会有波动。

6. **目的性**

有一类实体系统是人们为达到某种目的而建立或改造的系统，如生产系统、运输系统、军事预警系统、信息管理系统等，统称为"人造系统"。人造系统的目的性表现在功能的人为性。人们通过对系统要素的选择、对运动方式的设计，使系统服从于人们意志的目的。例如，生产系统计划生产多少产品，生产工序如何布局、机制如何运行、员工如何配合等，都反映人们的生产计划，服从于人们的生产目的。

（二）系统论的基本原理

1. **系统整体性原理**

系统是由若干要素组成的具有一定新功能的有机整体。各个不同性质和功能的独立要素组成的系统整体，具有系统中部分所不具有的性质，系统整体不同于系统的部分的简单加总。也就是说，系统整体的性质不可能完全通过系统要素的性质来解释。一般系统论的创立者贝塔朗菲就曾指出,"整体大于部分之和"。有机体由器官组成,各个器官统一受有机整体的制约。然而,各个器官在发挥自己的功能时,一个系统如果没有整体性,那么这个系统就会崩溃而不复存在。

2. 系统层次性原理

由于组成系统的诸要素有着各自的特性和结合方式上的差异,各要素在系统组织里的地位与作用、在结构与功能上均表现出层级差异与秩序性。层次概念反映了系统等级或系统中的等级差异性。系统的层次区分是相对的,相对区分的不同层次之间又是相互联系的。高层次系统是由低层次系统构成的,高层次包含着低层次,低层次属于高层次。高层次和低层次之间的关系,首先是一种整体和部分、系统和要素之间的关系。高层次作为整体制约着低层次,又具有低层次所不具有的性质;低层次构成高层次,受制于高层次,但也有一定的独立性。上下相邻层级之间相互影响、相互制约,而多个层级之间也相互联系、相互协同。

3. 系统开放性原理

系统具有不断地与外界环境进行物质、能量、信息交换的性质和功能,事物的发展变化,内因是变化的根据,外因是变化的条件,外因通过内因而起作用。只有通过系统开放,内因与外因相互作用、相互转化,才能引起系统发生质量互变和进一步的发展,最终发生质的变化,量变转变成质变,进而又开始了新的量变。一个封闭的系统,系统与环境之间如果没有任何联系,没有任何交换,也就没有新的量变和质变,这意味着系统没有进步和发展,甚至走向灭亡。系统向环境开放与环境发生交互作用是系统得以发展和稳定存在的前提。

系统向高层开放,可以与环境发生相互作用,其与环境之间既竞争又合作的关系。而系统向低层开放,其内部可能发生多层次的,多水平的,在差异之中协同作用,更好地发挥系统的整体

第三章　高校创业教育发展动力机制的理论依据

性功能。对外开放，对内盘活，这样的开放更为科学全面。

4．系统目的性原理

系统是开放的，它通过与环境的物质、能量和信息的交换，有了生命的特征，表现出运动变化的状态。但受到环境的影响，系统在一定意义上识别环境，即针对环境的实际情况做出反应、做出调整、做出选择，使自己潜在的发展能力得以表现出来。系统对环境的输入做出反应，同时又把自己对环境的反应输出回环境，从而影响环境，系统对受到影响后发生了改变的环境的输入又做出新的反应。在这种周而复始的开放、交换之中，系统潜在的发展能力得以表现，系统这种潜在的发展能力并非某种超自然的神秘的力量，而是系统内部复杂的反馈机制发挥作用的结果。在一定的发展阶段，在一定的范围之内，无论环境条件怎样改变，系统总是要朝着某种确定的方向发展，维纳等人的一个重要结论就是："一切有目的的行为都可以看作需要负反馈的行为。"

5．系统突变性原理

系统通过失稳，从一种状态进入另一种状态是一种突变过程。它是系统质变的一种基本形式，突变方式多种多样，有了质变的多样性带来系统发展的丰富多彩。系统要素的突变可以看作系统之中的涨落，不论是个别要素的结构功能发生了变异，还是个别要素的运动状态显著不同于其他要素，都可以一律看作系统中要素对于系统稳定的总体平均状态的偏离。系统中要素的突变总是时常发生的，突变成为系统发展过程中的非平衡性因素，是稳定之中的不稳定、同一之中出现的差异。当这种差异得到系统中其他子系统即要素的响应时，子系统之间的差异就会进一步扩大，从而加大了系统内的非平衡性。系统中要素的平衡是相对的，不平衡才是绝对的。

6．系统自组织原理

自组织表示系统的运动是自发地、不受特定外来干预而进行的，其自发运动是以系统内部的矛盾为根据，以系统的环境为条件的系统内部以及系统与环境的交互作用的结果。开放系统在系统内外两方面因素的复杂非线性相互作用下，内部要素的某些偏离系统稳定状态的涨落可能得以放大，从而在系统中产生更大范围且更强烈的长程相关，自发组织起来，使系统从无序到有序，从低级有序到高级有序。

综上可以看出，系统论有助于我们在研究高校创业教育系统时把握系统的基本特性：整体性是系统的第一特征和属性，整体性并不等于各孤立要素的简单相加，而是系统具有了新的特征，这种特性是从构成要素的相互作用中表现出来的。研究高校创业教育系统时，要从系统的总体出发，把创业教育各要素及其与外界环境相互作用中综合起来加以研究。有序性是系统内部组织结构所达到一定程度的反映，是其结构稳定性的标志。在复杂的高校创业教育系统中，各创业教育要素之间、各部门之间存在着稳定的联系。只有在开放的条件下，创业教育才能形成有序的结构。组成高校创业教育系统的各要素的数量和质量、由各要素排列组合形成的系统结构、系统与外界环境之间物质能量和信息之间的交换是时刻进行的，因此，必须以动态的视角对系统加以考察研究。

二、系统论视角下的高校创业教育

高校在担负传统的教学职能和研究职能的同时开展创业教育，除了通过革新课程体系和组织管理体系，面向全社会培养具有创业精神和创业思维的人才以外，还要通过内外部的技术支持和产业合作等方式突出体现自己的服务功能。高校创业教育系统本身作为社会系统的一个子系统，具有社会系统的共性。运用系统论知识和原理对高校创业教育进行深入分析，有助于揭示高校创业教育系统内部各组成要素之间相互作用的机制，为高校创业

第三章 高校创业教育发展动力机制的理论依据

教育系统的建设与优化提供对策。

（一）高校创业教育系统是一个开放系统

作为一种社会系统，高校创业教育结构的变化往往是由于外界环境对高等教育提出新的要求和高等教育功能的自动选择。在系统与环境相互影响、相互作用的过程中，环境总能给系统带来机会，并通过多种方式施加压力，系统适应环境就意味着系统必须服从环境对它的压力和影响，同时也意味着系统可先发制人，主动地作用于环境。1945年以来，教育界出现了一场世界性的危机，根本原因在于教育系统与周围环境失去平衡，这种不平衡主要体现在"教育与社会发展需要之间的不相适应及教育费用的增加与各国将资金用于教育的能力和愿望之间日益扩大的差距"上。在此背景下，以培养创业意识和提高创业能力为主要目标的创业教育应运而生。美国的斯坦福大学和麻省理工学院为应对政府压缩高等教育投资，为高等教育的发展找寻新的出路，就是进一步加强政府和市场的产学研合作，打造了大学—产业—政府新型关系的创业路径，这正是高校创业系统具有开放性特征的表现。如果高等学校关闭了与社会和市场联系的大门，高等学校就会成为无本之木、无源之水，陷入困境。

（二）高校创业教育系统处于远离平衡态的非平衡态

创业教育课程处于远离平衡态的非平衡态，涉及创业教育的课程增加到近120门，并且还依据在创业教育体系中的重要性，分为基础课程、一般课程和核心课程等。在创业教育方法上，最常用的是商务计划写作、案例研究，还包括企业老板讲座、讨论、特邀嘉宾讲座、项目研究、可行性研究、SBI（小型企业投资）、实习、社区发展等。随着创业教育的发展，课程体系也会随之发生变化，一直处于远离平衡态的状态。

（三）高校创业教育系统内部存在非线性相互作用

组成高校创业教育系统的要素复杂，既有高校创业教育的主体，如教育系统的管理者、举办者、办学者、教师和学生，又有高校创业教育的客体，如主要以课程为媒介，以专业的形式表现出来。高等学校是集知识的生产、选择、传播和应用为一体的特有社会场所，是知识和学术的最高学术传播机构和生产机构。但知识的生产和传播本身就不是一种线性关系，它能有效地促进个人身心多方面协调发展，使个体掌握维持生存和发展所需要的技能；一部分知识通过扩散的方式进入社会，形成新思想和新观念，潜移默化地影响着社会的文化，还有一部分知识直接以技术产品的方式进入市场。各个要素成为创业教育系统的有机组成部分，发生相互作用时各自不再相互独立，而是通过相互耦合形成全新的整体效应，形成新的系统。不同阶段、不同高校的创业教育系统的结构和功能不同，随着时间、地点和条件的不断变化，这种要素之间的非线性相互作用的方式和效果也会产生区别。高校创业教育系统的各要素之间以及系统与外界环境之间在相互作用时也并不是相互对称的关系，而是存在着支配与从属、催化与反催化、策动与响应、控制与反馈的关系。

（四）涨落会引起高校创业系统的有序发展

涨落是对系统的结构和功能的随机性扰动，扰动来自系统内部或外部环境，对系统的稳定性产生影响。涨落是随时发生的，经常以小的涨落检查系统结构和功能的稳定性。涨落是通过物质、能量和信息的形式对系统的结构和功能发生随机影响，是通过系统、要素、环境之间的相互作用而发挥作用的。

第三章　高校创业教育发展动力机制的理论依据

第二节　内外因理论与高校创业教育发展动力

创业教育在我国高校已经走过了十多年的发展历程。在这十多年的发展历程中，影响其发展的因素有哪些？而在这众多的影响因素中，哪些是促进其向前发展的主要因素，哪些是其发展的必要条件？这是我们在研究其发展动力机制时必须理清的问题。那么，我们该怎样去寻找、判断、认识我国高校创业教育发展的影响因素，及这些影响因素的性质与相互作用关系呢？可以将内外因理论作为该研究的基本方法论。

一、我国高校创业教育发展的基本历程

（一）创业教育萌芽期

被誉为"创业学之父"的美国百森商学院杰弗里·蒂蒙斯教授曾引用过一位西方哲学家的话——"那些让世界震惊的人们成功的秘密，就是他相信这个世界上没有什么东西是不可能的，这种精神正是创业精神的本质"。创业一直是美国经济发展的主要内驱动力之一，它直接催生了创业教育的诞生，经过几十年的发展，已逐渐演变成一股世界性的潮流。从1947年哈佛大学教授率先开创创业教育课程，到1968年百森商学院第一个在本科教育中开设创业方向，再到20世纪90年代美国高校开始培养创业学方向的博士，美国的创业教育已被纳入国民教育体系之中，并逐步形成了一整套完整的创业教育学科和教学研究体系。当前，创业学已成为美国大学，尤其是商学院和工程学院发展最快的学科领域，已经在1600多所高校开设了2200多门创业课程，共有277个捐赠教授席位、44种相关创业学术期刊以及100

多个创业研究中心,创业教育已经成为美国高等教育课程体系的重要组成部分。①

1998年5月,清华大学学生借鉴美国大学流行的商业计划竞赛,举办了首届清华大学创业计划大赛。该大赛逐渐演变成为一项由共青团中央、中国科协、全国学联主办的,全国高校参与并在青年学生中极具影响力的全国"挑战杯"创业计划竞赛。竞赛激发了大学生创业热情,助推了创业教育在我国高校的进一步发展。1998年10月,联合国教科文组织在巴黎召开世界高等教育会议,会上发表了《高等教育改革和发展的优先行动框架》和《21世纪的高等教育:展望与行动世界宣言》。这两个文件均强调,要把培养学生的创业精神和创业技能作为高等教育的基本目标,以此积极应对知识经济的挑战。作为对大会的积极回应,同时也为更好地引进国外开展创业教育的成功经验,1999年1月,国务院批转教育部《面向21世纪教育振兴行动计划》,正式提出了要"加强对教师和学生的创业教育",采取措施"鼓励他们自主创办高新技术企业"。这是我国政府文件中首次出现"创业教育"的概念。基于此,国内的一些著名高校大胆引进并借鉴国外创业教育经验,积极参与国际创业活动的交流。教育主管部门也对创业教育的探索给予了充分的肯定。2002年4月,教育部确定清华大学、中国人民大学、上海交通大学等九所高校作为"创业教育"改革试点,并给予试点院校政策和资金支持,鼓励试点学校通过不同的方式对创业教育的理论与实践进行探索。至此,创业教育作为一种新生事物开始正式进入政府的视野,创业教育迎来多元化发展的崭新阶段。

总体而言,处于萌芽期的中国高校的创业教育还远不够系统

---

① 施永川:《我国高校创业教育十年发展历程研究》,载《中国高教研究》2013年第4期,第70页。

第三章　高校创业教育发展动力机制的理论依据

和深入,尚处于模仿国外高校创业教育理论与实践的阶段。创业教育还仅仅停留在与国外高校交流比较频繁的少数著名高校,对于全国绝大多数高校而言,创业教育的概念与内涵都还相当模糊,对创业教育的理解尚不明确,系统性地开展创业实践更是无从谈起。

（二）创业教育探索期

2003年是我国高校扩招后本科学生毕业的第一年,毕业生达到212万,比2002年净增67万人,增幅达到46.2%。此后,大学生毕业人数每年持续增加50万～60万人,高校毕业生就业工作遭遇前所未有的压力。从2006年开始,我国大学生就业率更是持续走低,出现了"知识失业现象"。很多大学生不得不为谋求一个工作岗位自降身价,社会上出现了博士生抢硕士生的岗位、硕士生抢本科生的岗位、本科生与大中专生争抢饭碗的现象,大学生为谋生存,放弃专业特长参与就业竞争的现象日益普遍,甚至出现大学生"零工资就业"的现象。[①]

社会就业岗位难以满足大学生就业群体迅猛增加的需求,造成了很多学生面临着"毕业即失业"的困境,大学生就业难已经成为一个非常严峻的社会问题。高校就业部门为提升大学生的就业率,加大了就业指导工作力度,帮助大学生规划职业生涯,同时也开设了若干创业培训课程,指导学生毕业后创业。基于严峻的就业难现状,同时也为了引导学生将创业作为合理的职业生涯选择,共青团中央于2005年引进了KAB创业教育项目。KAB创业教育（中国）项目是共青团中央、全国青联与联合国国际劳工组织共同推进中国创业教育发展的一项尝试,旨在吸收借鉴国际先进经验的基础上,探索出一条具有中国特色的创业教育之

---

① 施永川:《我国高校创业教育十年发展历程研究》,载《中国高教研究》2013年第4期,第70页。

路。2006年,清华大学、黑龙江大学、中国青年政治学院等六所高校成为全国首批KAB创业教育试点院校。"大学生KAB创业基础"课程的设置以市场为导向,在内容上着重普及创业基础知识和技能,在功能上强调对学生进行"企业家精神"教育。在大学生就业问题日益严重之际,"大学生KAB创业基础"课程在一定程度上有效地提升了大学生的"市场价值",不仅是创业与创新思想的启蒙,还帮助大学生重新认识和适应就业市场的需要。共青团中央在推动国内创业教育的发展发挥了重要的作用,做出了积极的贡献。创业教育能得到教育界的热烈反响和社会上的广泛关注,与KAB创业教育项目的大力推广有很大的关系。此后,人们对创业教育的关注点逐渐发生了转变,探讨的内容逐渐从"要不要开展创业教育"转向"如何更好地开展创业教育"。通过KAB创业教育项目的启蒙,厘清了人们对创业教育的基本认识,对一些基础性问题逐渐取得共识。

(三)创业教育拓展期

2002年,我国确立9所高校作为"创业教育"改革试点。经过一段时间的改革探索,2008年,教育部联合财政部在全国设立了30家国家级人才培养模式创新实验区,这意味着创业教育逐渐从关注大学生创业实践转向创业型人才培养模式的改革。这轮改革被赋予了新的使命,明确提出要探索创业教育的人才培养模式,提出各创新实验区要因地制宜,结合区域特点与办学实际,探索出一条符合自身发展的创业教育发展新模式;覆盖面扩大到15个省市的30所高校,包括中山大学、温州大学、上海对外贸易学院等,希望这些高校能够在实践过程中探索出适合不同类型高校的创业教育发展模式并取得一定的成效。

2010年我国政府工作报告提出了"加快转变经济发展方式,调整优化经济结构"的重要内容。发展创业型经济是转变经济发展方式的重要路径之一,是我国未来经济发展的主要推动力。

第三章　高校创业教育发展动力机制的理论依据

创业型经济的实现要以创业人才作为支撑。高校是创业人才培养的主要阵地，对培养高素质的创业型人才，便是时代赋予高校的历史重任。同年5月，教育部高等学校创业教育指导委员会成立，主抓创业教育实践和理论研究，致力于将创新创业教育面向全体大学生，将创新创业教育作为教育教学改革的重点内容，深化课程体系、教学内容和教学方法改革，把高校创业教育融入人才培养的全过程，鼓励高校从学校类型、层次、特点和所处区域的实际出发，探索形成多样化的创新创业教育模式。

在政府推动、高校实践探索不断推进的同时，这一时期的创业教育的成效并不十分突出。根据麦可思的一项调查显示，2009届大学毕业生自主创业的比例仅占毕业生总数的1.2%，远低于发达国家20%～30%的比例，创业成功的例子更是少数，即使在全国大学生创业活动最为活跃的浙江省，毕业生自主创业也不到4%，创业教育的成效并不明显。[①] 全国各地举办了不计其数的创业计划大赛，但创业计划书能够融资走向市场并落地生根的寥寥无几，创业教育仅使一小部分学生受益，并没有形成大学生创业教育的大氛围、大环境。探索培养创业型人才的新路径，扩大创业教育的学生受益面，实质上就是面向全体学生开展创业教育，培养学生创业知识与能力的素质教育，从而提升他们的就业竞争力和岗位胜任能力。创业教育融入人才培养的全过程对学校的人才培养目标、教学方式、教学内容、考核内容与考核方式都提出了新的更高的要求，教育改革创新势在必行。

（三）创业教育的快速发展阶段

教育部2010年颁布了《关于大力推进高等学校创新创业教育和大学生自主创业工作的意见》，首次将创新的概念融入创业

---

① 施永川：《我国高校创业教育十年发展历程研究》，载《中国高教研究》2013年第4期，第70页。

教育中，明确指出在高等学校开展创新创业教育，是深化高等教育教学改革，培养学生创新精神和实践能力的重要途径；是落实以创业带动就业，促进高校毕业生充分就业的重要措施。创业必须具备创新的思维，只有那些具有创新内涵的创业活动才是可持续的，将创新教育与创业教育相结合体现了教育行政部门对创业教育的内涵有了进一步的认识。2012年4月，《教育部关于全面提高高等教育质量的若干意见》更加明确地提出"把创新创业教育贯穿人才培养全过程""制订高校创新创业教育教学基本要求，开发创新创业类课程""大力开展创新创业师资培养培训""支持学生开展创新创业训练"等具体要求，将加强创新创业教育作为未来我国高等教育重要的改革方向之一，强调创新创业教育对全面提高高等教育质量的重要作用。

2012年8月，教育部颁发《普通本科学校创业教育教学基本要求（试行）》（以下简称《教学基本要求》），该文件对进一步推进高校创业教育工作具有标志性的意义。《教学基本要求》指出要把创业教育教学纳入学校改革发展规划，纳入学校人才培养体系，纳入学校教育教学评估指标，建立健全领导体制和工作机制，制订专门的教学计划，提供有力的教学保障，确保取得实效。《教学基本要求》首次系统提出我国高等学校创业教育的教学目标、教学原则、教学内容、教学方法和教学组织，鼓励高等学校积极创造条件，面向全体学生单独开设不少于32学时、不低于2学分的"创业基础"必修课，同时还颁发了标准化的《"创业基础"教学大纲（试行）》，并将出版统一的校本教材。这些都将有力地推动我国高等学校创业教育的科学化、制度化、规范化建设，引领我国高校创业教育朝着一个更高的目标迈进。《教学基本要求》的颁发，其意义不仅仅是对创业教育课程的具体要求，更是高校创新创业教育理念的提升。创新创业教育不再是只针对少数有创业潜质学生的技能性教育，而是面向全体学生

第三章　高校创业教育发展动力机制的理论依据

的素质教育，其宗旨是为学生终身可持续发展奠定坚实的基础，这是创业教育理念的新突破。

二、内外因理论的基本观点

（一）内因是影响事物发展的重要因素

毛泽东同志在总结人类认识事物内部矛盾与外部矛盾的历史基础上，一方面确认了事物的发展是事物内部的必然运动，另一方面又把这种运动置于各种事物的相互联系和影响之中，形成了唯物、辩证地研究事物发展及其规律的科学的方法论。内外因论与形而上学理论的最大差别就在于，前者肯定了内因对事物发展的作用，而后者只承认外因对事物发展的作用。从后期的实践来看，内外因论更有利于指导人们从全面的、运动的、联系的观点看问题，进而更好地把握事物发展运动的基本规律。

（二）外因在促进事物发展中具有决定性作用

外因要通过内因才能起到促进事物发展的作用的论点，主要阐述的是内因与外因之间的关系问题。这一论点虽然我们都比较熟悉，但在理解方面经常会出现偏差，如有人认为，既然内因是根据，外因是条件，那么内因就是事物发展的决定性因素，而外因则是非决定性因素。从事物发展的整体来看，内因是具有决定性的因素，因为没有内因，外因根本不会起到作用，就如没有受精的鸡蛋，在什么条件下也不可能转化为小鸡。但是在事物的发展过程中，不同的阶段，内外因的作用性质会发生变化，如受精的鸡蛋要想转变为小鸡，必须要有适合的温度，否则是不会发生转变的这个时候，是否有适合的温度便成为受精的鸡蛋能否转变为小鸡的决定性因素。总而言之，内因、外因都可以是决定性的影响因素，不能简单、片面地认为只有内因是决定性因素，而外因是非决定性因素，进而忽视外因在推进事物发展过程的影响作用。

（三）外因对事物发展的作用是多元化的

外因作为事物发展的条件，它对事物发展的影响是多元化的。外因能够起到促进或延缓事物发展进程的作用。当外部条件与事物自身发展需求有效契合时，外部条件就能有效地促进事物的发展；而当外部条件不能满足事物自身的发展需求，或与事物自身发展需求相违背时，外部条件就会阻碍或抑制事物的发展。外因能够促进事物间的有机组合，推动新事物的形成。除了促进或延缓事物发展的作用外，外因还能够促进不同事物间的有机结合，进而形成新事物。在社会经济发展中，这种情况表现得十分突出，如在信息技术高速发展与应用的时代，计算机技术与学校教育的结合形成了新的网络教育模式；在世界全球经济一体化进程中，各国公司间的合作、合资等促进了跨国公司的形成等。最后，外因在促进事物发展过程中具有择向作用。也就是说，即使是同一个事物，在不同外部条件的作用下，事物的发展方向或趋势将是不同的。如一个人在正常的人类世界生活，就会成长为文明化的人；而如果是由猩猩带大，那就会成长为非文明化的人，这就是外部条件的择向作用。根据这一作用特征，我们可通过调节外部条件，有计划地促进某种可能性向现实性的转化。

三、运用内外因论分析

高校创业教育发展的影响因素内外因理论启示我们可以从高校的内部与外部两个层面寻找影响其创业教育发展的因素，并深入地了解各因素间的相互作用关系。

（一）从高校系统内部寻找创业教育产生、发展的根本性影响因素

基于内外因理论，本研究认为高校系统内部因素是促进创业

第三章 高校创业教育发展动力机制的理论依据

教育发展的根本依据,换言之,若高校系统内部没有构成创业教育发展的基础与可能性的话,那么就无从谈起创业教育的兴起与发展了。所以,在分析高校创业教育发展动力机制时,必须从高校系统的内部影响因素着手,探索创业教育形成的基础与可能性问题。

(二) 从高校系统外部寻找促进、引领高校创业教育发展的重要因素

依据内外因理论,高校系统内部的影响因素只为创业教育的产生与发展提供了可能性,而创业教育能否得到有效的推广和不断的完善,或者仅仅是"昙花一现",则取决于高校系统外部的影响因素。如果社会对接受过创业教育课程或创业教育训练的高校毕业生有较高的认可度和需求度,那么,高校创业教育的发展就获得了强大的社会推动力;反之,则会阻碍高校创业教育的进一步发展。如果国家与社会给高校毕业生提供大量的自主创业支持,那么,高校大学生学习创业教育课程的需求也会随之增长;反之,也会影响高校创业教育的发展。因此,我们要更多地从高校体系外部思考创业教育发展的推动力或阻力问题。基于这样的认识,本研究将从政治、经济、文化等多个视角分析高校系统外部因素对创业教育发展的影响。我们需要从众多影响创业教育发展的外部因素中,探索哪些是起到决定性作用的因素,哪些是非决定性的因素,并对不同的外部因素所发挥的作用做详细的分析。

(三) 以外因择向理论分析高校创业教育发展中重大变化诱因

外因的择向作用启示我们,高校系统内部因素固然是创业教育发展的基础与根据,但是高校系统外部因素也有可能会阻碍创业教育的发展或改变创业教育的发展方向与发展速度。从高校创

业教育的发展历程来看,创业教育确实并不是一个循序渐进、自然而然的发展过程。

第三节 学术资本理论与高校创业教育发展动力

一、学术资本理论概述

大学是 12 世纪末才出现的高等教育机构。从中世纪到 18 世纪末期,大学的主要职能是传播知识、研究高深学问,只训练少数职业人士,大学与社会的关系似乎脱节,后来的大学经历了两次根本性的变革。第一次变革始于 19 世纪初由德国著名学者、教育改革家威廉·冯·洪堡创立柏林洪堡大学,并由此引发第一次学术革命。这次变革后,开始将研究作为一项学术任务进入大学,将科学研究和教学相融合,产生了研究型大学,洪堡大学也被誉为"现代大学之母"。第二次变革始于 20 世纪 80 年代的学术革命,大学除了教学和研究外,还承担了经济发展的任务,社会服务和创业成为大学的又一项新功能。创业型大学就是在这种新的大学模式和学术资本主义的思潮下诞生的产物。学术资本主义为创业型大学的发展提供了新思路,知识成为创业型大学的优势资本,同时,大学面临坚守学术传统和新型组织对垒的局面,如学生身份的变革、教师角色的转换等问题的挑战。

美国乔治亚大学教授黎丽希拉·斯劳特和拉里·莱斯利于 1997 年出版的《学术资本主义》一书中,提出的"学术资本主义"概念,即知识成为"资本",拥有知识的大学教师成为"资本家",大学出现教师的市场或类似市场的行为。该书揭示了学术劳动性质的变化的原因、性质、层次及给高等教育体系带来的冲击。从经济和政策角度来看,可以归因于新自由主义思潮的发

第三章　高校创业教育发展动力机制的理论依据

展和新公共管理运动的推进。产生于 20 世纪 80 年代的新自由主义思潮，其核心思想是鼓励发挥市场的作用，倡导市场化、私有化和自由化，提高资源配置的效率。新公共管理运动则把公共服务的生产和提供交给市场和社会力量来承担，政府只集中制定决策政策等职能。① 基于以上两点，政府削减了对高等教育的财政支出，大学为了生存，开始通过收取或提高学费、获得社会人士捐赠、争取企业研究项目和创立子公司等途径弥补经费的不足。这个过程无形中促进了大学与外部资源、大学与企业成为战略合作伙伴。大学向企业提供知识、科研技术和人才输出，企业则为大学提供资金支持。大学作为一个组织，需要调整自身的角色职能，从周围社会环境中吸取资金、人力等资源，需要与周围环境相互依存、相互作用，才能在新的环境中生存发展。

二、学术资本主义环境下大学创业教育面临的机遇

（一）学术资本——大学创业教育的资本

学术资本是由知识、经验和学术能力等要素积淀而成的文化资本。高校的创业教育在利用其学术资源优势，在知识、知识创新成为资本的前提下，将高校知识、技术产品进行市场化或商业化，从而促进经济和社会发展。学术资本主义中的"知识资本"为大学创业教育提供了"资本"基础。② 因此，知识不再是高居于象牙塔中的纯粹"知识"。知识资本化的过程改变了大学的角色，知识资本通过在大学和市场间的流动创造经济价值和社会价值。这种新的知识流推动了大学的创业活动，并在逐渐改变着大

---

① 刘叶：《学术资本主义浪潮中的西方大学变革路径——基于传统使命与现实诉求的理性选择》，载《高教探索》2011 年第 2 期，第 29 页。

② 徐玙璠：《学术资本主义环境下大学创业教育面临的机遇和挑战》，载《教育教学论坛》2016 年第 4 期，第 9 页。

学的教育。在新的知识流网络下，知识成为大学参与创业行为的最重要资本，很多高校开始把创业教育整合到大学课程体系，提供创业专业知识教育。

（二）教师角色转变——大学创业教育的人力资源

学术资本主义改变了传统的学术逻辑，以市场逻辑为根本，高校教师由学者向创业者实现角色的转变，教师自身所掌握的学术知识成了其创业的资本，进行专利成果的转让或让学生参与其学术成果的创造和转让；甚至为提供外部信息网络支持，通过企业任职或在企业担任顾问等方式参与创业活动，这一角色转变在很大程度上促进了高校的创业教育，为创业教育提供了新的机会。[①] 高校要充分利用教学科研人员所持有的学术资本以及创业先行者的身份，让大学教师实现身份转换。教师在继承大学学术自由与自治的传统上，为大学创业教育提供外部信息和资源支持力量。

（三）组织多样化——大学创业教育的组织保障

在学术资本主义背景下，大学与市场的界限日趋模糊，为协调大学与经济社会的关系，促进师生的创业教育活动的开展，为创业教育的发展提供了坚实的组织保障，知识产权办公室、技术转移中心、企业孵化器等组织机构在大学应运而生。它们为学生的创业活动提供咨询和服务，负责处理高校师生的专利和许可，协助师生有效地把科技成果进行转化，为雏形中小企业提供物理空间和基础设施，促进了知识生产和应用，为创业教育提供资金支持和智力支持，提高学生创业的可能性和成功率。

---

① 刘叶：《学术资本主义浪潮中的西方大学变革路径——基于传统使命与现实诉求的理性选择》，载《高教探索》2011年第2期，第29页。

第三章　高校创业教育发展动力机制的理论依据

三、学术资本环境下的高校创业教育发展

（一）企业孵化器

学术资本主义的出现，推动了高校的教师和学生参与市场活动，也使创业教育快速融入高等院校课程中。高校创业教育组织是大学和市场之间的纽带，对外联系学术企业家和私人投资者，对内鼓励大学教师成为学术资本主义者，给学生提供知识和技能发展的机会。

高校的企业孵化器展现了这一市场的作用。孵化器帮助学校和企业寻找不同渠道的资源支持，包括经济的、社会或智力的支持，给教师、学生的创业项目发展提供资助。企业不仅可以通过企业孵化器获得免费或补助性质的如办公场地、设备等物质资源，还可以聘请大学教师、与教师合作共建公司、创建自己的公司等，最大限度地利用教学科研人员所持有的学术资本。高校教师的专业知识在市场中的价值不只局限在专业领域内的科研与学术本身的应用。教师除了继承传统大学学术自由与自治，教育学生、致力于专业发展外，还与政府、社会企业进行交流，参与更多的市场活动，同时可获取一定的经济收入。企业孵化器还可以通过聘请兼职的创业指导者或积极的企业家作为兼职教学科研人员，给创业教育带来实践经验，并使之能接触外部关系网络平台。

（二）创业基金会

在创业教育中，资助创业课程发展以及后续的创业活动。创业基金会在保持传统学术机构相对独立基础上，扩大对外开放，加强与社会企业部门的联系，从而在知识创新和成果应用转化间建立桥梁。例如，美国考夫曼基金会资助了大量的活动。考夫曼基金会是美国最大型的资助企业基金会的独立组织，推动并资助

美国各种类型和级别的创业教育。考夫曼资助的活动有商业策划、风险竞争以及大学创业教育组织参加全球创业周等。这些活动给高等院校提供了筹融资渠道、给企业家提供创业机遇、商业展示机会。创业基金会是一个重要的社会资源，孵化器在大学和企业之间建立直接联系，促进高等教育机构和社会实体之间的协作，为大学创业教育的发展提供显著支持，从而在一定程度上推动了创业型大学的发展，促进了创业教育的发展，对高校教育活动有重要贡献。

（三）新知识体系——创业教育的资本

利用知识进行创新，通过提高知识创新能力并加速科研成果转化，筹措外部资金开发新能源、新产业。在学术资本环境下，知识变成一种商品，以一种商业化的形式为社会发展服务。

创业教育是在知识和知识创新成为资本的社会环境下，通过将高校知识、技术进行扩展，以延伸为大学服务功能，利用其学术资源优势，促进经济和社会发展。以知识为基础的经济，知识成为最重要的资本。在学术资本环境下，知识就是具有交换价值的资本。开发新知识和新技术并运用于产业，将创造更大的社会财富。知识的资本收益是手段而不是最终目的，学术创新与发展仍是创业型大学的核心，学术资本主义内在的组织结构能给高等院校提供一个平台，以提高大学内部机构改革并追求学术革新。创业教育活动中发展的知识体系，把创业教育整合到大学的专业课程中，跨学科的知识网络对大学的创业教育发展至关重要，创业教育组织使各学科领域的科研教师、学生建立了合作的伙伴关系。

（四）提高管理能力——创业教育的保障

学术资本主义促成了高等院校创业教育的出现和发展。创业教育的发展也导致组织结构、学术中心的改变。因为市场因素的

第三章 高校创业教育发展动力机制的理论依据

存在,客户至上、以市场为导向的管理教学和科研活动促成教师个人目标与创业组织目标的整合,以利益和协调的方式组织并维持与创业教育相关的复杂的关系网。面向对市场做出的反应,组织科学高效的管理能力和企业化的管理模式是创业成功的保障。在学术资本主义环境下,高校以市场为导向进行创新活动和创业教育,要将人文管理与市场组织管理有机结合起来,保证知识创新和产业创造的顺利进行。

本章小结

系统论作为研究客观现实系统的特征、本质、原理和规律的科学,主张从整体出发研究系统内部结构之间、系统与外界环境之间的普遍联系。系统论对高校创业教育发展动力机制研究有重要的启示和借鉴价值。高校创业教育系统不仅是高等教育系统的一个子系统,更是一个社会系统,其运动演化非常复杂。运用系统理论,可对构成高校创业教育系统的要素进行深入分析,这有助于认识各要素之间、由要素组成的整体与外界环境之间的非线性相互作用关系,揭示高校创业教育系统的动力机制,进而通过建构、调整和优化,推动高校创业教育系统的有序演化。系统论有助于我们在研究高校创业教育系统时把握系统的基本特性:整体性是系统的第一特征和属性,整体性并不等于各孤立要素的简单相加,而是系统具有了新的特征,这种特性是在构成要素的相互作用中表现出来的。研究高校创业教育系统时要从系统的总体出发,把创业教育各要素及其与外界环境相互作用中综合起来加以研究。有序性是系统内部组织结构达到一定程度的反映,是其结构稳定性的标志。在复杂高校创业教育系统中,创业教育要素之间、各部门之间存在着稳定的联系。高校除了通过革新课程体系和组织管理体系,面向全社会培养具有创业精神和创业思维的人才以外，还要通过内外部的技术支持和产业合作等方式突出体现自己的服务功能。高校创业教育系统本身作为社会系统的一个子系统，具有社会系统的共性，运用系统论知识和原理对高校创业教育进行深入分析，有助于揭示高校创业教育系统内部各组成要素之间相互作用机制，为高校创业教育系统的建设与优化提供对策。高校创业教育发展的影响因素内外因理论启示我们可以从高校的内部与外部两个层面寻找影响其创业教育发展的因素，并深入地了解各因素间的相互作用关系。从高校系统内部寻找创业教育产生、发展的根本性影响因素，从高校系统外部寻找促进、引领高校创业教育发展的重要因素。

学术资本是由知识、经验和学术能力等要素积淀而成的文化资本。高校的创业教育在利用其学术资源优势，在知识、知识创新成为资本的前提下，将高校知识、技术产品进行市场化或商业化，从而促进经济和社会发展。知识不再是高居于象牙塔中的纯粹"知识"，知识资本化的过程改变了大学的角色，知识资本通过在大学和市场间的流动创造经济价值和社会价值。这种新的知识流推动了大学的创业活动，并在逐渐改变着大学的教育。在新的知识流网络下，知识成为大学参与创业行为的最重要资本。学术资本主义无形中促成了大学与外部资源、大学与企业之间的战略合作伙伴关系，大学向企业提供知识、科研技术和人才输出，企业则为大学提供资金支持。大学作为一个组织，需要调整自身的角色职能，从周围社会环境中吸取资金、人力等资源，需要与周围环境相互依存、相互作用，才能在新的环境中生存发展。学术资本主义促成了高等院校创业教育的出现和发展，创业教育的发展也导致组织结构、学术中心的改变。因为市场因素的存在，客户至上、以市场为导向的管理教学和科研活动促成教师个人目标与创业组织目标相整合，以利益和协调的方式组织并维持与创业教育相关的复杂的关系网。面向对市场做出的反应，组织科学

第三章　高校创业教育发展动力机制的理论依据

高效的管理能力和企业化的管理模式是创业成功的保障。在学术资本主义环境下，高校以市场为导向进行创新活动和创业教育，要将人文管理与市场组织管理有机结合起来，保证知识创新和产业创造的顺利进行。

第四章　高校创业教育发展的外部作用力

我国高校创业教育自 2002 年开始,至今已有 10 多年的历史。在这 10 多年里,我国高校紧密联系市场需求,推动创业教育体系日益完善,培育出了一大批成功的创业型人才。通过梳理高校创业教育的发展历程我们可以发现,我国高校创业教育的产生、发展、繁荣都深受文化、政治、经济等外部因素的影响。实际上,从我国创业教育的发展历程不难看出,创业教育的产生主要是政治、经济等外力作用的结果,而在高校创业教育发展过程中,这些外部作用力同样起到了非常重要的作用,它们共同为创业教育的发展提供了良好的发展条件与环境,成为推动我国高校创业教育发展的重要动力。

第一节　高校创业教育发展的政治环境

文化为我国高校创业教育发展提供了舆论与思想支持,政治环境则为其提供了发展的动力与可能性,并为其提供了良好的政策环境。我国一直把马克思主义作为我们的指导思想,并坚定不移地走中国特色社会主义这一康庄大道。然而,目前国际形势复杂多变,呈现出许多新的特点:世界多极化不同程度存在、经济全球化进程矛盾不断,科技进步日新月异,各国综合实力竞争日趋激烈。这些环境的变化都为大学生创业教育带来机遇和挑战,我们需要在复杂的形势背景下，完善创新创业教育的发展方式，以增强大学生创业教育的实效性。

一、政治环境对大学生创业的影响

政治环境对当代大学生创业有着非常重要的影响，不仅培养了大学生创业政治素养，而且促使大学生不断发展完善，创业全面而健康地发展。

（一）稳定的政治环境为大学生创业奠定坚实的基础

稳定的政治环境能为大学生创业奠定坚实的基础，也树立了大学生的创业创新精神。大学生创业肩负着社会发展的重任，立足当下，稳定的政治环境是大学生创业事业发展的基础。中国共产党领导的多党合作和政治协商制度为社会的发展提供了稳定的政治环境，促使大学生在创业发展的道路上立足于中国的基本国情，自觉投身于社会主义现代化的建设道路。只有勇于探索，不断创新，才能服务人民、服务社会，进而成为实现自我价值的新型社会发展人才。

（二）稳定的政治环境为大学生创业发展指明了方向

稳定的政治环境为大学生创业的成长和发展奠定了坚实的基础，也树立了大学生创业锐意进取的创新精神，还指明了大学生创业发展的方向。社会经济的发展和高校教育的不断革新要求大学生在学习党中央理论时要端正态度、端正学风，把专业课的学习与政治理论课的学习结合起来，在实现自我价值的基础上积极进取，不断创新，促进自我价值与社会价值的双向合一，融会贯通。

(三) 稳定的政治环境促进大学生创业的发展成才

稳定的政治环境促使大学生成为全面发展的人。随着社会的发展，大学生选择自身的发展道路逐渐呈现出求学的高层次化。稳定的政治环境促使他们选择考研、考博等进行深层次的再造，以成为社会发展所需要的高精尖人才；稳定的政治环境还促使大学生在创业时树立正确的职业价值观，很多大学生毕业后投身于自主创业，在社会发展中实现自己的人生价值。

二、我国政府对大学生创业教育的影响

当今国际形势复杂多变，瞬息万变，给我国带来了深重的危机感。为了保持政治、经济的世界领先地位，我国政府更加关注高等教育发展和新科技的开发与应用，而随着政治地位的逐渐提升与巩固，其对高等教育发展、新科技开发与应用的影响也日益显著，对市场的宏观调控能力也逐渐增强。我国政府对科技开发与应用的关注、对中小企业发展的关注、对创业活动的支持都对高校创业教育的发展起到了促进作用。

(一) 促进创业教育发展的政府因素

20世纪末，美国的埃茨科威兹提出了著名的"三螺旋"模型。模型分析了高校、政府以及企业之间的关系，以三者的相互合作作为立足点展开创业活动研究，提出政府提供行政支持、企业提供产业支持、高校则提供学术支持，三者相互协调，共同推进创业体系的形成。在"三螺旋"理论视角下，高校作为科技创新的主要源泉，在人才培养过程中应将创业教育融入专业教育之中，积极组织培训，提高师资力量，从而全面推动创业教育的

普及;① 企业主要为创业活动提供物资支持、提供专业咨询、给予创业者技术指导;政府主要承担的是协调和管理的职责,积极调解政府、企业以及高校三者的关系,为企业和高校的合作搭建交流平台,同高校和企业一起为创业体系的搭建服务,并通过政策扶持的方式,推进创业活动的进行。

(二) 促进创业教育发展的政府功能

创业教育发展受到创业文化、创业服务环境、政策环境、融资环境等众多要素影响,创业者在进行创业活动和实现其创业理想的过程中,一个关键因素便是政府,政府对高校大学生创业教育具有深远的影响。

1. 资金支持

大学生创业教育的资金支持来自高校、政府和社会。政府对大学生创业教育的资金支持主要是为高校创业教育提供各种补助和奖励。高校在开展大学生创业教育方面所需的大量资金和资源,除了政府的资助外,还需要引入社会基金组织,获取企业界的资金支持,需要社会有识之士提供资金、人才与技术支持,以建立自己的创业基金会。

2. 政府政策

大学生创业教育的顺利发展,需要创新创业教育制度的有力支持。这需要政府向创业教育提供一定程度的政策倾斜和法律保障,健全大学生创业教育创业教育资助体系,如建立信息咨询、技术支持、市场指导、资金帮扶等支持机制。政府可出台相关政策,进一步明确指导思想和目标,在高校评估指标体系中加入创业教育的内容,为深化创业教育改革创造有利条件。

---

① 刘英娟:《"三螺旋"理论视角下地方高校创业人才培养模式研究》,载《教育与职业》2013年第33期,第39页。

(三) 政府作用于创业教育的国外借鉴

1. 美国：大学生创业竞赛与创业教育评价体系

1983年，美国奥斯汀得州大学举办的首届大学生创业竞赛（或称"商业计划竞赛"）拉开了大学生创业活动的帷幕。这项比赛的举办使高校开始认识到创业教育既是一种教育理念，也是一种教育实践，并开始以战略性的创业教育理念指导具体的教育改革活动。20世纪90年代至今，每年平均有5～6家新企业从商业计划竞赛中诞生，这些由创业计划直接孵化而成的企业，有的在短短几年时间内就发展成为年营业额十几亿美元的大公司。可见，高校的"商业计划竞赛"已经成为美国经济发展的驱动力量之一。同时，在20世纪90年代初，美国的《商业周刊》《成功》等著名杂志开始关注大学创业教育，并对创业教育项目开展每年一度的评估。为了更好地科学、公平地评估大学的创业教育项目，Willespie提出了评价的七因素：创业课程教学、教师发表的论文和著作等科研成果、创业教育项目的创新程度、对社会的影响力、毕业校友的成就、创建新企业的情况、举办创业领域的重要学术会议等。评价体系的构建与运作，主要目的是提高创业教育的质量、增强高校间的竞争意识，从而促进创业教育的健康发展。

2. 英国：成立专门管理机构，促进创业教育发展

为了更好地推进大学生创业教育发展，英国政府下拨专款先后建立了"英国科学创业中心""全国大学生创业委员会"，负责全面管理和实施创业教育。"英国科学创业中心"还被誉为"英国大学文化变革的催化剂"，它的宗旨是使大学与企业关系更密切，从而提高大学对经济增长、就业和生产力的贡献度。[①]

[①] 高明：《英美创业型大学管理模式比较及启示》（博士学位论文），东北大学2012年。

第四章　高校创业教育发展的外部作用力

每一个创业中心主要集中在以下几个领域开展活动：第一，开展创业教育，主要以科学和技术等专业学生为主要培养的对象，并将创业学设为选修课程，同时也开设若干非学分的创业课程，并推广到其他专业中；第二，加强与产业界的密切联系，与企业组成联盟，共同提升大学的竞争力，鼓励企业为大学提供创业资金支持、为大学生创业提供咨询指导、赞助商业计划竞赛等；第三，创业中心鼓励学生创办企业，扶持新企业成长，同时协助教师与学生开展技术成果转化，为大学技术转化提供种子基金和天使资本引入、创业企业孵化和科学园区的服务等。

3. 日本：官产学合作，推动创业教育发展

在日本，"官产学合作"被政府视为是一个提高国家创新能力的关键因素，通过促进产学合作来促进经济发展。政府、产业界和社会各界分别从不同角度为创业教育发展提供所需的资源，为创业教育的顺利开展创造条件，充分体现了整个社会对创业教育的重视，可以说是全民办创业教育。如经济产业省、厚生劳动省、文部科学省等政府部门将创业教育作为经济发展的重要课题，共同研究、共同思考、共同行动。从《青年自立·挑战计划》的"政策联合部署"到《大学技术转移促进法》的颁布，从教育科研体系的改革到创业教育研究的多方参与，日本政府在创业教育系统中扮演了指挥者、推动者和协助者的角色。[①] 同时，日本政府与产业界的密切合作，为大学带来全新的办学理念，推动大学不断更新创业教育思想、大力建设企业孵化器、创业辅导机构等创业基础设施。

（四）政府作用于创业教育的路径分析

高校的创业教育是高校教育的子系统，它的实施是一项长期

---

① 李志永：《日本大学创业教育的发展与特点》，载《比较教育研究》2009年第3期，第41页。

的、复杂的、艰巨的系统工程,因此,仅靠高校推行远远不够。创业教育要想真正取得成果,必须靠各级政府部门、社会各系统以及全社会的资源来支持和配合,这样,高等学校创业教育体系才会健康快速发展。

1. 政府引导与支持

在高等学校创业教育体系中,中央及各级政府不仅发挥着思想指导、政策导向、保障实施等作用,还提供创业的政策引导、资金资助等方面的协调与支持,有力推动了高校开展的创业教育。高校作为大学生创业教育的实施主体,要充分发挥政府在大学生创业教育机制建设中的主导作用,主动争取政府和社会各界的支持,与政府、行业社会密切联系,建立教育与经济、科技密切结合的新机制,争取企业和社会对大学生创业活动的支持,为大学生开展创业实践活动提供良好的商业环境和实体基础设施。

2. 营造创业的软环境

在国家层面大力提倡和弘扬创业精神,在社会上形成营造良好的创业软环境,对城市创业文化的宣传,营造"尊重创业者、力挺创业者、钦佩创业者"的浓厚社会氛围。创业的大环境推进了高校实施创业教育的整体进程,影响着高校大学生创业的步伐。如政府和高校的联合举办全国"互联网+"大学生创新创业大赛,全国高校的广大学生积极参与。组建高水平的专业评审队伍,同时引进各种风投机构,经过层层选拔,发掘出很多优秀的创业优秀人才和优秀的创业教育工作者。

3. 建立创业教育的评估体系

教育评估是对教育活动、教育过程、教育效果进行价值判断的过程。针对创业教育活动的评估是一项系统工程,需要政府、高校指导教师、学生以及社会机构等的积极参与和互动。

创业教育活动更是一个涉及高校教师、学生、政府、社会、企业等多方参与的复杂工程,因此,一个科学的创业教育评估体系应该以评估主体的多方结合、评估角度的合理性为依据。

评估主体应该包括政府、高校师生、社会环境以及专业的评估机构,将直接评估和间接评估相结合、过程评估和成效评估相结合,以实践活动与理论教学相结合为原则,以高校的创业教育平台为基础,建立起的创业教育评估与监督体系,确立科学的标准、构建起创业教育评估体系,这样才能保障创业教育的健康发展。

4. 培育和发展创业教育的第三方机构

发达国家发展创业教育较早,创业教育领域已经形成了比较成熟完善的中介服务机构。这些市场化运营机构为学生提供创业培训、评估创业项目和引进项目创业资金与贷款担保等服务,相当于专业性的创业援助平台,这对创业教育的进行以及对大学生的创业起到积极的促进作用。然而,由于我国的创业教育起步较晚,相关的中介服务机构不是很健全,难以对大学生创业教育形成有效的支持。目前,国际市场上已有不少相关的专业中介机构进入中国的创业大环境。我国可尝试建立一些创业教育非营利性第三方创业援助机构,可以通过提供创业信息、技术咨询、市场指导等项目为高校创业教育提供非政府支持,促进大学生创业教育的不断完善。

第二节 中国经济发展对大学生创新创业的影响

人才在区域经济社会发展和创新体系建设中具有基础性、战略性和决定性作用,这是区域经济持续、协调、健康发展和社会全面进步的要求。其中,创新创业型人才在区域竞争优势中发挥着重要的作用。同时,区域经济结构、产业结构、技术结构的调整,区域性的地方政策,以及区域经济发展的地方化特征等因素，都对大学生的创业产生了重要的影响。这样，经济发展与高等教育发展就会形成一种良性的互动关系。

一、经济发展对创新创业型人才培养的影响

（一）促使高等院校人才培养模式的转变

学校的人才培养模式决定着人才培养的质量，决定着学校教育教学工作的出发点和各项工作的落脚点。地方高等院校基于服务区域经济发展，构建创新创业型人才培养模式，是服务于区域经济、社会发展、企业发展需要的具体体现，是实现与区域经济良性互动的有效模式。因此，学校应从"以社会需求为导向、以能力培养为核心、以学生发展为本，着力提升学生的就业能力、创新能力和创业能力"出发，转变人才培养模式，加强学科专业人才的培养，提高学生的实践能力，培养与区域经济发展相适应的人才，为区域经济发展输送大量创新创业型人才，提供可靠的人才支撑和保障。同时，地方高等院校在培养创新创业型人才的过程中，既满足了区域经济发展需求，又可使自身发展获得更大空间。

（二）引导创新创业教育的发展

经济创新发展主要依靠具有综合知识的创业创新型人才，其创新创业行为有可能带来巨大的经济效益，并将对区域产业结构的优化升级、社会发展等产生巨大的影响。高等院校担负着为地方培养创新创业人才的责任。创新创业型人才的培养离不开创新创业教育。高等院校要寻找与地方经济融合的切入点，深入审视创新创业型人才培养与区域经济发展之间的互需、互促关系，调整职业教育的学科和专业设置，合理设置创新创业教育的知识结构，发挥创新创业型人才培养在促进区域产业结构升级过程中的战略作用。

第四章　高校创业教育发展的外部作用力

二、创新创业型人才对经济发展的促进作用

（一）有利于带动就业

创业教育能充分发挥人力资源优势，推动社会经济增长。我国高校自从1999年扩招以来，2003—2018年15年间大学毕业生人数从212万增加到820万人，就业队伍的不断扩大使大学生"就业难"问题已成为我国政府目前面临的重要社会问题之一。目前，我国的高等教育已进入"大众化教育"阶段，毕业生的就业压力越来越大，面对严峻的就业形势，大学毕业生进行自主创业无疑是一个明智的选择，既可以为自己寻找出路，又可以为社会减轻就业压力。由此，在大学生中开展创业教育已成为高等教育的当务之急。实施创业教育，引导大学生变被动就业为自主创业，拓展就业思路，能充分发挥大学生人力资源优势。在美国，通过创业就业的大学生比例高达28%。相比之下，当前我国大学生的创业愿望虽然很强烈，但是创业精神不够，有创业激情的多，但真正实现创业的不多。据调查，现在70%左右的在校大学生都有强烈的创业愿望，但毕业后真正实现自主创业的不到1%。2017年的应届大学毕业生自主创业的按4%算，有19.8万人。按每个创业者解决4个就业岗位（不含创业者自身）计算，则可解决79.2万人的就业问题，这是一个令人惊喜的数字。[①]

（二）有利于促进高校人才培养

创业教育有利于促进高校人才培养模式的改革。建设创新型国家需要创业教育是一种新的教育观念，是基础理论知识、专业

[①] 袁青燕：《高校创业教育与区域经济协同发展的本质与互动机理关系》，载《教育现代化》2018年第16期，第28页。

技能知识与创新精神、创业能力训练的有机统一，是知识、能力、素质等各方面的有机整合。创业教育面向所有学生、面向每个学生发展的所有方面，培养学生的全面素质，从而使每个学生都能在不同的岗位和不同的层次上成才。所以，要培养高素质的创新型人才，必须更新教育观念，深化教育改革，发挥高校创业教育的积极性与创造性，加快创新型人才培养，构建创新型人才培养模式。实施大学生创业教育，进一步拓展就业新视野，确立大学生创业教育新理念，提高大学生的创业素质，将为我国区域经济社会的全面协调发展开辟新的途径，为社会提供新的经济增长点和就业机会，为促进社会的全面进步，构建社会主义和谐社会，为区域经济社会发展提供强大的人才支持和智力贡献，是建设创新型国家的需要。

（三）有利于推动区域产业转型升级

目前，我国区域新兴战略型产业正在加速发展，其中，创新创业教育在促进区域产业升级方面发挥着重要作用。它能为产业升级提供技术支持，并且能有效促进先进技术向生产力的转化。此外，创新创业教育可以为产业升级提供劳动力支持，通过向企业输送高技能应用型人才，为产业升级提供人力资源保障。高等院校的创新创业教育培养方案会随着市场需求的变化做出相应的调整，这种对市场的灵敏反应使其在区域产业结构优化中发挥了重要的协调作用。

（四）有利于促进区域经济的持续发展

创新创业教育对区域经济推动力的大小取决于高等院校与区域经济的相关程度，表现为融合地方产业结构的专业设置背景、科技辐射能力与区域经济特色的相关度、就业创业教育与区域经济个性特征的融合度等。高等院校和区域经济的相关程度影响了创新创业教育对区域发展推动力的大小。因此，基于区域经济发展的高等院校创新创业教育在区域经济建设中发挥着重要作用,能够促进区域经济的持续发展。

第三节 高校创业教育发展的社会化

创业教育,联合国教科文组织称之为教育的"第三本护照",与高等教育、职业教育具有同样重要的地位;党的十九大报告提出在大学生创业就业方面政府支持帮扶的政策;《国家中长期教育改革和发展规划纲要(2010—2020年)》中明确指出高校要积极推进创业教育。

高校培养具备强烈创业意识、创新精神和一定创业能力的大学生走向社会,不仅是促进社会发展的"助推器",更是新形势下高等教育改革发展的必然要求。大学阶段是人在社会化过程中的关键时期,是大学生学习社会知识、吸收社会文化、提升社会化技能的重要阶段。创业教育发展的社会化是大学生全面成才的重要途径,高校通过加快与社会接轨步伐,将帮助大学生为迈入职场做好准备,为成功走上事业创业岗位打好基础。

一、创业教育与大学生社会化的关联性分析

(一)社会化教育对大学生创新创业的影响作用

1. 社会化教育影响其对项目的决策

大学生创业项目的选择受创业时机与创业环境等方面的影响,对机会认知和把握的能力造成了创业项目开展程度的差异。好的创业项目如果没有一个适宜的环境,就很有可能导致失败;有创意的创业项目如果没有及时开发出稳定市场的份额,就可能被别人抢占了先机。大学生学习社会知识,了解社会经济发展状况,会影响他们的创业项目选择。

2. 社会化教育影响其对环境的适应

社会在发展,时代在变化,大学生创业必须结合时代特征而做出及时的调整,以适应变化的环境。社会化教育能增加大学生对社会的认识,使他们能够把握时机,与时俱进,相应调整项目的经营理念。

3. 社会化教育影响其对风险的防范

社会认知能力是发现和把握机会的重要因素。对商业活动缺乏深层次的理解和规划,与其他社会环境及其成员间缺少交流供需信息,就难以发现和理解顾客的需求。吸收社会文化、提升社会化技能,是降低创业风险指数的可靠途径。

(二) 社会化教育对大学生创新创业能力的引领功能

1. 有利于更新观念,思想重视,政策帮扶

21世纪唱响的"大众创业、万众创新"旋律,推进高校创业教育的社会化发展。深化社会化教育改革,把创新创业教育融入人才培养体系,大力推进创新创业教育,使创新创业教育覆盖全体学生是当前高等教育发展战略的核心。

2. 有利于与社会充分接轨

高校可通过与社会充分接轨,深入推进大学生社会化教育。可充分利用社会资源,"校地联动"共建创新创业实践基地;凝聚力量,促进创新创业导师与企业导师相联合;以创新创业型社团为载体、推进创新创业活动与社会文化活动相结合,开展内容丰富、形式新颖的课外活动;抓好大学生创新创业社会基金的管理,在实践中不断推进创新创业成果的转化,促进大学生计划项目落地生根。高校可建立创新创业服务中心和大学生创新创业对口企业库,推进校企协同和产学对接。

3. 有利于加强师资队伍建设

创新创业教育发展需要一支专业能力强、实践经验丰富且综

合素养高的师资队伍，然而，目前创新创业师资力量薄弱，组建和培养具有广博的创新创业教育理论知识与一定的创业经验的教师团队可对大学生社会化教育起到支撑作用。高校在引进教师的同时，还要注意人才的培养，有计划地开展业务培训，提供创新创业领域的学术交流和进修机会；充分利用校友资源和社会资源，聘请具有创业经验的兼职教师，为学生开设具有现实指导意义的课程和讲座。引培结合，打造理论与实践相结合、专兼职互补的多元化创新创业教育师资队伍。

二、开展好大学生社会化教育，促进创业教育的发展

（一）改革课堂教学内容，着力提升大学生的社会化素质与创业素质

在专业教育中渗透创业教育。遵循系统理论，创业教育建立在原有专业学科体系基础上，并与学科专业教育紧密结合起来，推动创业教育理念和专业人才培养的有机统一；发挥每门学科与创业相结合的优势，促进专业、创业、就业的有机统一，从而促进学生就业核心竞争力的有力提升。

学生掌握创业实践中必备的理论知识，建立合理的知识结构，能够为自主创业打下坚实的基础。可开设创业教育课程，将创业教育纳入教学总体计划，分层次开设创业类课程，如面向全部同学开设"市场调研与预测""市场机会识别""管理学""市场营销""会计基础""创业心理学"等选修课程；面向本科生开设"大学生创业的基本理论、方法与实践""大学生创业设计"等课程；面向研究生开设"创新策略与方法""创造人才

论""创造教育论"等课程。①

(二) 加强制度文化环境建设,保障创业教育全面推进

建立和完善创业教育的指导服务、科学激励、评估监督的运行机制,有利于促进创业文化氛围的形成,全面提升大学生的创业素质和社会化素质。一方面,建立科学的评价指标,将教师参与创业教育的成效与职称评定、工资晋级、评奖评优等挂钩,有效激励教师参与创业教育。另一方面,完善鼓励学生创业的管理机制,设立学生创业单项奖学金,对大学生参与创业给予资金、场地、设备支持,保证有创业热情、有创业潜力的学生成功创业。不定时开展大学生创业讲座、创业论坛、创业心理辅导活动等,促进创业教育的理念和价值观念深入人心;鼓励大学生开设创业型团体,鼓励大学生参与各类社团实践,充分利用自身的知识优势及专业特长,为社会和他人提供各类技术服务,在实践中提升创业节能,培养创业品质;推广校园创业文化。大力宣传创业个人与团体典型,褒扬创业同学或团队敢于创业、积极实践的创业精神。还要加强硬件文化环境建设,服务学生创业实践孵化。学校通过改善硬件设施环境,为大学生开展创业实践提供场所、技术、设备等方面的支持和服务。如依托学校自身产业建立创业中心,为学生提供模拟性、实验性的生产经营活动的机会;进行完善的创业教育实践基地和创业项目孵化基地,为大学生提前开始实质性创业搭建平台。

(三) 加快与社会接轨步伐,学生在社会实践中提高创业技能和社会化技能

高校主动与社会对接,充分发挥网络资源优势,与社会各界

---

① 伍军:《大学生创业实训教学模式的设计与研究》,载《前沿》2013年第18期,第192页。

第四章 高校创业教育发展的外部作用力

建立多渠道的联系，建立政府推动、学校主动、社会互动的创业教育联动机制。建立创业教育服务网站，加强信息交流，提供政策咨询，沟通学校与社会，可让学生了解创业教育动态，寻找创业商机，实现资源共享。并与社会创业相关网站共建，与政府建立的创业型网站共建，共享创业教育信息的相关资源，帮助大学生了解创业信息，提高创业技能。设立大学生创业服务机构，主动为学生提供工商、税收、信贷、审批等一站式服务，提供信息咨询、资产评估、财务顾问等各类中介服务，努力营造社会鼓励创业、支持创业的良好氛围。

本章小结

创业教育的产生主要是政治、经济等外力作用的结果，而在高校创业教育发展过程中，这些外部作用力同样起到了非常重要的作用，它们共同为创业教育的发展提供了良好的发展条件与环境，成为推动我国高校创业教育发展的重要动力。

文化为我国高校创业教育发展提供了舆论与思想支持，政治环境则为其提供了发展的动力与可能性，并为其提供了良好的政策环境。我国一直把马克思列宁主义作为我们的指导思想，并坚定不移地走中国特色社会主义这一康庄大道。然而，目前国际形势复杂多变，呈现出许多新的特点：世界多极化不同程度地存在、经济全球化进程矛盾不断；科技进步日新月异，各国综合实力竞争日趋激烈。这些环境的变化都为大学生创业教育带来机遇和挑战，我们需要在复杂的形势背景下，完善创新创业教育的发展方式，以增强大学生创业教育的实效性。创业教育发展受到创业文化、创业服务环境、政策环境、融资环境等众多要素的影响。创业者在进行创业活动和实现其创业理想的过程中，一个关键的因素便是政府，政府对高校大学生创业教育具有深远的影响。人才在区域经济社会发展和创新体系建设中具有基础性、战略性和决定性作用,这是区域经济持续、协调、健康发展和社会全面进步的要求。其中,创新创业型人才在区域竞争优势中发挥着重要的作用。同时,区域经济结构、产业结构、技术结构的调整,区域性的地方政策,以及区域经济发展的地方化特征等因素,都对大学生的创业产生了重要的影响。大学阶段是人在社会化过程中的关键时期,是大学生学习社会知识、吸收社会文化、提升社会化技能的重要阶段。创业教育发展的社会化是大学生全面成才的重要途径,高校通过加快与社会接轨步伐,将帮助大学生为走向职业生活做好准备,为成功走上事业创业岗位打好基础。

高校应主动与社会对接,加快与社会接轨步伐,学生在社会实践中提高创业技能和社会化技能。开展好大学生社会化教育,促进创业教育的发展,改革课堂教学内容,着力提升大学生的社会化素质与创业素质,加强制度文化环境建设,保障创业教育全面推进。充分发挥网络资源优势,与社会各界建立多渠道的联系,建立政府推动、学校主动、社会互动的创业教育联动机制,努力营造社会鼓励创业、支持创业的良好氛围。

第五章 高校创业教育发展的内部作用力

第一节 高校创业教育与社会服务理念

一、高校社会服务职能产生的历史背景

社会服务,指高校通过人才培养和科学研究以适应社会的需要并直接服务于社会这一职能,19世纪后期得以明确,20世纪才开始得到普遍认同。1862年,《莫里尔法案》生效,之后大批农工学院、综合性州立大学相继建立。这些大学注重与实用教育相结合,不仅培养了各种专业性人才,比如工农业生产需要的专门人才,而且研究工农业生产的新技术、新方法、新问题,推广科学知识和技术。《莫里尔法案》的签署直接催生了"康奈尔计划"和"威斯康星思想",以威斯康星州立大学为代表,建立和推广的教学中心,传授农业科学知识,并为当地的经济文化发展提供咨询等。① 直面美国社会生活,使服务成为继教学、科研之后高校所承担的第三项职能,开创了具有三项职能的现代大学新模式。高校社会服务职能的确立把高

---

① 刘成柏、迟晶:《高等学校的社会服务职能及其历史演进》,载《现代教育科学(高教研究)》2007年第5期,第32页。

校从社会的边缘推向社会的中心。

二、高校社会服务的内容和形式

随着高等教育的发展,高校逐渐形成培养人才、科学研究、社会服务这三项职能。广义的社会服务是指高校作为一种社会职能机构为社会所做的服务贡献,将高校教学、科研和人才培养活动贯穿其中,能更好地为学生提供认识和改造世界窗口。广义的高校社会服务可理解为:"高校为经济建设服务,为实现四个现代化服务。"区别于广义的角度,狭义的社会服务职能强调高校为社会做出更为直接的服务贡献,在满足高校自身需求的情况下,面向社会,运用知识和聚合资源,解决社会尚存的难题,服务社会,提高社会整体素养。高校社会服务的形式主要有三个方面。

第一,教学服务,即通过教学活动开展社会服务,通过教学面向社会传播文化科学知识,培养各种专门人才。尽管早期的大学和现代大学类型不同,但相同的是,自从诞生之日起高等院校就肩负着培养人才的职能。不同的历史阶段社会对人才的需求不同,高等院校的人才培养目标、规格和层次便有所差异。

第二,科研服务。大学作为科学研究的重要基地而备受关注,并且在科学研究领域也有着举足轻重的作用,其功能主要表现为开发基础科研成果、参与国家和地方的多学科联合科研攻关、组织和参与科技市场实现科技成果的转化、进行广泛的科技推广活动和科技咨询、开展技术扶贫等。

第三,综合服务,即培养短期的社会紧缺的人才,使其服务到社会的各个领域。通过高校的教师与学生传播新思想、新观念、新理论等,利用学校的图书馆、体育场等地方进行精神文明建设,还有大学生直接进行实践性的服务活动,如社区卫生服务、法律知识宣讲等。

三、社会服务促进我国创新创业教育的发展

适应社会发展、引领社会进步和学科的优化设置是高等院校的基本功能，高校只有站在学术的最前沿，解决社会当前的问题，才能更好地服务和引领社会发展。大学科技园是高校人才、技术、资金等创新要素汇聚的平台。20世纪80年代末，我国已有较多的大学建设了大学科技园，开始探索产学研结合、技术转移等途径，如浙江大学科技园，在浙江省和杭州市政府的大力支持下，依托浙江大学，利用大学的科技和人才优势，同时引入民间资本，创建企业孵化的一流硬件平台和投融资服务平台，促进了一系列的高校科技成果转化、产业化开发和大量的高新技术企业孵化。大学科技园的建设和发展有利于提升大学的知名度，有利于更好地发挥大学服务社会的功能。

四、构建教学、科研、服务三位一体的现代化大学

随着21世纪知识经济时代的到来，与社会关系更加密切的高校社会服务职能的内涵将向更深层次拓展，作为集教学、科研、服务于一体的高校，如何在新的形势下调整自己，以面对新的挑战，直接关乎高校的生存与发展。由于我国的经济起步较晚，传统思想对人们的影响根深蒂固，未从理论上认清高等教育的服务职能，所以一些高校还未将学术和实践紧密地结合起来，高校的社会服务职能未能更好地发挥出来。因此，我们应当积极地探索能将高校社会服务职能的理论和实践完美结合的新道路。

（一）提高认识转变观念

高校的社会服务不是意味着高校要一味迎合社会的发展，而忽视高校自身的发展规律。高校的社会服务不仅是服务于社会的经济发展，更是面向社会发展的各个方面，除了经济，还有政

治、文化、科技等方面,而高校是这一切发展的基础,是生产人才、知识并使之转化为生产力的地方,所以我们在服务社会的同时依旧要保持高校自身发展的独立性。

(二)开展校企合作,加快成果转化

加快校企合作之目的就是为了搭起基础研究和应用研究之间的桥梁,提高科技成果的转化率。高校要想获得发展并且获得社会的认可,就必须与社会建立广泛的联系,科研选题要面向企业界,应用技术和企业技术改造、产品研发等方面。这样不仅可以加快科研成果的转化,更重要的是推动社会生产力的发展和经济的繁荣。

(三)改革专业与课程结构,加强与社会的紧密结合

在专业和课程设置方面,我国的教育一直在精英化教育和大众教育之间徘徊。近些年来虽然为了跟随时代的发展课程的设置已做出了相应的调整和改革,但还是存在着一些问题,如结构不合理、培养结构单一等问题。因此,我们应当适当借鉴一些国外的经验,高校根据社会发展的要求、根据自身条件,改革学科专业建设,增设一些社会需要量大、短期出效果的学科专业。

(四)走进基层,为基层服务

高校是知识的传授者,而学生也是最好的知识传播者,所以我们要广泛提倡学生教师在教学科研之余,主动地走向区域群体,例如农村妇女群体、外来务工人员等社会弱势群体,为他们无偿地提供医疗卫生、法律援助、社会安全、心理健康等知识的普及。这样不仅可以为社会文明建设提供一些帮助,还能为学生提供与实际相关联的学习内容,使学生得到全面的发展。

第五章　高校创业教育发展的内部作用力

第二节　高校创业教育发展与师资要求

创业教育是高等教育发展史上一项新课题，是一项面向未来的教育。教师不仅仅局限于向学生传授知识，更要增强大学生的创业意识、创业精神和创业能力，培养学生的就业竞争能力及其发展后劲。可是说，这是区别于传统教育方式的另一种意义上的素质教育。

一、创业教育对师资的要求

（一）秉持先进的教育理念

创业教育不应该只是教学生如何创业，它的内在深层次的含义是使学生能够实现职业生涯和整个人生的真正成功，为社会、世界的发展进步所做的努力与贡献，创业教育理念应该贯穿终身教育的始终。从事创业教育的教师应该秉持和发扬其内涵精神。

（二）营造浓厚的创业氛围

校园文化是大学生成长的土壤，创业意识、创业个性品质和创业能力的形成有赖于土壤的成分。教师不仅要做土壤的培育者，更要做引领创业文化的先行者，将创业教育的思想融入高校教学与学生培育的各个方面，营造浓厚的创业氛围。

（三）传授相关的创业知识

创业是实践性极强的活动，掌握系统的创业知识是创业者发挥开拓创新才能的重要保障。教师除了进行传统的课堂教学，如案例研讨、专题培训等教学方式外，还要安排参与式的教学方式，大量的能力培养与训练，开展各项专题培训，培养学生的创业知识和技能。

（四）指导有效的实践活动

学生通过系统的在校学习获得创业的知识，但纸上得来终觉浅，创业知识并不能替代创业经验，经验只有通过亲自的参与实践才能获得。因此，教师引导学生开展创业实践是一项非常重要的教学内容。

二、高校创业教育师资现状及原因分析

（一）高校创业教育师资现状

目前，创业师资主要包括有经管学院的专业教师、就业指导中心的员工、大学生辅导员、一小部分企业兼职人员。其中，经管领域的专业教师具备的创业管理知识对创业项目的科学策划、运营、管理和风险控制等知识的传授相当重要。这些教师是指导大学生成功创业和管理企业的重要导师。但由于创业教育在我国尚处于开创期，缺乏有关专业与学科基础，因此，大部分创业教育教师没有接受过系统的创业学理论教育。就业指导中心的工作人员处于高校就业指导工作的最前沿，对高校就业市场的发展情况、就业信息及就业创业等方面都有较准确的把握，指导大学生的创业就业活动，具有职能上的良好优势。大学生辅导员处于大学生学习、生活的第一线，可以在日常生活中潜移默化地向大学生渗透创新、创业方面的知识，并在大学生中培养创业的良好氛围，是大学生创业过程中的"心理疏导师"。现有从事大学生就业指导的政治辅导员和学生工作部门的管理干部，队伍的学历结构、专业结构、职称结构、年龄结构都不尽合理。据了解，在这两类创新创业教育教师中，学生辅导员和管理干部居多，多数是思政专业，硕士研究生比例不超过30%，博士研究生几乎没有；年龄多在40岁左右，具有副高以上职称的人数偏少，中级及以

下职称的人数偏多。① 许多创业教育教师既缺乏创业教育学的知识基础,也缺乏创业与专业的必要对接,更缺乏创业实践经验。社会兼职教师也是极少数一部分,致使创新创业教育在高校与社会之间缺乏桥梁,不能有效利用社会资源。

(二) 原因分析

1. 社会创业文化氛围淡薄,抑制了对创业师资培养的投入

社会上对创业教育的理解较为片面,狭隘地认为创业教育就是让大学生自主创业,而中国传统的就业观念是认为青年上大学就是为了找一份好工作,甚至是一份稳定的工作,而非自主创业。社会创业文化氛围淡薄,社会价值导向会从客观上影响大学生的创业意识和动机,影响学校对创业人才培养的进程,从而会导致创业师资培养、财力、物力等教育资源不足。

2. 起步晚,门槛高,阻碍了师资队伍的壮大和水平的提高

中国的创业教育尚处于萌芽阶段,创业教育还没有形成一门系统的专业学科,更还没有形成完整的创业教育教学体系,课程设置、教育内容、教学手段与方法都在探索之中,也缺少系统性的教材和教学大纲。然而,创业教育的发展对教师从理论到实践各方面的要求都高于其他的学科,这就增加了教师从事创业教育的困难,影响了其从事创业教育的积极性,进而限制了创业教育教师数量的增加和水平的提高。

3. 管理机制不健全,未形成完善的创业教育师资管理体系

大多数高校还没有将创业教育放在学校的顶层战略发展层面,管理机制不健全,忽视了对创业教育的系统发展需求,创业教育没有很好地融入专业教育之中,也没有跟学生的职业生涯发展相结合。对创业教育教师的管理更是不够重视,创业教育教师

---

① 李亚奇、王涛、李辉等:《加强高校创新创业教育"双师型"专职师资队伍建设探析》,载《创新与创业教育》2018年第4期,第41页。

队伍中兼职教师比例较大,创业教育团队缺少归属感,工作也缺乏规范性,创业教育教师的聘任、培训、课程安排、组织协调、制度建设和资金支持等这些机制都不够健全。

第三节 高校创业教育与管理制度

一、高校创业教育管理

（一）创业教育管理的定位

以培育创业型人才为价值导向的新型教育管理理念既具有统筹全盘的眼光,又具有长时有效的特点。以教育理念创新和教育发展创新为其追求的终极价值,反映出以创业能力培养和创新精神塑造为核心的创业教育本质及其规律,是对教育管理活动的价值规范。

（二）创业教育管理的目标

创业教育管理是通过构建复合型创业人才的创业教育体系、完善自主创业的管理机制、整合落实自主创业扶持政策,来提高学生的创业能力和专业素养的管理。创业教育管理者需要借助人力、财力、物力等基本资源,充分发掘学生的基本创业潜能,提高其创业素质,培养具有强烈创新意识、创造能力和高层次的创业能力的社会主义现代化建设人才,高效地实现人才培养目标。简单而言,就是利用高校的课堂教育、实践教育等方式,实现培养能够创业的人才或具备创业能力、创业素质的创新型人才的教育管理目标,充分发挥出其自身的主动性、创造性。

（三）创业教育的具体内容

创业教育的具体内容包括创业教育的教育教学管理、指导服务管理、实践运用管理。其中,教育教学管理主要是指培养创业意识、创新精神和创业基本技能的基本活动的管理；指导服务管理主要是指帮助转化创业意识和思维为实际可操作的项目，对创业项目的各项操作环节及相关法律法规知识等提供支持；而实践运行管理是指对创业项目的具体措施提供实践运行平台及实践过程的支持管理。

（四）创业教育的管理主体

创业教育管理是由教育行政部门和高校行政部门共同合作完成的，涉及政府、高校、社会、家庭和个体之间的复杂关系。一方面，同创业教育相关的主要行政部分对创业教育活动的开展积极介入、及时干预、加强控制，做好指挥协调和统筹服务，积极为实现创业教育人才培养而努力。另一方面，创业教育及管理主导部门高校负责创业教育的具体组织、计划、协调、实施等工作。

（五）创业教育的实践管理模式

增强学生的综合实力和基本素质，将创业教育融入通识教育，成为基本的综合素质教育。创业教育要注重第一课堂和第二课堂的相互促进，通过成立专门的机构、创业园区，进行商业化运行，提供资金资助服务和咨询服务等来提升实践教学质量；利用高校所在地区特色资源，提供有地域特色的创业环境，培育学生的创业精神；融入各方资源与优势的创业教育管理模式，将创新作为中介和基础，进行全方位的资金支持以及教育辅导。

二、高校创业教育管理制度实施

高校作为培养人才、科学研究的重要基地，为国家和社会的发展进步提供强大的智力支持和人才支撑。在"大众创业、万众创新"的政策指引下，创业高潮此起彼伏，创新氛围日趋浓厚。作为国家生力军和民族希望的在校大学生，具备创新意识强、思维迅速敏捷、创新灵感丰富、创新热情高涨等特点，必然要紧跟时代步伐，重视创新创业能力的培养和提升，顺势而为，与时俱进。创业教育管理工作与高校教育管理工作的保障性和支撑性角色，尤其是在信息化时代，伴随着外部宏观环境的变化、新兴技术的涌现，以及社会对人才创新性的更高要求，高校的创业教育管理工作应该主动适应大局形势的变化，以创业教育为载体，在管理内容和管理模式等方面进行改革创新，为培养适应社会发展需求的创新型、应用型人才进行有益探索。

三、以创业意识为导向，加强高校创业教育管理

（一）以创业意识为导向，丰富学生管理的工作内容

1. 正确的人生观和价值观教育

正确的人生观和价值观是高校学生创业素质和创业能力的基础。创业之路充满挑战和风险，帮助学生树立敢于承担风险的意识，提高科学管控风险的能力，有意识地引导和培养学生的创新精神，使其在瞬息万变的外部环境中能够锲而不舍地寻求突破和解决方案，教导学生在规划设定人生目标时懂得平衡与取舍。社会鼓励个人把握时机，充分发挥个人潜质，实现人生价值，而社会价值和个人价值具有同等重要的意义，大学生在追求个人价值的同时，也要兼顾社会价值。

2. 健全人格和心理素质的塑造

创业是艰辛曲折的，对创业者的心理素质要求极高。具备坚强的意志，能够经受挫折和失败，面对压力和困境不折不挠等，都是创业者必备的心理品质。在创业意识导向的学生管理工作中，需要培养学生独立、顽强、刻苦、坚定的创业精神，使他们在创业路上能够克服不良心理障碍，对可能遇到的困难做好充分

的心理准备,不断完善健全人格。

3. 领导力与协作力的锻炼

合作与竞争对成功创业之路具有重大的意义。创业者的领导能力和团队意识是成功创业的两大法宝。有了这两大法宝,才能打造一支高效的创业团队并带领团队前行。高校学生管理工作需要加强培养大学生的团队合作的精神、领导能力和整体战略思维的锻炼,帮助他们树立正确的人际关系评价标准,在具体的创业情景模拟操练中锻炼自己的领导能力。

(二)以创业意识为导向,协同教学科研管理工作

1. 教学科研管理的协同合作

高校开展创业教育需要将学生创新思维和创业意识的塑造贯穿于人才培养的各个环节中。教学、科研、管理等部门通力合作,共同搭建平台。教务处、科研处与学生处等职能部门可联合制定学生科技项目申报、专利成果转化、创业活动的学分互认等环节,提供制度保障和激励措施,鼓励和方便学生开展各类创新创业项目。

2. "互联网+"思维的运用

随着信息技术的发展,电子商务创业方兴未艾,学生获取信息、参与创新创业活动不受时空的限制。学校因势利导,可为学生创建虚拟空间和现实场景的创新创业平台,促进"互联网+"技术与专业技能相融合,有意识地将信息技术与创业项目相结合,例如,网络虚拟公司的运营、企业经营沙盘软件实操,以及通过淘宝等网络创业平台对学生电子商务创业进行指导,为学生的创业发展开辟新阵地。

(三)以创业意识为导向,促进学生创业实践能力的提升

学生发现问题与解决问题的能力是创业意识中最具原动力的

构成要素。学校组织学生参加各级各类创新创业竞赛,如模拟公司设计大赛、"互联网+"创业大赛、"挑战者杯"课外学术科技作品比赛等活动。这不仅能够让学生开阔视野,还能够训练学生在平常的生活中观察、思考社会问题,并且运用所学知识分析问题,找到解决问题的方案,无形中提高学生的创新思维和实际动手能力。根据社会发展的需求,学校还应该积极拓展与相关专业企业、单位和机构的合作交流,与企业等社会机构的联系,将社会产品和服务引入校园,既能让学生通过与企业的接触了解企业具体的运营模式,也锻炼了学生的营销、策划、沟通等创业实践技能。

第四节 高校创业教育培养体系构建

一、大学生创业的培养体系构建

（一）主要理论依据

1. 系统论方法原则

基于系统论方法的指导思想,本书分析了创业培养体系组成要素、结构和功能以及三者的相互关系和变动的规律性,使系统达到人才培养目标。

2. 持续贯穿与阶段深化原则

学生创业的培养体系构建要体现出阶段性和层次性,从感性认知到理性应用的持续贯穿与阶段深化的过程。

3. 科学发展观原则

学生创业的培养体系构建以培养学生的专业技能、职业素质和创新能力为目标,实现培养目标、教学内容、教学方法及教学管理机制的有机统一。

4. 杜威实用主义哲学教育思想

杜威主张通过"主动的作业"来进行职业教育,这与他的教育与生活、学校与社会、经验与课程、知与行方面的思想一致。体系构建在教学中提出"从做中学"的核心思想。[①]

(二) 大学生创业培养体系模型构建

1. "双核"的创业培养目标体系

将认知导向与行为导向创业教育有机结合,可有效地引导学生在充实创业知识的同时提升创业技能。

2. "分层级一体化"的创业教学内容体系

按基本创业技能、核心创业技能和综合应用能力三个层次,由浅入深、循序渐进地安排创业教学内容,构建"分层级一体化"的创业教学内容体系。

3. "软硬结合"的创业培养管理体系

"软硬结合"形成创业教学管理体系是指管理机构、创业教学基地的硬件管理,与校内外创业教学管理的规章制度和创业教育评价体系等的软件管理。

4. "三大资源"的创业培养支撑保障体系

"三大资源"创业培养支撑保障体系包括创业教育的师资队伍、创业教育的教材开发及学习资源、创业教育网络和创业服务等资源的支撑保障要素。

(三) 大学生创业培养体系分解和实施

1. 设立"双核心"的教学目标

设立"认知导向"与"行为导向"结合的双核创业教学目标,指导创业教育课程体系的构建,将专业课程体系与创业能力

---

① 王爱文:《高职院校学生创业的培养体系构建研究》,载《中国商界》2012年第11期,第336页。

培养相结合，尤其是创业行为导向的实践环节，在专业的课程教学中渗透创业知识、技能、素质的培养，循序渐进地培养学生的创业能力。

2."分层级一体化"的创业教学内容体系

（1）基于工作过程的创业课程设计。根据职业行动领域典型工作任务提出的职业能力，按照工作任务的逻辑关系设计学习领域，把具体的工作项目贯穿于课程中。

（2）实施基于工作本位的创业教学方式。将教学过程分为基本、初步、综合技能三个阶段，采用工作本位的方式进行训练施教。

第一阶段：基本技能培养。学生应具备创业技能分析和认知能力。如组织学生观摩创业视频和参观创业实训基地，使学生结合创业实际，对创业环境有一个初步的认知，为第二阶段的教学打下良好基础。

第二阶段：初步技能培养。采用情境导入法、项目教学法等教学方式，使学生逐步树立创业意识，具有拟订创业方案的能力。如学生以开设模拟公司为项目载体，提出合理的选址方案和分析报告。学生把自主认识和行为驱动投入真实的创业环境中，激发学习的热情和主动性。

第三阶段：综合技能培养。该阶段培养学生具备成立模拟企业的能力，是学生锻炼和展现动手能力的最好机会。学生到创训楼申请开设公司或者到校外做调研，围绕创业构思查询资料，认真完成创业方案的设计。

基于工作过程的教学方式能够促进学生尽快进入职业岗位角色；分阶段的遵循教学规律循序渐进地提升了学生的综合能力。按照学生实践能力形成的不同阶段和认识发展的规律来进行系统设计，促进创业教学体系的整体优化。①

3."软硬结合"的创业培养管理体系

（1）搭建合理的创业教学组织管理框架。采取分块管理模式的实践教学基地由各系部根据专业教学计划负责实践教学的组织与实施。各教学单位还应加强相互间的联系与沟通，综合充分利用学校的实践教学基地资源。

（2）规范创业教学管理规章制度。制定完善的创业教学管理和考核制度。制定科学合理的创业实训指导书和具有可操作性的创业实训方案；采用学生问卷调查反馈评价、学校创业教学检查组反馈评价相结合的方法对创业教学质量进行量化考核。

（3）建立科学的创业教学评价体系。采用阶段性模块化的考核模式，更重视学生实际技能的培养。将学生在学习中表现出来的关键能力情况纳入评价指标，注重过程性评价和全程性评价，体现高职教育提倡以人为本的教学理念。

4."三大资源"的创业教学支撑保障体系

（1）打造一支强有力的创业教育师资队伍。培育学者和企业家兼备的师资队伍。可以聘请成功的企业家作为创业教育的客座教授，开展短期讲学。安排教师到创业企业挂职锻炼，获取真实的创业实践经验。搭建国内外师资交流平台。推荐老师参加中国 KAB 的师资培训营或到国内先进的创业教育基地培训。开拓产学研的社会化交流平台，如美国教育传播协会、创业教育沙龙等。

（2）开发创业教育教学资源。将独立分散的创业功能重组的传统方式已不能适应创业教育发展的要求，取而代之的是基于创业过程模型的模块化教学。创业教育不是短期的就业技能培

---

① 王爱文：《高职院校学生创业的培养体系构建研究》，载《中国商界》2012 年第 11 期，第 337 页。

训，而是侧重于创业精神和创业思维的素质教育。因此，具体的创业课程内容应侧重培养创业者的意识、理念和信仰、思维方式和人格等。鉴于高职院校创业主体的多元化，结合本校的学科专业，将创业行为、创业过程、创业者要素等进行重组、融合，使之体现出本校与其他高校的特色。收集并汇编高校创业教育先进经验和大学生创业成功案例，吸收国内外优秀的创业教育资源库，为创业教育的发展提供鲜活的教学内容与科学的教学方法。

（3）搭建产学研相结合的创业教育服务体系。成立创业辅导中心，为青年学生创业者提供商业技术培训与咨询，即根据企业需要，为创业实践者提供经营管理、财务、税务，以及市场营销等方面的培训与讲解。成立创新创业社，帮助学生将创新成果转移。创新创业社为学生提供商品化支持服务、创意成果展示与推广；汇集教师与学生之创新成果与相关数据，提供查询与咨询之在线服务。成立创业俱乐部，为学生和当地企业家、校友面对面地交谈与探讨创业问题提供便利。在俱乐部里，可探讨新创意和新想法，企业家、校友可为学生创业答疑解惑，提高学生的创业成功率。

二、高校创业教育育人模式

在新旧经济发展方式转换的历史结点上，使人才培养更加符合经济建设和社会发展需要的教育方向和内容，设计内涵丰富、层次多样的教育模式成为创新创业教育的重要命题。创新思维的培育和创意文化理念的熏陶是创业动力的触发原点，创新创业实践能力的养成则是继续前行的动力保障。培养稳定的创业基本素质、创新精神、开拓型个性特征以及极强的竞争能力和极大的发展潜力，是推进"双创"育人模式的优选方式。

（一）基于创新创业的人才培养目标

确定以"创新创业教育与专业教育深度融合"为主线，重

第五章　高校创业教育发展的内部作用力

新梳理创新创业人才培养标准、目标和要求，促进意识、知识、能力和素质四者的有机统一；转变传统的教学模式，使课程体系从"单一"专业课程向"点、线、面"的特色课程转变，教学内容从单一的校本教材向多方协同共写教学资源转变，教学方式从校内教学向社会实践性转变。

（二）"六元渗透式"育人模式的构建

育人模式是人才培养目标、质量标准、课程设置和教学内容、教学方法与手段、教学过程的有机组合。遵循教育个性化和广谱化统一、知识传授与实践体会统一的规律，将创新创业教育融入人才培养全过程。"六元渗透式"的立体式育人模式，即基于"双创导向"，围绕着以能力为本的育人目标、融合专业的课程体系、学生为本的教学管理制度、翻转课堂的教学方式方法、市场导向的产教融合实践平台及个性发展的创业服务平台六个维度。诸元之间相互融合、相互作用、相互影响，达到整个教学模式的协调统一，从而不断推进创新创业教学改革。[1]

1. 基于能力为本的创新创业育人目标

创新创业教育不是单纯的就业指导、创业培训，而是能够改变学生的能力结构，使其从单一型向复合型、从操作型向智能型、从传承型向创新型、从从业型向创业型、从职业型向社会型转换。提高教育质量是"双创"教育改革的出发点和落脚点，必须准确把握"双创"教育与人才培养的内在联系，以"能力为本、专业融合"为原则，准确定位创新创业教育人才培养目标。

2. 基于融合专业的创新创业课程体系

高职教育要从创业教育的内涵出发，将创业教育融入新的人

---

[1]　王爱文：《基于"双创导向"的"六元渗透式"育人模式研究》，载《中国商论》2016年第12期，第184—185页。

才培养理念,并落实到专业教学的全程中,不断完善人才培养方案,真正做到把创业教育理念与内容融入专业中,在专业教学的各个环节中实现创业教育与素质教育、专业教育的融合,搭建创新创业梯级课程群。

3. 基于学生为本的教学管理制度

以学生为根本,高效整合校内资源、有效聚合校外资源,充分完善创业平台、创业基金、创业师资、创业课程、创业项目等方面的管理制度,可以将学生的创新意识培养和创业思维养成融入人才培养的全过程。顺畅的培养机制可以点燃学生创业的激情、激发活跃的细胞。

4. 基于翻转课堂的教学方式方法

"教师讲授、学生听讲"是传统课堂的主基调。翻转课堂以学生为中心,更能调动学生的积极性,发挥学生的主动性。变老师课堂讲授为师生共同探讨,更能培养学生的独立思维、创新思维和创新能力。

5. 基于市场导向的产教融合实践平台

强化实践教育是培养学生创新创业能力的重要环节。创业教育应重视借助各类教育资源,通过多学科的交叉融合,以市场为导向,充分运用各类社会化手段和平台,搭建产教融合的实践平台。

6. 基于个性发展的创业服务平台

创业服务平台为大学生创业提供更好的项目来源和技术支撑,提升大学生创业企业竞争力和盈利水平。搭建大学生创业服务平台,增强服务大学生创业的能力,推进大学生创业活动,可以大大提高大学生创业企业的成功率。

(三)基于"创新创业导向"的"六元渗透式"育人模式构建

遵循人才成长规律、教育教学规律,是使人才培养更加符合

第五章 高校创业教育发展的内部作用力

经济建设和社会发展需要的教育方向和内容,"双创"导向、内涵丰富、层次多样的育人模式成为高职创业教育重要命题。那么,在原有基础和给定资源条件下,在价值导向、内容安排、教育模式和体制机制上,如何构建具有高校特色的创新创业育人模式?

1. 能力为本,树立育人新目标

遵循人才成长规律、教育教学规律和市场经济规律,重新梳理"双创"人才培养标准、培养目标和培养要求,以"能力为本、专业融合"为新目标,促进创新创业教育与专业教育的有机融合。学校面向全体学生的创新创业育人方式,着力培养学生创新精神、创业意识和创新创业能力。一是把创新创业内容写进人才培养方案,创新创业训练师资、项目、比赛进年度工作计划,创新创业知识、技能进入课程,意识进入师生头脑;二是将"双创"教育与专业教育和实践教学相结合,搭建"创业计划+仿真模拟+实践训练+项目孵化"平台,强化学生创业实践能力的培养;将创新创业教育与职业生涯规划相结合,帮助学生将创业实践与学业和未来的职业发展紧密联系起来。

2. 专业为基,构建特色课程体系

高层次创业品质的个性化、贯穿性的阶梯式教育模式,使学生逐渐走上创业之路,成为既创造社会财富又创造就业位置的开拓型企业家。立足各专业建立了多层次、立体化的创新创业教育课程体系,深化专业课程和教学内容改革。按照"点、线、面"结合全方位、多层次设置"通识课程模块+专业课程模块+跨专业课程模块"课程的思路,全面修订人才培养方案,形成专业课程、创新创业课程及相关基础课程知识点相互渗透的特色课程体系。

3. 学生为本,优化教学管理制度

学校应该全面修订优化人才培养方案和专业教学质量标准,

建立有利于发掘学生创新潜质、激发学生创业激情的教学管理制度。一是探索建立创新创业学分积累与转换制度，设置创新创业奖励学分，将学生技能竞赛、创新实验、发表论文、专利获取、自主创业和小制作、小发明、小革新、小创造等成果折算为学分，将学生参与课题研究、开发实训和创业实践等活动认定为课堂学习，规定创业计划书与毕业设计（论文）、创业实践与毕业顶岗实习等可互换替代；二是优先支持参与创新创业实践取得成绩的学生优先转入相关专业学习，并在评优评先、奖助学金等方面予以倾斜；三是试行创新创业个性化弹性学制。①

4. 翻转为术，变革教学方式方法

改进创业教育的方式和方法，将认知导向与行为导向创业教育有机结合，可有效地引导学生提升创业技能。改变传统的分散的授课方式，将知识融合实践，把原先分离开来的营销管理学、人力资源管理学、财务管理学等，经过整合，通过多样化的教学方式输送给学生。

5. 市场为引，打造产教融合实践平台

创新创业教育是一项综合性、开放性、实践性强的项目，将其有效地嵌入学校的专业教育课程之中，必须有一个很好的实践操作平台。在基础教学的基础上，以市场为导向，以企业所处的社会生态环境作为切入点，将创业过程中每个细节进行现场教学，使得学生仿佛置身于创业实践中。校园结合创业园的方式有助于巩固学生课本知识，强化其创新创业等实践意识，走产教研学结合之路在基础技能的训练基础上有助于培养学生的创新能力，指导学生如何在社会中站稳脚跟。

---

① 王爱文：《基于"双创导向"的"六元渗透式"育人模式研究》，载《中国商论》2016年第12期，第184–185页。

第五章　高校创业教育发展的内部作用力

6. 个性为主，搭建创业服务平台

离开了创业活动的服务主体，大学生的创业就失去了根基。学校主动研究对接、运用政府政策、社会资源和市场要素，为促进大学生创新创业工作搭建平台、整合资源，发挥政策保障的效应，助力大学生创业的"最后一公里"。

本章小结

高校社会服务职能的确立把高校从社会的边缘推入社会的中心。随着高等教育的发展，高校逐渐形成培养人才、科学研究、社会服务这三项职能。高校社会服务的形式主要有教学服务、科研服务和综合服务。适应社会发展、引领社会进步和学科的优化设置是高等院校的基本功能。高校只有站在学术的最前沿，解决社会当前的问题，才能更好地服务和引领社会发展。大学科技园是高校人才、技术、资金等创新要素汇聚的平台，20世纪80年代末，我国已有较多的大学建设了大学科技园开始探索产学研结合、技术转移等途径。如浙江大学科技园，在浙江省和杭州市政府的大力支持下，依托浙江大学，利用大学的科技和人才优势，同时引入民间资本，创建企业孵化的一流硬件平台和投融资服务平台，促进了一系列的高校科技成果转化、产业化开发和大量的高新技术企业孵化。大学科技园的建设和发展有利于提升大学的知名度，有利于更好地发挥大学服务社会的功能。随着21世纪知识经济时代的到来，与社会关系更加密切的高校社会服务职能的内涵将向更深层次拓展，作为集教学、科研、服务于一体的高校，如何在新的形势下调整自己以面对新的挑战，直接关乎高校的生存与发展。由于我国的经济起步较晚，传统思想对人们的影响根深蒂固，还未从理论上认清高等教育的服务职能，所以一些高校还未将学术和实践紧密地结合起来，提高认识转变观念、开

展校企合作加快成果转化、改革专业与课程结构，加强与社会的紧密结合、走进基层，为基层服务。高校的社会服务职能不能更好地发挥出来，因此，我们应当积极地探索能将高校社会服务职能的理论和实践完美结合的新道路。

　　以培育创业型人才为价值导向的新型教育管理理念既具有统筹全盘的眼光，又具有长时有效的特点，以教育理念创新和教育发展创新为其追求的终极价值，反映出以创业能力培养和创新精神塑造为核心的创业教育本质及其规律，是对教育管理活动的价值规范。创业教育管理者需要借助人力、财力、物力等基本资源充分发掘学生的基本创业潜能和培养其扎实的创业素质培养具有强烈创新意识、创造能力和高层次的创业能力的社会主义现代化建设人才，高效地实现人才培养目标。简单而言，就是利用高校课堂教育、实践教育等方式，实现培养能够创业的人才或具备创业能力、创业素质的创新型人才的教育管理目标，充分发挥出自身主动性、创造性。创业教育管理工作作为高校人才培养工作中不可或缺的重要一环，是与高校教育管理工作的保障性和支撑性角色，尤其是在信息化时代，伴随着外部宏观环境的变化、新兴技术的涌现，以及社会对人才创新性的更高要求，高校的创业教育管理工作应该主动适应大局形势的变化，以创业教育为载体，在管理内容和管理模式等方面进行改革创新，为培养适应社会发展需求的创新型、应用型人才进行有益的探索。要以创业意识为导向，丰富学生管理的工作内容、协同教学科研管理工作、促进学生创业实践能力的提升。

　　学生通过系统的在校学习获得了创业的知识，但纸上得来终觉浅，创业知识并不能替代创业经验，经验只有通过亲自的参与实践才能实现。因此，要有效地指导学生进行创业实践，教师引导学生开展创业实践是一项非常重要的教学内容。创业教育不应该只是教学生如何创业，它的内在深层次的含义是使学生能够实

第五章　高校创业教育发展的内部作用力

现职业生涯和整个人生的真正成功，让学生快乐地成长。创业教育理念应该贯穿终身教育的始终。从事创业教育的教师应该秉持和发扬其内涵精神。教师应该做土壤的培育者，更应该做引领创业文化的先行者，将创业教育的思想融入高校教学与学生培育的各个方面，营造浓厚的创业氛围。

"六元渗透式"育人模式运作的关键是六个维度的相融与渗透，即"育人目标""课程体系""教学制度""教学方式""实践教学"和"创业服务"六个维度，相融与渗透、两两之间相互支持，相互促进，相互渗透。其中，育人目标是方向，课程体系是基础，教学方式是重点，实践教学是关键，教学制度和创业服务是辅助。课程体系既包括理论学习，又包括实操训练，主要在课内，延伸到课外；理论教学与实践教学相辅相成，互为因果；学生专业教育与创新创业素质养成齐头并进。从"大众创业、万众创新"的内涵出发，"六元渗透式"育人模式从高职人才培养、学科建设和实践体系等方面主动地面向国家重大战略、区域经济发展需求，是高校实行"双创"教育的时代责任，既符合经济政策的导向因素，也满足了教育服务于人成长成才的内在诉求。

第六章 科技创新对高校创新创业教育发展的影响

第一节 科技创新促进了创业教育的快速发展

一、科技创新是社会经济发展的内在动力

创新是推动一个国家、一个民族向前发展的重要力量。随着技术创新复杂性的增强、速度的加快以及全球化的发展,高新技术的前沿科技成为世界瞩目的制高点,交叉融合成为科技发展新的增长点,科技创新由研究技术和开发新产品延伸到整个创新链,进一步延展到产业化的过程。中国要实现"两个一百年"奋斗目标,必须坚持创新发展,培育新的增长动力和竞争优势。

(一)创新是推动经济发展的内在动力

"创新"这一概念最早是由美籍奥地利经济学家约瑟夫·熊彼特在1912年出版的《经济发展理论》中提出。他在著作中明确指出资本主义经济增长的主要源泉是创新,首次将技术进步纳入经济学的分析框架之中,认为创新是推动经济发展的内在动力,提出了以创新为核心的经济发展理论。1928年,熊彼特在《资本主义的非稳定性》中提出创新是将新的生产资源投入实际应用中的过程,将创新视为一个过程。20世纪中叶,"现代管理

第六章 科技创新对高校创新创业教育发展的影响

学之父"彼得·德鲁克丰富和拓展了创新的概念与研究范围,德鲁克将"创新"定义为一项赋予人力和物质资源以更新、更强的财富创造能力的任务,也可以被表述为管理者必须把社会的需要转变为企业的盈利机会。德鲁克指出,重大的社会创新会极大地促进一国经济与社会的大发展。之后,经济学专家、学者分别站在不同的角度对创新理论进行了深入的拓展与延伸,"创新"的相关研究逐渐演变成两个相对独立的分支:制度创新和技术创新。[①] 制度创新以制度的形成和变革为主要研究对象;技术创新中,方式、方法、理念的创新涵盖了科学创新中的发现事实、发明方法、创造理论。经济学领域中的创新,其实是一种科学—经济创新的综合发展观。

世界经济发展的历史表明,科技创新和制度创新在产业发展和经济增长中具有举足轻重的作用。以工业革命为坐标的产业进步与转型,充分地说明了人类社会经济的每一次大飞跃都是建立在创新基础之上的。18世纪末第一次工业革命发源于英国,诞生了工厂;19世纪末20世纪初第二次工业革命始于德国、美国,催生了大量的流水线和大工厂;20世纪末第三次工业革命也是从美国开始的,数字化工厂由此诞生。可见,世界经济长远发展的动力都源自创新。世界发达国家几乎都是以科技创新作为国家发展的核心战略,借助大幅度提高科技创新能力,建设成为具有强大技术竞争优势的创新型国家。

(二)"创新驱动"培育经济发展新动力

我国经济从20世纪90年代至今经过30多年的高速发展后,发展方式粗放、产业层次不高、资源环境受到严重破坏等问题弊端日渐显露。目前,我国已进入经济发展新常态阶段,经济增长

---

① 欧阳建平:《论技术创新的概念与本质》(硕士学位论文),中南大学2002年。

的原有动力在衰减，经济增速放缓，投资、消费和出口"三驾马车"拉动力开始下降，传统人口红利在逐步减少，劳动力成本快速上升。改变过去粗放型的增长，发展增长的内涵与质量，创新驱动就是经济发展的必然动力。只有通过实施创新驱动增长，着力提高劳动生产率和加快技术创新进步，才能真正实现国民经济的高质量增长。

创新是引领发展的第一动力，党和人民对发展和创新的认识不断深化。党的十八届五中全会提出了"创新、协调、绿色、开放、共享"的新发展理念，把握了发展速度变化、结构优化、动力转换的新特点，实现了对发展理论的一次重大升华。在创新与经济发展的关系上，国家把创新摆在国家发展战略的核心地位，实施创新驱动发展战略，发挥科技创新的引领作用，强调自主创新、原始创新、集成创新和引进消化吸收再创新。加强基础研究，通过聚焦目标、突出重点，从跟进型发展转变为引领型发展，从而真正实现由"中国制造"向"中国创造"的升级转换。

（三）体制机制创新推进"创新驱动"

1. 树立创新意识，培育创新文化

建设创新型国家，需要树立全主体全方位的创新观念，"敢创新""能创新""善创新"，在观念与行动上形成自觉创新的思维模式和行为方式，为创新提供永不枯竭的动力和源泉。

2. 强化创新体系整合，推进创新主体多元化

创新不只是申请专利、发表论文等理论成果，其落脚点必须落实到创造新的增长点上，将创新成果转化成市场、产业活动，建设以企业为主体、市场为导向、产学研相结合的技术创新链条，建立科学研究与高等教育有机结合的科技创新体系。

3. 健全创新激励机制，加强创新政策引导

为确保创新型国家战略的运行，世界上创新体制运作成熟的国家在管理与运作上基本都形成了一套高效的保障机制和鼓励科

第六章　科技创新对高校创新创业教育发展的影响

技创新的法律和政策保护，政治决策倾向激励科技创新。我国在创新型国家战略的实施、创新制度的建设上，也必须形成一种机制力量，推动创新运行、自我发展、自我调节的循环发展。

（四）科技因素对创业活动的影响研究

关于科技因素对创业活动的影响，国内外有很多学者做了不少有代表性的研究。Saxenian（1999）以硅谷为研究对象，认为硅谷有一个以地区网络为基础，能促进各个关联的专业制造商进行学习、认知并能协调发展的工业技术体系。Goegnine Fogel（2001）认为，在美国，科技环境逐渐成为企业的主要支撑要素，促使大量的高技术成果走向市场。Annika（2000）通过对瑞典医药行业新创企业的研究认为，技术渠道的多样性、技术转移的畅通性会对新创企业产生正影响；Rogeir Hoom（2002）等对市场因素、完备的创业计划和强烈的创业欲望对创业活动的影响进行了研究。郭亚飞等（2000）研究了影响我国科技企业创业主要因素，包括技术、资金、制度、组织结构和文化五个方面，并运用实证方法分析了这五种因素对创业活动的影响。周赵丹等（2002）通过对政府作用动态变化的影响，研究了政府因素对科技企业创业与发展的影响。池仁勇（2003）研究了美国等发达国家中小科技企业的发展历程，指出推动中小科技企业发展的主要动力是新兴产业出现、风险资本等，创业文化、政策政策等环境因素对企业创业、生存与发展具有重要影响。曹宗平（2009）基于生命周期的视角研究了中小科技企业发展过程中各个阶段的特点以及与资金支持的关系，深入分析了金融因素对企业发展和技术创新的影响。[①]

[①] 罗公利、王明慧：《科技企业创业环境研究综述》，载《青岛科技大学学报（社会科学版）》2010年第2期，第62页。

二、科技型创新产业对创新人才培养的需求

科技型创新产业的发展壮大不但能推进我国产业升级,抢占全球科技、经济发展的制高点,而且,新兴产业的发展必将刺激科技创新和技术创业活动,为我国高素质就业人口创造更多的工作岗位。而大学、公共科研机构作为国家创新系统的重要组成部分,担负着新知识的积累、创造和传播的使命,在一个国家的科技进步、经济发展中有着不可估量的积极影响。高科技产业的产生和发展大都与大学、公共科研机构紧密联系在一起,如信息、生物科技、光电子等产业中有很多技术源于大学或公共科研机构。鉴于大学、公共科研机构在新兴科技产业发展中的重大作用,世界许多国家都非常重视大学、公共科研机构科技成果的转移转化,并出台大量鼓励性、支持性政策,以促进产学研合作和学研机构的创业活动。例如,美国在促进学研机构技术创业活动方面发展较早且非常成功,孕育了如雅虎、网景、英特尔等一批国际知名高科技公司,美国硅谷和128公路成功的典型案例已成为许多国家和地区争相学习、努力效仿的典范。我国也非常重视学研机构参与技术转移转化,如《教育部关于贯彻落实〈中共中央、国务院关于加强技术创新,发展高科技,实现产业化的决定〉的若干意见》就大学及其研究机构、科研人才参与技术参与活动提出了一系列支持和激励的措施;《国家中长期科学和技术发展规划纲要(2006—2020年)》提出了促进企业与高等院校和科研院所之间的知识流动和技术转移,强调大学、公共科研机构在建设技术创新体系中的重要功能;在政府和社会各界的支持下,依托于大学、科研院所的技术创业活动得到了蓬勃发展,涌现出了如中关村科技园、张江高科技园区等一大批技术创业聚集地。

科技创新使中国经济具备全球核心竞争力并处于领先地位,

第六章　科技创新对高校创新创业教育发展的影响

高科技创业型企业的繁荣发展逐渐成为我国经济发展的龙头，其中，信息技术产业是我国经济增长最快的部分。依托高科技的信息技术创业型企业规模相对较小，市场潜力巨大，在创造就业机会、增加社会财富方面表现出较强的优势。2014年9月12日，国务院总理李克强在第八届夏季达沃斯论坛开幕式致辞中着重强调了改革和创新对我国经济增长、就业结构优化的贡献。2015年3月11日，国务院办公厅印发《关于发展众创空间推进大众创新创业的指导意见》，提出推进"大众创业、万众创新"的八大任务。这样的政策驱动为我国的科技型创新产业发展奠定了政策基础。同时，为了顺应时代的发展要求，推动教育信息化服务于育人本质，提高教育质量，提高广大学习者的创新意识和创新能力，使信息化建设服务于学生21世纪核心能力与核心素养的提升，2015年3月13日，中共中央、国务院印发《关于深化科技体制机制改革加快实施创新驱动发展战略的若干意见》，进一步提出了创新人才培养的社会需求和国家意志。《国家中长期教育改革和发展规划纲要（2010—2020年）》指出，我国实施培养创新型与复合型人才的发展战略，要将培养学生的创新能力和实践能力作为教育改革的重点。

传统经济增长理论认为，劳动和资本是经济增长的源泉，Solow（1956）等学者研究发现，资本和劳动投入的增长只能解释经济增长的一部分，尚余相当一部分无法进行解释。随着新经济增长理论的出现和发展，内生经济增长理论通过将技术知识的积累和扩散纳入经济增长函数，为剩余部分的解释提供了一种方法（Romer，1986；Lucas，1988），技术、知识作为经济发展和增长的基本驱动因素也日益得到广泛的认可和重视。新经济增长理论认为，新知识通过促进技术进步以提升经济增长效率，新知识能够引起创新，并通过转化为新产品、新工艺和组织实现资本化。在当今知识经济社会中，我国不但通过创新投入创造技术知识和培养人才而成为区域创新体系的重要组成部分，而且其技术转移、合作开发、衍生企业等技术创业活动又为区域技术创业活动提供技术资源和人力支持，直接或间接影响着区域的经济发展和经济绩效。

三、科技创新推动了高校创业教育的快速发展

创新是能够给资源带来新价值的一项活动，创业是创业者对拥有的资源或对相关的资源进行优化整合，进而创造出更大经济或社会价值的过程。创新是创业的基础和前提，创业是创新的体现和延伸。科技创新指创造新知识、新技术、新工艺，开发新的生产方式和经营管理模式的过程，包括知识创新、技术创新和管理创新，是创业者利用商业机会，优化配置社会资源，把新技术、新知识、新工艺转化为市场需求的产品或服务，以实现其应用价值与创造物质财富的活动。20世纪90年代以来，创业研究开始从创业者及其行为特征研究转向创业过程研究。随着科学技术的飞速发展及其产业化速度加快，学者们开始关注科技创新与科技创业的关系，涉及科技创业生态网络、科技创新驱动等创业机理问题。

为了激活创新潜力、有效推动科技成果转化，实施创新驱动战略。2015年以来，"大众创业、万众创新"的政策措施受到社会各界关注，科技创新如何有效支持科技创业受到社会各阶层政策制定者的广泛关注，促进科技创业的各项利好政策纷纷出台，我国科技创业已经不是"零门槛"，而是"负门槛"。但中国科技创业的技术含量仍然偏低，强大的科技实力并未真正为创业企业所吸收。根据GEM 2016报告，我国的科技创业水平还处于中低端，我国创业企业很大程度上仍以生存型创业为主。科技创业需求与资源要素不匹配，科技创新成果与创业机会脱节，是影响技术创业发展的重要原因。科技创新是科技创业的源泉，企业家

第六章　科技创新对高校创新创业教育发展的影响

通过识别科技创新中的市场机会，整合创新资源并最终实现企业成长。只有将技术创新与科技创业进行整合，使科技创新与科技创业有机融合，真正发挥技术创新的支撑作用，才是企业可持续发展的源泉和动力。

第二节　科技创新促进了高校创新创业教育的专业化发展

高校创业教育的快速发展一方面是由于小企业兴盛而带来的创业需求；另一方面则受益于其专业化水平的不断提高。而在美国高校创业教育专业化的过程中，科技创新起到了至关重要的作用。首先，科技创新与经济发展联合激发了人们对创新创业的兴趣，专家和研究者们通过科学研究这一手段极大促进了创业教育的理论发展；其次，信息技术的不断革新提升了创业教育的信息化水平，极大地提升了高校创业教育与社会、企业之间的信息沟通，深化了创业教育的实践属性；再次，随着高科技创业企业的不断涌现，以技术创新为核心的创业教育模式越来越受到人们的关注，对此，大学做出了一系列的应对行动，如设立专门的技术转移办公室、建设科技园等，这对提升创业教育的专业地位与专业化程度起到了积极的促进作用。

一、高校科技创新与创新创业教育的关联分析

大学生科技创新活动是高等学校创新创业教育过程中的重要组成部分。高校可开展大学生科技创新活动，激发学生的创新意识，培养学生的创新思维，并将大学生科技创新活动成果转化为生产力。

（一）科技创新应如何与创新创业相结合

1. 教师是理论与实践相结合的指导者

创业需要教师的理论指导，更需要教师的实践引领。教师不应只是高校的教育工作者，还应该包括社会上的相关人士。进行科技研发的教师除了专注于专业领域的发展，更要关注社会需求和经济发展。一方面，要求高校教师开拓自己的视野，关注市场的发展和市场的需求，提升自己的创业意识；另一方面，更应加强与创业成功者的合作，鼓励他们走入校园，为教师、学生带来更多的创业思路和创业感染力。

2. 学生要做术业专攻和全面发展的践行者

创新创业活动需要跨学科、跨界思维。大学生在学习自身专业的同时，应注意学科间的融合，开拓自己的视野，积极与各个专业的同学、教师、社会人士进行广泛的沟通，在从网络获取信息的同时，加强人与人之间面对面的交流。商科的同学与工科的同学交流，寻找适应社会需求的新技术；而工科的同学学习商科的知识，将专利包装成产品。各种专业思想的相互交流与碰撞能诱发创新思维，创造创业机会。

3. 学校成为科技创新与创业教育纽带联结的推动者

创业离不开科技创新的发展。学校应将其放在一个高度重要的位置，重视创业教育，在政策和经济上予以大力扶持，从宏观角度出发，合理规划高校的科技创新活动和创业教育。创业教育需要全员和全程的积极参与，全面地推动专业教育与创业教育相结合，在日常的课堂教学、校园文化活动、实习实践活动等各类工作中充分贯彻创新与创业结合的理念，使之互相渗透、互推互进。

4. 企业应成为科技创新与创业实践融合的促成者

企业代表社会的需求，为技术研发提供一定的支持，真正使科技创新转化到符合社会需求的实际层面，应更多地参与到创业

第六章　科技创新对高校创新创业教育发展的影响

教育中。学校应该从实际情况出发，鼓励创新思维，合理选择企业的进入。科技创新与创新创业教育相辅相成，二者只有有机结合，才能真正促进高校中创新创业教育的发展，从而有利于推动中国创新创业事业的发展。

（二）信息技术为创业教育专业化提供了技术支持

随着科技的发展、社会的进步。利用信息化手段革新行业模式成为一股不可阻挡的潮流。

1. 基于"互联网+"的创新创业教育

信息化技术的重要表现形式是高度智能化和信息网络化。"互联网+"理念体现了当前信息化技术的社会融合方向。在高等院校创新创业教育手段中，对"互联网+"理念的运用是重要层面。

（1）利用"互联网+"技术构建学生与老师间的沟通桥梁。传统的交流模式中，老师在课堂上授课，并预留一定的交流时间，下课的时候在黑板上留下电子邮件或电话号码。此种交流模式缺少实时性，虽然电话可以随时打，但是具有链路"抢占性"和"时间段"特性。利用"互联网+"技术，可以利用微信、腾讯QQ、网络社区的形式实现老师与学生的及时沟通。在学生有创新创业灵感时，能够及时向老师反馈。老师也能够及时引导学生创新创业。

（2）利用"互联网+"技术构建网络教育平台。当前高校建立了较多网络信息平台，集中体现在门户网站和电子图书馆中。但创新创业是个较有针对性的主题，当前缺少专门的平台对创新创业进行教育和指导。所以，可以利用"互联网+"技术构建创新创业网络平台。通过网络平台，为高校学生提供创新创业教育服务。学生可以通过网络智能终端获取创新创业的知识、材料和信息。

2. 基于大数据的个性化创新创业教育

利用大数据获取创新创业的信息。在市场经济环境下，信息意味着商机，信息对于创业来说至关重要。在技术创新领域，对当前技术发展动态进行了解是技术创新的基础环节。因此，利用大数据的信息优势为高校创新创业教育提供信息支持，促进高校创新创业教育的有效开展。个性化教育理念为优化创新创业教育模式，增强创新创业教育的针对性提供了支持，利用大数据挖掘学生的个性化创新创业潜力。通过大数据可以全面的了解学生之间的个性化差异，发现学生的长处和特长，进而因材施教，增加创新创业教育的针对性。如通过大数据获取学生的档案，获取学生的成长各个阶段的过程，获取学生的爱好、兴趣、成果信息等；通过创新创业教育平台根据个性化偏好信息推荐创新创业的教育信息，并实时接收大学生的信息反馈，不断调整个性化推荐策略；通过大数据服务接口实时更新创新创业教育信息，并向大学生提供前沿的创新创业信息，为创新创业工作提供机会；总结个性化创新创业教育的经验教训，优化和完善高校创新创业教育体系，为创新创业教育模式的革新、升级创造条件。

三、技术创新丰富了创业教育模式

在科技创新大背景下，科技研究基础好、有产学研的传统、与地区经济发展联系密切的专业有极大的优势。以技术创新为导向，创新与创业紧密结合，通过创业实现科技成果的商业化，提升大学生就业竞争力，帮助毕业生实现自主创业，以缓解目前严峻的就业压力，使高等教育发展与地方经济发展紧密联系，从而带动经济社会发展具有时代意义。

（一）以技术创新为导向的科技创新活动

以提高大学生创新创业能力为核心，挖掘并充实专业课程在创新创业教育方面的资源，促进专业教育与创新创业教育有机融

第六章　科技创新对高校创新创业教育发展的影响

合，推进创新创业教育与传统课堂教学的有机结合。科技创新实践，如设计专业前沿科技问题、专业热点问题技术分析报告、应用项目设计等，对大学生创新创业思维、能力的培养和综合素质的改善和提高，有十分重要的作用。举办并设置基于专业的各级各类学科竞赛、大学生创新创业训练项目、专业创新创业实训等模拟创业的学习过程，在创业竞赛的演练过程中，有志创业的学生可以体验到创业活动的挑战，找到适合自己发挥的创业目标，为日后投入创业实践打下基础。

（二）深度开展产学研合作，促进科技成果商业化

大学是高科技研发的重要研究场所。一方面，要重视培养学生的创新意识和创业技能，加强对大学生知识产权及专利方面的教育，引导学生将科技成果转化和产业化。另一方面，在科技创新人才培养、科技发明及专利产品提供、科技成果转化等方面与社会经济发展建立起紧密联系，有利于大学生了解市场行情和企业需求，提出有市场潜力的创意或发明，使得他们的研发成果化及产业化。同时，更要借助产学研合作平台获取资源和拓展实践空间，为创业教育创造了优越的条件。大学科技园有优越的创新环境和丰富的创业资源，可发挥大学科技园的作用，以科技园为产学研结合的一体化平台，推进学生开展科研训练和工程实践，进一步厚实创业基础。

（三）建立"学业导师制＋科研导师制＋创业导师制"三位一体导师制

"教育并非注满一桶水，而是点燃创新创业的火种。"建立"学业导师制＋科研导师制＋创业导师制"三位一体的导师制，使专业学习、科研创新与创业活动有效互动与结合。学业导师对学生进行个性化指导，特别是在专业学习上进行指导并引导学生参与到创新创业实践中，科研导师可以让学生参与相关的科研项

目，引导学生独立解决问题，提升创新创业实践能力；创业导师引导学生参与创新创业实践，指导学生正确选择创业项目及培育项目，并能有效地将创业成果推向市场。

（四）打造校园科技创新创业理念及文化

创新创业理念的宣传和文化的培养，能激发学生参与创新创业活动的意识。高校通过大力宣传科技创新与创业的成功案例、组织参观企业、开展科技创业大赛、邀请企业家演讲、举办科技创业论坛等，通过全方位开展"第二课堂活动"，利用学校网络、微信和QQ群等网络自媒体平台以及校报校刊进行积极宣传，塑造榜样，以点带面，营造良好的校园创业文化氛围，从而激发学生创新创业的动力与热情。

第三节 科技创新促进创业型大学发展

一、创业型大学的含义

（一）创业型大学的内涵

创业型大学发端于20世纪后期，全球化和知识经济背景下，一些美国研究型大学利用自身的知识技术创新成果，在外部资金的帮助下，将研究成果的转化，形成新市场或新产业，大学随即转变为经济与社会发展的动力站。大学通过有效地将科技资源转化直接参与到经济市场与商业活动。这种勇于冒险、富于创新的研究型大学被称为"创业型大学"。基于不同的研究视角，美国学者亨利·埃兹科维茨教授将创业型大学定义为，在政府政策经常性的鼓励下，大学及其组成人员对从知识中收的经济收益日益增强，使得学术机构在精神实质上更接近于公司；伯顿·克拉克教授则将创业型大学描述为积极地探索如何在事业中创新，包括

第六章　科技创新对高校创新创业教育发展的影响

寻求在组织的特性上做出实质性的转变；斯米伦等则把创业型大学的创业定义为大学直接参与研究商业化的行为。[①] 1998 年，联合国教科文组织发布的《21 世纪的高等教育：展望与行动》的报告中提到，所有有远见的高等教育体制和机构应该在确定自己的使命时牢记这样一种远景，即建立能够称为"进取性大学"的新型大学。

总而言之，在新经济的挑战和压力之下，大学凭借自己的力量创新思考、创造传奇、重新塑造等勇敢的进取和积极的冒险精神，与传统大学相比具有更强的科研实力、更丰富的创新研究成果，更注重研发和技术转让，应对外界环境变化和资源获取在组织特征上的实质性变革，教学与研究更注重面向实际问题和更为有效的知识转移运作机制。

（二）创业型大学发展主要模式

创业型大学注重实践与创业目标的教育模式，所运用的教育模式能更好地将知识运用有效化、实际化，对于学生掌握创业所需要的基本素质和技能，提升创业能力具有极大的帮助。创业型大学主要有两种基本类型。第一种"革新式"创业教育模式是在伯顿·克拉克最初提出的创业教育理论基础上发展形成。该模式针对市场环境的变化，研究如何利用改革手段适应新的市场环境，主要是以教育学生拥有更高的市场应变能力为主旨的"革新式"教育类型。第二种"引导式"创业教育模式是在亨利·埃兹科维茨提出的教育理论基础上产生的。该模式对大学的知识教育和创造职能进行深层的挖掘与提升，分析社会经济发展形势，并提出科学的创业设想，然后付诸实施，主要提倡自主创业，使学生能够拥有改变和发展企业的能力，能够在多变的市场

---

① 刘军仪：《创业型大学：美国研究型大学发展的新动向》，载《全球教育展望》2008 年第 12 期，第 42 页。

环境下寻求正确的发展途径。① 总之,创业型大学所提供的教育,应当能够适应市场经济条件下的多元化发展特点,实现学生能力的实质性提高。

二、创业型大学产生的影响因素

（一）政府因素

20世纪中叶,西方大学90%以上的办学经费是来自政府拨款。随着大学发展的成熟,政府对大学的投入日益减少,大学都面临着办学经费不足的严峻考验,为解决经费不足的问题,许多大学另辟蹊径,通过创业获取利润赚取经费。政府不但实施财政削减政策,还改变对大学科研经费的资助政策,委托国家科学研究委员会发放。委员会根据学校的科研实力,有选择性地进行分配。为获取科研经费,大学从纯粹的学术转向更为实际的工业研究,在一定程度上加大产学研相结合的办学力度。此外,政府还不断提高对大学人才培养规格和标准的要求,大学不仅要培养出符合国际形势、促进国家进步的政治型人才,还要培养出能适应经济发展的商业经济型人才,培养出能有效地解决社会问题的实用性人才。大学纷纷通过创办工业园或与产业界建立密切联系等方法,为学生提供实习实训基地,增强学生的实际动手能力,无形中培养了学生创新创业的能力,促使大学走上创业的道路。

（二）产业界的因素

为获得多渠道的资金来源,大学选择与产业界结成伙伴关系,向产业界争取到一部分办学经费。企业在注资大学时也提出了它的条件,产业界需求更多的应用型人才,需要的是拥有娴熟

---

① 彭绪梅:《创业型大学的兴起与发展研究》（博士学位论文）,大连理工大学2008年。

第六章 科技创新对高校创新创业教育发展的影响

操作技能和敏捷思维能力的技术开发人员及产品革新人员，聘用的人才无须接受岗前培训就能为企业服务。因此，大学通过与企业合作等方式开发学生实习基地，为学生提供实习的场所，学生很快就可以将学到的理论知识融会贯通到实践应用中去。企业还希望可以获得开发大学科技知识成果转化的优先权，要求大学为它们开发出低成本、高利润的科研产品。大学建立专门的研究中心，不仅实现了为企业增值的目标，科研成果的商业价值还为大学创造了额外收入。产业界需求更多的回报以促使大学创业。

（三）大学自身的因素

与产业结合意味着大学在创业。创业型大学利用自己独有的学术资本来创业，如开办公司、校企合作、出售专利等，借此获取更多的发展资金。其科研实力提升，也因此成为新知识的引领者，具备一定的教学科研能力，从而也吸引了更多的学生来就读，是大学发展壮大的必要条件之一。

三、创业型大学的主要特征

（一）创业型大学的科研

创业型大学的创业行动主要通过知识的资本化来实现，因此，科研活动更强调知识创新、知识的应用和转化。

1. 市场价值导向

相对于大学传统的纯学术价值，创业型大学的科研活动淡化了学术研究与技术应用，主要突出经济功能，以获取更多的社会资源与支持，从而密切了大学与企业的合作关系。在创业型大学中，研究者不只从知识进步的逻辑和个人兴趣出发来选择研究问题，而是更多地考虑企业的需求，把科研的学术使命与社会、市场的知识需要结合起来，因此，科研活动表现出明显的市场价值倾向。美国前哈佛大学校长德里克·博克曾说，技术应用开发项目会模糊大学作为知识和学术探索中心的义务，为学术研究事业带来一个强有力的新动机：追求商业效益和经济效益。因此，科研成果的评价就要考虑兼顾学术标准和经济标准，例如对企业竞争力的提升和对评价过程中成本的研究等。

2. 学科界限模糊

单一的学科范畴不能解决生产实践中涉及的问题，需要多学科范围内的知识综合起来才能有效解决。创业型大学一方面要打破传统的以学科为基础的知识生产活动局面，另一方面还要把产业部门具有实践经验的科技人员也吸纳到研究团队当中。美国学者吉本斯在《知识生产的新模式》一书中也提到，在应用问题的导向下，科学知识的生产产生于特殊的应用背景中，逐渐超出学科生产模式，形成一种与学科生产模式并存的新模式——超学科生产模式。传统大学研究组织的学科界限和学科壁垒不断被消解，科研组织的跨学科性成为创业型科研活动的一项重要特征。[①]

3. 科研资金渠道多元化

为了摆脱科研经费依赖于公共财政的传统，创业型大学创建了多渠道的资金来源，包括以研究经费和合同的形式、服务合同的形式、与产业和政府合作的形式，还有以技术转让的形式获得等方式获取资金。大学教师把外部资金用于与市场有关的研究，包括应用的、商业的、策略性的和有目标的研究，是创业型大学科研的重要特色。斯纳特把这些外部资金的市场活动或具有市场特点的活动现象称为"学术资本主义"。

---

① 张庆玲：《知识生产模式Ⅱ中的跨学科研究转型》，载《高教探索》2017年第2期，第33页。

第六章　科技创新对高校创新创业教育发展的影响

(二) 创业型大学的服务
1. 创业型大学对区域经济发展的作用
(1) 人力资源作用。高等教育的基本功能是为区域经济发展提供高质量、高素质的人力资源。地方院校是区域经济发展创业型大学的主力军。致力于发展成为创业型大学的地方院校，要强化专业技术人才培养，强调大学生理论知识与实践能力的衔接，不但要注重学生理论知识的扩充，而且要通过实习锻炼学生的实践、实训技能，从岗位实习，发展到组建创业团队，逐步培养学生的创业意识，将优秀人才以企业预备役形式对外输出。学生掌握了过硬的专业知识、专业技能，可为企业注入新鲜血液，为服务地方经济发展做出贡献。

(2) 技术成果作用。创业型大学的师生通过转化创造的科研、技术成果，创办企业实体使科研、技术成果在实践中得以应用。校内促进教育教学，校外服务于企业运营和社会经济发展，大学内的公司实体成为区域产业构成的一部分。创业型大学通过与企业合作，组建产学研相结合的产业技术创新联盟，建立校企联合研发中心，创建"教学做合一、产学研一体"的办学模式，实现科研、技术成果的转化，使科研立足于企业的根本需要，鼓励教师、学生创新创业，并将专业知识融入科研成果中。这不仅有益于专业建设、课程建设，还为企业获得经济效益与利润。

(3) 人才培养模式。人才培养是大学的核心使命，教育教学是大学最基本的职能，普通高等院校注重培养理论型人才，而地方院校则注重培养适应地方经济发展的人才。由地方院校转型的创业型大学在人才培养上不仅要基于专业，把创新创业教育贯穿于人才培养的全过程，注重培养学生的创新精神与创业能力，还要挖掘自身优势，有效利用特色实力，这样才能更好地服务地方经济建设。创业型大学既是创业者的孵化器，也是培养学生成为应用型、职业型创业者的摇篮。

（三）创业型大学的教学

创业型大学扮演为经济发展服务的新角色，确保大学的人才培养和研究成果能够有效地为经济、社会服务。在创业型大学的教学中，学生的实践能力和社会适应性是未来发展的关键，在教育理念上要由知识中心观向创新智慧观转变，在课程设置上要由封闭向注重能本和人本转变，创业型大学专业设计贴近经济发展需要，以专业特色铸就办学特色，以创新创业为导向，将学术研究和创业活动有机结合起来。

四、创业型大学的组织特征

创业型大学是为了适应市场需要，通过借鉴企业化运作模式对内部组织机制进行创新的大学，是高等教育变革过程中组织转型的产物，其主要特征表现为建立与政府、产业界紧密合作的关系、着重培养创新型人才、不断完善创新创业机制、形成多渠道的资金来源和浓厚的创新创业文化。创业型大学是将知识的生产、传承和应用融为一体的大学。

（一）组织功能的特征

1. 传统大学的组织功能：知识的生产、传播和应用相互分离

传统大学将知识生产视为大学的使命，注重知识的生产与传播，学生的"学"和教师的"教"皆围绕知识进行，被看作"知识的储藏所"。中世纪的欧洲大学，其职能主要是保存、传播、创造知识，教学是大学唯一的职能，因此，19世纪之前的大学被称为"教学型大学"。19世纪初，德国柏林大学明确提出大学不仅要保存和传递知识，而且要创造新知识，科研不仅要服务于教学，还要发展科学，从而确立了科研在大学中的地位。科研成为大学的"第二个中心"，大学在教学、科研和社会服务三

第六章 科技创新对高校创新创业教育发展的影响

方面融合了知识的生产、传播和应用的整个过程,从而促进了大学由"教学型大学"向"研究型大学"的发展。[①] 教学体现了知识传承的价值,科研体现了知识创造的价值,高校实现教学与科研的统一。

2. 创业型大学的组织功能:知识的生产、传播和应用相互融合

20世纪中后期,全球经济环境发生了变化,高等教育又经历了一次革命,大学的创办又一次转型。大学逐渐走向市场,通过开办企业、产学合作、技术转让等方式,走上学术与市场相结合的道路。20世纪20年代麻省理工学院创办了自己的公司,20世纪50年代斯坦福大学发酵的"硅谷现象",还有瑞典的查尔姆斯理工大学、荷兰的特温特大学等,沿着知识的选择、传承、创造、应用的路径。大学除了具有教学、科研、社会服务职能外,还承担了学术创业的职责,并以成果转化为目标。在大学转型的背后,知识的生产模式也悄然发生了变化:大学同时作为学术资本的生产者与学术资本的转化主体,已不再是知识生产的唯一场所,研发中心、智囊团、咨询顾问机构等都成为知识生产的机构,研发人员、设计人员、社会科学家等不同背景的利益相关者都参与进来;学科的边界逐渐模糊,学科间相互交叉、融合并不断创造新的价值,并以"知识资本"的形态给社会带来了更多的经济效益。创业型大学通过将知识的生产、传播和应用相互融合,为社会承担更多的责任、进入市场参与更多的竞争。在知识资本化的今天,创业型大学在推动社会经济进步方面的作用日趋明显。

[①] 毛慧芳:《关于创业型大学组织特性的思考》,载《中国林业教育》2014年第2期,第6页。

（二）组织文化的特征

1. 传统大学的组织文化：以学术人文主义为核心

大学的组织文化具有一定的凝聚力和较强的稳定性。传统大学一直遵循学术人文主义原则，教书育人、研究学术、追求真理、孕育文明，重视对知识内在价值的探索，为学术而学术的精神从事教学和学术研究，老师们追求的是学术自由和学术自治；对于学生，也着重培养他们的人文精神和学术精神。传统大学的社会功能决定了其属于公益服务类的事业单位，因此，技术转移、知识产权转让等学术资本化活动没有得到大力提倡。

2. 创业型大学的组织文化：以学术资本主义为核心

创业型大学最初诞生的原因之一是通过学术资本的市场化来缓解大学办学经费不足的问题，利用市场机制和竞争机制激活大学的科研活动，将学术成果引入竞争市场，将社会服务转化为现实生产力，彰显了知识的实用价值。伯顿·克拉克教授在其著作《建立创业型大学：组织上转型的途径》中提到，创业型大学的五个组成要素是强有力的驾驭核心、激活的学术心脏地带、拓展的外围组织、多渠道的资金资助和整合的创业文化。在知识经济时代，知识在各种生产要素中的地位与作用越显重要，知识经济是推动创业型大学成为社会经济发展的动力源，变"知识库"为"知识资本库"。[①] 利用知识资源来创造新的外围发展机会，致力于学术成果的市场化，进行企业性质的"学术范式"转变，以满足广泛的社会需求。

（三）组织结构特征

组织结构是指对组织工作任务进行分工、组合和协调合作等

[①] 吴仁英：《伯顿·克拉克的创业型大学思想及其启示》，载《临沂大学学报》2015年第3期，第14页。

第六章　科技创新对高校创新创业教育发展的影响

所形成的一种框架结构体系，是组织各部分的排列组合、空间位置、联系方式以及各要素之间聚散状态的一种模式。大学作为学术机构，"学术权力"与"行政权力"是大学内部权力结构的组成范畴，等级权力和规章制度等科层机制是大学管理的主要手段。大学是一个松散的耦合系统，大学内部组织在整合中发挥主要作用的是组织的共同价值、信念和目标。此外，市场机制的外部刺激作用也会使大学的内部组织体系发生变化。

1. 传统大学的组织结构：以传统封闭的机械式为主

传统大学主要通过权力和制度来实现组织的目标，侧重于强调层级等级性和权力权威性，教学、科研单位和行政管理部门相对独立，沟通成本较高；学科间条块分割、缺乏整合，跨学科、跨领域的合作也较少。

2. 创业型大学的组织结构：以动态开放的适应式为主

为了增强自身的适应能力和适应外部经济环境发展的需求，创业型大学通过对组织内部要素、组织结构、决策过程等方面进行变革，精简管理层次，加快信息流通，提高决策效率，达到与环境的平衡，并实现组织职能的拓展和组织目标的延伸。创业型大学组织结构的动态开放是以创新、创业理念为指导，注重加强教师间及其与外界的联络与合作，优化整合学科专业的布局结构，重视应用研究，鼓励对策研究；加强资源共享平台的共建，支持跨学科、跨部门的合作研究，强调科研成果的转化和产出效益，不断提高科研成果的质量和增强科研成果的创新性。

五、创业型大学必将促进创业教育的繁荣

21世纪，知识和经济是推动人类的福利和价值往前继续发展的主旋律。科技创新、知识资本不仅是创业型大学发展的内在动力，也是推动创业型大学和创业教育持续深入发展的必要条件，创业和创新成为创业型大学向前发展的双重动力。在创业型

大学的推动下,创业教育的学术理论研究和操作实践都将更加成熟,保持高质量的教学水平、科技创新能力和知识资本化将成为我国大学未来发展的三个关键领域。

本章小结

创新是推动一个国家、一个民族向前发展的重要力量。随着技术创新复杂性的增强、速度的加快以及全球化的发展,高新技术的前沿科技为世界瞩目,交叉融合成为科技发展新的增长点,科技创新由研究技术和开发新产品延伸到整个创新链,进一步延展到产业化的过程。

创新是引领发展的第一动力,党和人民对发展和创新的认识不断深化。党的十八届五中全会提出了"创新、协调、绿色、开放、共享"的新发展理念,把握了发展速度变化、结构优化、动力转换的新特点,实现了对发展理论的一次重大升华。中国要实现"两个一百年"奋斗目标,必须坚持创新发展,培育新的增长动力和竞争优势。在创新与经济发展的关系上,国家把创新摆在国家发展战略的核心地位,实施创新驱动发展战略,发挥科技创新的引领作用,强调自主创新、原始创新、集成创新和引进消化吸收再创新。加强基础研究,通过聚焦目标、突出重点,从跟进型发展转变为引领型发展,从而真正实现由"中国制造"向"中国创造"的升级转换。

科技创新使中国经济具备全球核心竞争力并处于领先地位,高科技创业型企业的繁荣发展逐渐成为我国经济发展的龙头,其中,信息技术产业是我国经济增长最快的部分。依托高科技的信息技术创业型企业规模相对较小,市场潜力巨大,在创造就业机会、增加社会财富方面表现出较强的优势。

高校创业教育的快速发展一方面是由于小企业兴盛而带来的

第六章　科技创新对高校创新创业教育发展的影响

创业需求；另一方面则受益于其专业化水平的不断提高。而在美国高校创业教育专业化的过程中，科技创新起到了至关重要的作用。首先，科技创新与经济发展联合激发了人们对创业教育的兴趣，专家和研究者们通过科学研究这一手段极大促进了创业教育的理论发展；其次，信息技术的不断革新提升了创业教育的信息化水平，极大地提升了高校创业教育与社会、企业之间的信息沟通，深化了创业教育的实践属性；再次，随着高科技创业企业的不断涌现，以技术创新为核心的创业教育模式越来越受到人们的关注，对此，大学做出了一系列的应对行动，如设立专门的技术转移办公室、建设科技园等，这对提升创业教育的专业地位与专业化程度起到了积极的促进作用。

在科技创新大背景下，科技研究基础好、有产学研的传统、与地区经济发展联系密切的专业有极大的优势。以技术创新为导向，创新与创业紧密结合，通过创业实现科技成果的商业化，提升大学生就业竞争力，帮助毕业生实现自主创业，以缓解目前严峻的就业压力，使高等教育发展与地方经济发展紧密联系，从而带动经济社会发展具有时代意义。大学是高科技研发的重要研究场所。一方面，要重视培养学生的创新意识和创业技能，加强对大学生知识产权及专利方面的教育，引导学生将科技成果转化和产业化。另一方面，在科技创新人才培养、科技发明及专利产品提供、科技成果转化等方面与社会经济发展建立起紧密联系，有利于大学生了解市场行情和企业需求，提出有市场潜力的创意或发明，使得他们的研发成果化及产业化。

创业型大学注重实践与创业目标的教育模式，所运用的教育模式能更好地将知识运用有效化、实际化，对于学生掌握创业所需要的基本素质和技能，提升创业能力具有极大的帮助。创业型大学主要有两种基本类型。第一种"革新式"创业教育模式是在伯顿·克拉克最初提出的创业教育理论基础上发展形成的。该模式针对市场环境的变化,研究如何利用改革手段适应新的市场环境,是以教育学生拥有更高的市场应变能力为主旨。第二种"引导式"创业教育模式是在亨利·埃兹科维茨提出的教育理论基础上产生的。该模式对大学的知识教育和创造职能进行深层的挖掘与提升,分析社会经济发展形势,并提出科学的创业设想,然后付诸实施,主要提倡自主创业,使学生能够拥有改变和发展企业的能力,能够在多变的市场环境下寻求正确的发展途径。总之,创业型大学所提供的教育,应当能够适应市场经济条件下的多元化发展特点,实现学生能力的实质性提高。

第七章　高校创新创业教育动力机制构建的途径

教育是理性的科学探索活动，从价值取向到内容形成，从理论到实践，都深受社会环境及文化传统的影响。高校开展的创业教育具有创业素质的综合性和创业实践的创新性等特性，支撑创业教育不仅需要科技创新体系，更需要文化体系、素质体系，以及培养创造性意识、思维和方法的优越环境。

第一节　营造创新创业的文化环境

创新是创业的核心要素，包括推动社会经济发展的技术创新、组织创新、方法创新和系统变革及其创新价值的实现过程。这一切都需要创新者具备创新意识、思维和创造能力，以及具有创新情感和人格等要素。创新情感和创新人格是人文素质的外在体现。从事创新的人，不仅需要有理论知识，还要有人文修养。包括文化艺术在内的人文修养是创新的激活剂。创造性思维需要有严密的逻辑思维和开放的形象思维。产生诺贝尔奖获得者最多的高校之一——美国加州理工学院认为智慧是知识与判断的综合，要有人文科学的支撑和协助。开展科技活动需要严密的逻辑思维，而形象思维则是开展科技活动的前提，大胆的想象和假设创业是推动创新的实现的原动力。我国空间科学的奠基人、德高望重的钱学森院士从小热爱科学与艺术。他曾对温家宝总理说过:"一个有科学创新能力的人,不但要有科学知识,还要有文化艺术修养。""科学上的创新光靠严密的逻辑思维不行,创新的思想往往开始于形象思维,从大跨度的联想中得到启迪,然后再用严密的逻辑加以验证。"创新创业是一项综合活动,不只是创办新企业或从事某种创新性的行为,而是集知识、想象力、洞察力、创造力、实践能力于一体的,对未知事物的探索热情、对不确定性环境的应变等一系列能力的综合运用。高校创业教育不只是培养狭义上的企业家、职业人,还要培养具有综合素质和职业可持续发展能力的创新创业者。创业者素质的内涵与特质,不仅需要以专业知识和专业技能作为基础,更需要以文化素养为支撑,需要自身人生观、价值观和外部文化环境等多方面来共同塑造。

一、高校营造创新创业的文化环境构建的主要维度

（一）思维驱动:"创新驱动"的创业思维培养

影响大学生创业行为的个体层次因素主要包括兴趣爱好、专业技能、创业动机、性格特征、社会经验、人际关系、进取意识、执行力等。与创新思维相结合的创业将成为支持经济发展的发动机,着重探讨如何利用创新思维原理培养创业所需的智慧,并具体剖析这一过程的形成路径。创造开放性环境、打破传统思维方式、鼓励思维交互碰撞和培养全局化思考能力,贯穿于创业的整个过程中。

（二）工具驱动:"互联网+"创新创业新引擎

在互联网与实体经济融合的进程中,大学生电子商务创业成了主力军,很好地推动广东地区的整体转型升级。融合互联网与传统产业,大学生把所学的专业知识作为自身优势,积极顺应区域经济结构转型升级的大趋势,具有超强的职业发展眼光和精准

第七章　高校创新创业教育动力机制构建的途径

的创新创业切入点,并且能够充分发挥年轻人对新技术、新领域敏感的特点,找出创新创业的突破口。

(三) 知识驱动:创新创业教育教学模式

大学生创业群体的最大特殊之处在于其创业过程受学校影响较深,学校对大学生创业过程的影响主要通过创业教育实现。能否开发和保持大学生的创新创业能力,端赖于知识教育层面。选择一个合适的创业教育模式,对于创业人才的培养来说是十分必要的。

(四) 文化驱动:创新创业文化氛围塑造

创业文化的发展程度影响创业资源的获取难度。创业服务、金融支持、"工匠精神"文化氛围、创业配套政策对大学生是否选择创业有重要影响。对创业者的尊重和推崇、鼓励冒险和创新,以及容忍失败等支持性的区域创业文化氛围能激发个体的创业动机,促使其实施创业活动。

二、基于创新驱动的创业智慧培养

(一) 植入创新理念,创新意识内化于心

创新创业精神是创业者激情和动力的源泉,是把职业要求内化为信念、道德和心理的力量。行为的改变首先内心要接受,因此,创新理念先于创新行为。创新理念是理性思考的产物,是精神文化、信念内化于心的过程。理念内化于心,个体才能从思想上接受,并自觉转化为实际行动。创新理念的形成是一个先易后难、由表及里、长期和渐进的过程,应循序渐进,逐渐赢得广大师生的认可和接受。例如,有针对性地对创新精神、创新价值观、创新信念等内涵通过制度、行为、形象等形式进行传播;利用校园宣传媒体,宣传创新文化的内容和精要,树立先进典型的感召力和影响力。①

(二) 创造开放性环境，创新思维交互碰撞

美国社会学家刘易斯·科塞在《理念人：一项社会学的考察》中，描述了 18 世纪法国洛可可沙龙和英国伦敦咖啡馆的情形，这是当时知识分子活动的两种制度化场所。思维交互碰撞，信息交流和沟通，信息壁垒就被逐渐打破，新的思想和创意便从中产生。轻松和包容的思想交流的场所，可以迸发出创业思维火花，也可以潜移默化地影响那些没有创业意识的同学，并激发其创业的想法。为创业智慧培养提供思想交流的场所，创造一个保持信息开放性的环境，可加快创新思维突破。

(三) 加强体验性学习，创新观点巧妙转化

营造浓厚的技术科研氛围，加强学生的科学技术、科学研究等方面体验性学习，有利于培养他们学科学、爱科学、用科学的创新思维。一方面，改进现有课程，以专业课程为中心，围绕相关的人文、社会、经济学等复合型课程，了解需求与创新间的巧妙联系，引导学生将创新应用到实际生活中，激发创新观点、奇思妙想向创业智慧转化。另一方面，还可以把学生带到学科发展的前沿，了解学科的最新研究成果和最新科技动态，使学生掌握科学研究的基本方法，促进创新观点向创业智慧巧妙转化。

(四) 强化实践性活动，创新能力着力提高

创新本身是一项强实践性活动，学生的实践性学习过程，是发现问题、解决问题、与人交流等能力的提高过程。学校与企业生产和行业需求密切结合，学生活动和专业教学密切结合，教师科研和专业教学密切结合。搭建校内外创客空间、校企合作平

---

① 王爱文：《大学生"创新力"驱动的创业智慧形成与培养路径研究》，载《市场研究》2017 年第 9 期，第 22 页。

台，能为学生实习提供更多机会。鼓励学生参加生产实践活动，课程实践项目尽量到社区、企业、经济部门去取材，做到理论与现实结合，让学生感受到知识和创新的价值，感受到科学理论知识应用的实际意义及社会、经济效益。打破环境的壁垒，充分调动高校、政府和社会的一切资源与力量，形成一种人才、信息、资金等要素的流动，全面开展创新创业的实践与探索。

（五）组建创业联盟，创新力量加强巩固

大学生创业联盟是由高校、联盟企业、社会创业研究、社会投融资机以及政府相关部门构成的大学生创业管理和帮扶团队。它以整合四方资源、培养大学生创业意识和能力、营造创业环境、实现高校教育和社会教育完美对接、提高大学生创业成功率为主要目标；以科学的创业教育理念、系统性的团队协作、以科学的教育模式和孵化模式作为其主要运营模式。联盟训练出的大学生，创业方向、创业意识和创业能力以及创业成效大大提高。通过构建大学生创业联盟，优良的创业环境和创业氛围，加强巩固大学生创业知识、实战能力、风险预测等创业所必需的能力，在一定程度上可以降低创业风险，提升大学生创业的成功率。[①]

三、规范创新创业教育，加大创新创业教育投入

高等学校创新创业教育要以提升学生的社会责任感、创新精神、创业意识和创业能力为核心，以改革人才培养模式和课程体系为重点，融入人才培养全过程，大力推进高等学校创新创业教育工作。加强创新创业教育课程体系建设，在创新创业教育中有效纳入专业教育和文化素质教育教学计划和学分体系，建立多层次、立体化的创新创业教育课程体系；加强创新创业师资队伍建

[①] 王爱文：《大学生"创新力"驱动的创业智慧形成与培养路径研究》，载《市场研究》2017年第9期，第23页。

设，引导各专业教师、就业指导教师积极开展创新创业教育方面的理论和案例研究，积极从社会各界聘请企业家、创业成功人士、专家学者等作为兼职教师，建立一支专兼结合的高素质创新创业教育教师队伍；把创新创业实践作为创新创业教育的重要延伸，通过举办创新创业大赛、讲座、论坛、模拟实践等方式，丰富学生的创新创业知识和体验，提升学生的创新精神和创业能力；加强理论研究和经验交流，各级各类高校应面向全体学生，开设创新创业教育指导课，举办专题讲座，开设短期培训班，宣讲国家鼓励扶持大学生创新创业的法规、政策，转变学生的观念，增强其创新创业意识；面向具有创新创业想法的学生，开展创新创业技能培训，开设SYB培训课，提高其创业技能；面向有创业想法但缺乏实践经验的学生，开展创新创业实践培训，开设创新创业实训指导课，加强创新创业技能的实践训练。

（一）增强学生创业意识

普遍推广创业教育，使学生深入了解创业，激发创业热情；发掘创业文化，依靠创业的内生驱动力创造良好的校园创业氛围，大力宣传创业的价值和意义，树立勇于创业的榜样。

（二）各专业课程体系与创业能力培养相结合

1. 将创业课程纳入人才培养方案

根据人才培养定位和创新创业教育目标要求，促进专业教育与创新创业教育有机融合，调整专业课程设置，挖掘和充实各类专业课程的创新创业教育资源，在传授专业知识过程中加强创新创业教育。构建以创业教育为龙头，创业教育与思想政治、科学文化、职业技术教育相互结合的内容体系和以学科课程、活动课程与社会实践课程相互结合、相互渗透的课程形式结构体系。

2. 体现专业特色

创业教育课程体系的设置应依托本专业的办学和教学资源，

第七章 高校创新创业教育动力机制构建的途径

把专业知识与创业实践相结合,让大学生的创业项目增添更多的专业元素,融合该专业的文化和科技创意要素,形成自己的优势,体现该专业的创业特色。

(三)开发创业行为导向的实践环节

改进创业教育的方式和方法,将认知导向与行为导向创业教育有机结合,可有效地引导学生在充实创业知识的同时提升创业技能。

(1)购买虚拟创业软件,为学生提供模拟的创业演练。如创业先锋实践教学软件,按照创业过程,引导学生领悟。学生能在实际的思考、操作中,体会创业的真实感觉。

(2)实行创业专项实训。可采用沙盘的形式及创业实践教学基地开展,使创业教学生动、有趣、务实,提升学生的基本素质和综合能力。

(3)通过社会实践来培养创业素质。定期举办创业竞技活动,形成以锻炼学生创业能力为目的的"第二课堂",为学生提供社会实践条件。

(4)广泛开展启发式、讨论式、参与式教学,扩大小班化教学的覆盖面,推动教师把国际前沿学术发展、最新研究成果和实践经验融入课堂教学,注重培养学生的批判性和创造性思维,激发他们的创新创业灵感。

(四)开发创业教育教学资源

将独立分散的创业功能重组的传统方式已不能适应创业教育发展的要求,取而代之的是基于创业过程模型的模块化教学,注重培养学生的创业能力。

(1)创业教育不是短期的就业技能教育,而是侧重于创业精神和创业思维的素质教育。因此,具体的创业课程内容应侧重培养创业者具有的意识、理念和信仰、思维方式和人格等。

(2) 鉴于高职院校创业主体的多元化，结合学校的学科专业，将创业行为、创业过程、创业者要素等教学内容进行重组、融合，使之体现出本校与其他高校的特色。

(3) 收集并汇编高校创业教育先进经验和大学生创业成功案例，吸收国内外优秀的创业教育资源库，为创业教育的发展提供鲜活的教学内容与科学的教学方法。

（五）打造一支强有力的创业教育师资队伍

(1) 培育学者和企业家兼备的师资队伍。可以聘请成功的企业家作为创业教育的客座教授，开展短期讲学，对学生的创业计划给予指导和评估。安排教师到创业企业挂职锻炼，获取真实的创业实践经验。

(2) 搭建国内外师资交流平台。推荐老师参加中国 KAB 的师资培训营或到国内先进的创业教育基地培训，学习先进的创业教育教学方法。开拓产学研的社会化的交流平台，如美国的教育传播和技术协会、创业教育沙龙等。

（六）创业教育教学管理机制

(1) 建立创业教育教学质量监控系统，对在校和离校学生创业信息进行跟踪，收集反馈信息，建立数据库，把未来创业成功率和创业质量作为评价创业教育的重要指标，反馈指导高等学校的创业教学。

(2) 明确创业素质的培养计划，将创业类课程纳入必修课或选修课，对于学生参与讲座与课堂学时做出具体的规定。

(3) 建立创新创业学分积累与转换制度，探索将学生开展创新实验、发表论文、获得专利和自主创业等情况折算为学分，将学生参与课题研究、项目实验等活动认定为课堂学习。实施弹性的创业教育管理制度能让学生有自由的时间去实践创业，更大限度地发挥学生创业的积极主动性，同时，也能更全面科学地检

第七章　高校创新创业教育动力机制构建的途径

验学生接受创业教育的效果。①

（七）搭建产学研相结合的创业教育服务体系

高校充分利用各种资源建设大学科技园、大学生创业园、创业孵化基地和小微企业创业基地，作为创业教育实践平台，建好一批大学生校外实践教育基地、创业示范基地、科技创业实习基地和职业院校实训基地。

（1）成立创业辅导中心，为青年学生创业者提供商业技术培训与咨询，即根据企业需要，为创业实践者提供经营管理、财务、税务，以及市场营销等方面的培训与讲解。

（2）成立创新创业社，帮助学生将创新成果转移。创新创业社为学生提供商品化支持服务、创意成果展示与推广；汇集教师与学生之创新成果与相关数据，提供查询与咨询之在线服务。

（3）成立创业俱乐部，为学生能够和当地企业家、校友面对面的交谈与探讨创业问题提供便利，探讨新创意和新想法，为创业答疑解惑，提高学生的创业成功机会。

（4）加强校企联合，推进学生创业。可利用企业家资源，吸引杰出企业家到学校讲学，聘请兼职创业导师，鼓励学生到企业家创办的企业参观学习，为大学生创业者提供信息、人脉等支持。

（八）培养创业心理品质

根据心理学和教育学的理论，创新创业素质是可以培养的。对创业学生的心理干预，进行创业可行性测评，帮助学生对自身的兴趣、性格、气质、行为取向和能力等进行分析，为创业者指出学习和努力的方向。高职院校可以为学生提供心理健康咨询服

---

① 王爱文：《基于企业创业过程视角的大学生创业支持体系构建》，载《商场现代化》2017年第1期，第239页。

务，增强其创业心理素质。

（九）完善大学生创业支持体系

1. 外在政策的推动：为大学生创业保驾护航

国家和地方政府明确在大学生创业过程中的协调和指导功能，地方及其各相关部门执行大学生创业政策提供监督与支持；进一步落实政府职能部门权责，规范原则要求，增强相关政策的协调性和指导性，从法律层面确保各项创业政策法规的有效落实；可以简化行政审批事项、减少壁垒、推行联合审批、一站式服务、开辟大学生创业便道；通过免交登记类、管理类和证照类等各项行政事业性收费，公布各项行政审批、核准、备案事项和办事指南，降低大学生创业成本，有效有力地支持大学生创业，为大学生创业保驾护航。创业扶持政策的落实还进一步推动大学生对创业市场的关注，触发创业的动力和兴趣。

2. 平台的夯实：创业资金的多渠道融通

大学生创业融资平台的构建需要政府、高校、社会各界人士的全力支持，完善资金扶持政策，优化大学生创业环境。政府可挖掘社会资金资源，引导社会投融资机构对大学生创业企业的关注和融资支持，增加大学生创业者与风险投资接触的机会，积极为大学生创业项目争取风险投资；鼓励各地针对大学生创办企业建立小企业贷款风险补偿基金，由政府提供担保；高校也可以设立创业专项基金，通过开展创业大赛等方式评估出优质且有商业前景的创业计划书，优先资助该类项目。创业专项基金由无息或贴息的小额信贷、企业或校友捐助、金融机构的创业贷款组成。

3. 创业资源的支持：构筑全方位创业孵化平台

创业孵化基地是大学生创业起步的有效载体。以创业孵化基地为载体的创业实践活动是学生真枪实弹的创业尝试，是学生在校园范围内认识市场的有效通道以及大学生实现从学业向创业过渡的中介和桥梁。为鼓励大学生开展创业实践活动，高校可在校

第七章 高校创新创业教育动力机制构建的途径

园搭建以专业为依托的创业工作室和大学生创业服务基地，为大学生创办企业提供"孵化"场所、设备和资源便利，提供工商注册、财税、创业资金、市场开发、招商引资等全方位、多层次的服务，争取把企业的技术、资金、人力资源、供应商等方面应用到学生创业实践活动中，也为大学生创业提供更多的实践机会和锻炼机会。

4. 创业过程的监督：建立科学创业服务评价体系

完善创业教育评价体系，有利于监督创业教育过程、评估创业教育实施效果。创业教育的特殊性决定了评价内容应注重对学生创业相关知识的感悟和运用能力的考核，而且学生存在个体差异和所在创业阶段的不同，因此，需根据学生层次、创业阶段采取相应的考核方式。在意识培养阶段，侧重于创业基本知识的考核，可采取笔试的方式做出评价；在接受创业知识教育后，侧重于对大学生的创业潜力和基本能力考核，可采取口试、制作创业计划书等方式做出评价；对于创业实践阶段的创业精神、创业素质、对创业环境的适应的考核，可采取实践操作的方式，由创业指导教师做出评价。学校还要追踪学生毕业后企业的定期评价、信息反馈与分析，根据企业对学生任职期间的表现及工作能力和工作态度的评价，理清创业教育与企业需求的差距，及时调整创业教育的目标和内容。通过创业教育评价，不仅能够激励大学生提高自身的创业能力，还能为后续创业教育提供改进的依据。

5. 健康氛围的营造：优化创业人文支持环境

创业是一个艰辛的过程，对于缺乏社会磨砺的大学生来说，需要承受各种压力。如何提高大学生创业的身心健康，让更多大学生乐于创业，敢于创业，是高校培养学生创业素质的重要内容。强化创业人文支持建设，为大学生营造良好的创业氛围，高校应定期开展创业文化活动，积极组织丰富的创业文化活动，例如创业文化节、创业事迹报告会、创业演讲赛、创业计划大赛、创业培训班等活动；加大宣扬创业成功案例，使大学生创业理念深入人心；同时，还可把创业教育与人文素质教育活动有机结合起来，通过人文知识的学习及校园文化活动，充分进行创业身心健康，使创业教育走良性健康发展之路。

提高大学生的创业能力、促进大学生成功创业，政府、高校、社会等各方组织需不断优化教育政策和内容，改进服务方法，深刻理解"商业机会、创业者和资源"的创业核心要素，通过政策法规、融资平台、资源支持、评价体系、人文环境五个要素的建设和整合，为构建大学生创业服务体系提供持续动力。

四、以学科竞赛促进大学生创新创业能力提升

（一）高校开展学科竞赛的作用和意义

1. 学科竞赛可引导和培养学生自主学习、主动思考的能力

学生在学习理论知识后参加学科竞赛，不但可以强化自身专业学习的理论知识，也培养和激发了大学生主动学习不同专业知识的热情和兴趣。参加学科竞赛的过程可以激发大学生的好奇心、探究热情、求知欲、创新兴趣及参与创新活动的渴望，也就是直接提升了创新能力中的创新欲望。

2. 学科比赛可促进组织协调能力

参赛需要不同专业背景的同学组成团队共同完成，负责技术环节的队员需要了解市场营销方面的知识，负责财务方面的队员需要了解技术环节方面的知识，参赛学生必须具备较强的团队意识，学会相互沟通，密切合作。

3. 学科竞赛可提升学生勇于创新、敢于面对各种挑战的能力

竞赛内容跨越多学科、多领域，要求学生有很强的协调组织能力、策划能力等，要求学生有很强的协调组织能力、策划能力等。同时，这也对他们的创新能力、创新思维等提出了新的挑

第七章　高校创新创业教育动力机制构建的途径

战,不断参与竞赛过程中磨炼和提升学生的创新意识、创新能力、创新思维。竞赛对学生创新能力的培养是在普通课堂上是难以得到这种效果。

(二) 完善学科竞赛的方法

1. 加强区域学科竞赛体系的构建,形成完善的学科竞赛群

加强区域学科竞赛体系的构建,建立一套行之有效的资源共享方案,在互惠互利原则的基础上,进行区域内各兄弟院校间的资源共享,以区域内各兄弟院校的师资队伍和实践教学的物质条件,利用各学校不同的优势资源建立各自的竞赛基地,开展不同程度、不同途径的共享合作。

2. 与行业企业单位合作设计学科竞赛项目,直接为生产建设服务

与企事业单位进行合作设计学科竞赛项目,为企事业的生产建设设计题目并解决问题,不仅可以促进学校教学改革紧密贴近社会实际需要,还可以增强学生理论联系实际的应用能力。学生可以增进对行业企业单位的了解,并对其所学专业在社会中的定位有一定的把握,为下一步的生产实习安排和解决就业工作创造了有利的条件。

3. 完善学科竞赛的成果转化

在积极开展和探索学科竞赛的过程就是运用新知识和新方法解决问题的过程中,通过撰写论文和专利申报、教学内容改革等将在学科竞赛中涌现的新的方法进行成果转化,进一步孵化创业项目,将使其学科竞赛的效果最大化。

4. 打造学科竞赛品牌,提升高校知名度

大学生学科竞赛作为实践教学的重要环节,有着特殊的创新教育功能,学科竞赛平台不仅是学生展现自我学习成果的舞台,也是学校对外宣传教学效果的窗口,更是传播创新创业精神的风口。学校应该以培养创新型人才为目标,努力营造浓郁的学科竞赛氛围，推动学生竞赛的常规化和制度化，力争探索出一条培养学生创新能力的可持续发展道路。

第二节　高校创业教育优化外部环境的途径

创业环境是创业的基地，是影响创业计划形成与各项创业活动开展的外界因素和条件集合。一个支持创业、鼓励创业的社会文化环境会直接影响高校创业教育的成效，从而影响学生的创业意识和创业行为。全社会建设一个鼓励创业、有利于创业的文化环境和有效机制，鼓励学习和探索，支持产品、流程和管理的不断创新，对经济和社会事业的可持续发展起着积极的推动作用。我国在增强高校自主办学活力的同时，还应该通过加大政策扶持力度、完善法律保障体系等措施，为高校创业教育和实践创造良好的社会文化环境，为大学生创新创业提供制度保障、政策倾斜和资金支持，为大学生创新创业创造宽松环境。教育部及各省、市高等学校就业主管部门已相应建立了各级创业教育指导委员会，开展高校创新创业教育的研究、咨询、指导和服务。地方政府还可以建立"大学生创业教育指导教师专家库"，通过健全创新创业教育专项考核评估体系，加强对高校创新创业教育的指导与咨询服务、巡视督导及考核评估工作，有效引导高校创新创业教育事业有序发展。创业教育的有效深化不仅仅是高校的事情，还必须有全社会的参与，需要全社会各方力量的参与和支持，优化学校创业教育的外部环境，才能保障学校创业教育的顺利进行。

一、加强政府顶层设计，培育创业创新文化

创新创业文化在全民创业创新环境的营造方面发挥着积极作

第七章　高校创新创业教育动力机制构建的途径

用。社会态度对创业意愿有很大的影响,政府政策通过市场体制和行政体制改革对市场机会产生重要作用,尤其是经济转型国家,政府的改革和开放政策经由经济增长和市场变化率影响创业机会的增加。塑造激励创业创新的文化环境,为创业者提供宽松的创新空间,大力宣扬敢冒风险、富于进取的精神,有助于提升社会对创业者的认可和尊重,有助于把鼓励创业、支持创业、投身创业成为社会价值取向,有助于让创业者实现精神追求和自身价值。2016年《政府工作报告》再次明确提出,把"大力弘扬创新文化,厚植创新沃土,营造敢为人先、宽容失败的良好氛围"作为2016年政府重点工作之一。鼓励各级党委、政府部门带头,对创新过程中的失败要包容,要免责,鼓励大家敢于创新,不仅要鼓励创业者敢于创新,还要对创新和创业失败持一种宽容态度,保护创业失败者的权益,解除创新者的后顾之忧。报告中还提到要"培育精益求精的工匠精神,增品种、提品质、创品牌"。工匠精神就是追求卓越的创造精神、精益求精的品质精神、用户至上的服务精神。在宏观政策的引导下,近年来,地方各级政府对创新创业环境的建设比较重视,投入较大,尤其在积极营造城市有利于人才创新创业环境的政策方面,日益完善,取得了较好的效果。

二、加强大众传媒宣传,营造良好的舆论环境

大众媒体具有引导教育、交流经验、树立典型等功能,充分利用起来可以营造鼓励全民创业创新的社会舆论。大众传播媒介包括新闻广播、报纸杂志、互联网、城市道路广告、铁路飞机广告、公共场所广告等传播途径,具有极其重要的作用。借助大众传媒,做好对政府有关鼓励创业创新政策,例如创业财政补贴政策、金融借贷优惠政策、创业者税费减免政策等的宣传,以及对创业技能培训机构、创业创新先进典型的宣传。优惠政策的鼓励

和引导能增强人们的创业意识，营造良好的舆论环境能激发全社会的创业智慧与活力，让大众创业、万众创新在全社会形成共识，形成一个划时代的文化特征。通过建立公共信息服务平台，发布相关政策、创业项目和创业实训等信息，使大学生能够及时获取并利用信息，为创业成功把握住机会。

三、完善政策体系，优化扶持方式

2016年，国务院出台了许多鼓励创新创业的政策。如简政放权、优化服务，更好发挥地方政府作用，推动"双创"；激发市场活力，对小微企业、孵化机构给予税收减惠支持；鼓励地方设立创业基金；盘活闲置厂房、物流设施等，为创业者提供低成本办公场所。但目前，我国创业创新的政策体系仍不完善，缺乏与之相配套的整体机制，对创业的扶持服务方式仍需不断完善，需要进一步完善财税、金融、科技、产业、人力等各方面的支持，确保各种扶持服务政策的可行性和持续性，为创业创新提供可靠的政策保障。建立健全创业创新政策协调审查制度，增强政策普惠性和科学性。在创业政策激励方面，鼓励符合相关条件的中小企业按照国家相关规定，通过股权、期权、分红等激励方式，调动科研技术人员创业的积极性；鼓励各种社会研究性科技团体为科研人员和新创办的企业提供技术咨询服务。工商、税务部门可依法开设大学生创业申请绿色通道，简化创业注册的申办手续，给创业的大学生在社会福利和信贷税收等方面提供有力的帮助。建立完善的创业资金、用地扶持政策以及创业服务机制，优化创业创新环境，激发创新创造活力，推动经济的持续健康发展。

四、整合服务平台，助力孵化创业

校企联合为大学生提供创业教育实践平台，建立大学生创业

第七章 高校创新创业教育动力机制构建的途径

校外实践基地。孵化器机构是服务于大学生创业的专业机构,从以创业计划的项目形式入驻孵化器,再到实现创业落地和成长。孵化器对创业项目孵化的作用包括对创业需求的诊断、创业项目的筛选、融资途径的提供及孵化器外部专家网络平台的提供,为大学生的科研成果转化以及创办企业铺路搭桥,提供专家咨询、指导平台,为创业学生提供项目论证、决策参谋、法律咨询等服务,是一个完善的助力孵化系统,更是促进经济和社会发展的工具。① 借鉴先进国家的孵化器建设经验,联合大学、政府和企业建设孵化器,帮助种子寻找最理想的发芽沃土。

五、建立创业金融体系,健全风险投资运作机制

(一) 创业金融体系的构建对大学生创业的作用

创业金融是将创业企业筹资与风险投资有机结合的金融制度,可将政府基金、创业投资资金和创业板市场等,通过科学的管理运作,为初创企业及其研发活动、中小企业的技术创新等难点提供积极有效的融资服务。创业金融体系能帮助有好创意和技术的大学生找到志同道合的合作伙伴共同创业,而且能获得一定的创业启动资金;创业金融体系还有利于提高资金的使用效率。市场作为一只看不见的手,调节着资金的流动,从而使资金的使用效率最大化。创业金融体系的构建可以使资金的流动更有序,保证创业资金流入企业,确保经济新生事物的有序成长。创业企业是一个高风险,同时蕴藏着高回报的企业组织。创业金融体系包括天使投资、风险投资、中小银行、信用担保机构等一批组织,他们倾向于投资创业企业,为大学生创业提供了有效的筹资途径。

---

① 吴小明:《高等院校大学生创业孵化器管理模式与实践研究——以南京财经大学为例》,载《现代管理科学》2017 年第 1 期,第 104 页。

（二）创设创业金融机构，进行金融市场的全面创新

通过有效的制度创新，创立以支持企业创业、创新为主体的新型金融品种，为大学生提供多渠道的融资方式；我国可以借鉴美国的硅谷银行模式，设立科技创业发展银行，鼓励民营银行、城市商业银行和投资公司等参与中小企业的融资服务，强化中小企业信用担保机制，畅通融资渠道，完善服务性创业金融机构，为科技型中小企业、高新技术园区和创业投资的投融资服务，为我国的创业企业，尤其是大学生大力开展创新创业活动提供必要的金融支持。

六、发挥家庭在创业教育中的作用

创新创业的精神培养能练就孩子积极的人生态度和学习品格。家庭是创业者早期接受启蒙教育和健康成长的摇篮。中国自古就有浙商、徽商、晋商对子女的耳濡目染的教育，使得家族的产业不断传承和发展壮大。家庭教育是孩子身边的教育，是他们在孩提时代就接受的教育，对孩子的影响是潜移默化的，可使他们受益终身。对于创业意识和创新精神的培养，家庭教育有着教育机构所不能比拟的重要作用。家庭要注重培养富有个性、充满自信，面对挫折具有不折不挠的顽强精神和持之以恒的创业型人格。同时，家庭要对孩子进行挫折教育，培养孩子胜不骄、败不馁的意志品质。但家庭中的创业教育往往是零碎且不够系统的，需要与学校中较为系统全面的创业教育相结合、相配合，让子女的创业意识和创业精神得到更好的培养。

第七章　高校创新创业教育动力机制构建的途径

第三节　完善制度体系，增强高校的社会开放性

大学的使命是传播和发展文化科学技术，培养和造就高素质的创新性人才，通过知识转化、科技成果转让等为经济社会的发展提供直接的服务。审视世界一流大学的发展，大学都在主动融入社会经济发展，都普遍把服务社会作为核心理念，为解决人类面临的重大问题贡献科学理论知识，在社会服务中不断培育和提升核心竞争力。世界著名大学大都提出"以服务求支持，以贡献求发展"理念，如斯坦福大学的"立志创造有利于社会发展的知识"、牛津大学的"通过大学的研究成果和毕业生的技能，使世界、国家和地方社会富饶起来"、东京大学的"通过积极地用研究成果回报社会和工商业，以进一步提升自身存在的价值"。显然"象牙之塔"式的封闭的高等教育体系已不能适应现代社会的要求，未来的高等教育体系将在社会化的开放的教育大统中定位和构建。我国正处在发展的重要战略机遇期，面临经济转轨、社会转型、科技文化发展等新课题，大学要不断增强主动为经济社会发展服务的意识和能力，坚持"教育—科技一体化"的发展战略。

一、增强高校办学的社会性、开放性

随着高校社会服务职能的扩展，高校与社会的关系发生巨大的变化，由社会的边缘走进社会的中心。美国加州大学伯克利分校校长克拉克·克尔说过，与周围社会环境和谐相处是现代美国多元化大学存在和取得成功的重要原因之一，大学探索新知识，维护、传播真理的能力以及服务先进文明社会。哈佛大学前校长博克教授指出，服务于社会是高等教育的功能之一，也是其最重

要的功能之一。当国家面临困境时,大学面对的不是关心社会的问题,而是怎样尽可能地去帮助国家解决困境的问题。这说明了现代大学的社会责任。高校应该利用自己的优势积极发挥社会服务功能,推动社会全面进步的进程中,实现自身的变革和创新,不断更新和完善教育形态,增强其社会服务功能,发挥其社会中心机构的作用,使得与社会的直接联系更广泛、更深入。[①]

与西方国家高校在服务社会中自身发展的历程不同,中华人民共和国成立后的相当长一段时期,我国高校基本上把按计划培养各类专门人才作为主要任务和目标,科研成果大都停留在论文和实验室,极少与市场信息对接,科研人员不善于与市场打交道。大学是根据社会发展需要建立起来的社会机构,既是社会经济发展的轴心,又是文化发展的轴心,与社会经济、科技、文化等各个领域分不开。随着知识经济、信息社会的兴起,大学在社会生活中的作用不断增强,同社会的联系也越来越紧密。大学教育要上水平,必须实现办学思想和理念的突破,注重体制和机制的创新,适应社会经济文化的快速发展对高校新的要求,深化产学研合作,打破学校与社会间的种种壁垒,促进学校向社会开放,利用自身专业知识,提升高校社会服务的能力。社会化的高等教育系统,应向社会更加开放,不再是少数人才可以享受到的"专利",通过各种灵活的教育制度,为社会成员提供各种教育机会,成为终身教育的机构,使高校覆盖社会各种人群,让全体人民都能公平地接受各种教育。

基于以上分析,高校在社会中有着重要的地位,更应该增强办学的社会性、开放性,面向国家重大发展战略,探索新的发展

[①] 陈昭锋:《大学功用:全方位服务社会》,见中国社会科学网(http://www.cssn.cn/gd/gd_rwhd/gd_gdxc_1652/201706/t20170602_3537232.shtml)。

第七章　高校创新创业教育动力机制构建的途径

方向，开拓新的发展空间，紧密结合国家创新体系的建设，重点建设一批科技创新平台和哲学社会科学创新基地，促进一批世界一流学科的形成，解决重大理论和实践问题，带动相应学科领域发展，使高校成为国家创新体系的重要力量。

二、增强人才培养的融入性、适应性

自1088年世界上第一所大学波罗尼亚大学诞生以来，大学一直坚守着以为社会培养大批有用人才为荣的理念，这既是大学的基本功能，也是其存在的基本理由。剑桥大学早在十二三世纪就已经成立，由于固守传统和因循守旧，到19世纪中期，仍以培养绅士作为主要的办学目的，完全脱离为社会经济、科技发展需要而培养人才，传统的办学理念和模式严重封闭了英国大学自身的发展空间。而此时，以洪堡大学为代表的德国大学则颠覆了传统的教育理念，以科学研究为重点的教育改革，通过发展科学振兴国家和民族，德国也逐步成为世界当时高等教育最发达的国家，德国大学也因此获得了巨大的生机和活力。直到19世纪末，英国开始进行大学改革，增设科学和专业知识课程，建设实验设施，成立专门的研究所，为社会经济发展提供科技人才和科技服务。高校服务社会，为社会经济文化的发展培养有用的人才，也是高校自身生存和发展的一个关键因素。

随着社会经济建设不断发展，高校要培养出适应现代社会发展需要的人才。然而，当前我国高等教育的主要仍然是进行专业教育，培养专业人才。专业划分过细，就会限制人的知识和能力的发展，不能适应市场变动的需求。现代科技、经济和社会的发展正在打破学科界限，这就要求受教育者具有宽阔的知识背景和更全面的素质。学校必须着眼于提高学生的全面素质，有针对性地调适专业设置，培养具有发展创造性思维和能力，适应知识和能力的迁延和发展的创新型人才，也就是要培养社会融入性、适

应性人才。

三、引入"互联网+"创业工具,启动大学生创新创业新引擎

(一)大学生网上创业模式条件分析

(1)大学生"以创业带动就业"是缓解严峻就业形势的有力措施。在校期间对大学生进行系统的创业教育和创业训练,提高其创业素质和技能,孵化创业成果,使他们成为新的工作岗位的创造者,从而带动一批人员就业。

(2)电子商务创业是新经济时代下的产物,同时也是大学生创业首选的商业模式。电子商务经济模式是在新经济时代下融入新的生产服务理念,以客户为中心,利用电子化手段将原材料供应商、生产商、销售商及客户紧密关联,注重需求变化按需生产的灵活商业模式。2014年,中国信息消费规模预计将达到2.8万亿元,同比增长25%,电子商务交易额超过12万亿元,同比增长20%。[①] 移动互联网时代,移动端的优势在于用户几乎可以随时随地使用其服务,碎片化的时间被利用起来并产生额外价值。另一组数据表明:目前平均每天有928万人在手机淘宝搜索商品,人均搜索次数达到13.6次;除此之外,每天还有超过466万人在手机淘宝上查询物流信息,查询次数达1952万次;每天有159.5万人在手机淘宝上收藏商品和店铺,382万人在使用手机淘宝上的购物车功能。目前,阿里巴巴、淘宝两家电子商务公司直接或间接创造的就业机会就超过千万。电子商务正以它独有的优势成就大学生的创业梦想,大学生正成为这支创业队伍

---

① 《工信部:今年我国信息消费规模达2.8万亿》,见凤凰网(http://tech.ifeng.com/a/20141222/40915068_0.shtml)。

第七章　高校创新创业教育动力机制构建的途径

中的主力军。[①]

（3）电子商务创业成本低、风险小。与传统的创业方式比较，网店创业不需要支付店面租金、水电耗能，不需要太多库存空间和调度资金，工作时间和空间自由，对人员素质要求不高，也就克服了传统创业的一些不利因素。电子商务创业在帮助创业者通过网店进入内贸市场的同时，还可以帮助开拓外贸市场。

网络化、信息化和物流技术等相关领域日臻发展成熟，对刚刚从学校走向社会、没有经济实力的大学生来说，低成本、低风险的电子商务创业是有效途径。

（二）大学生电子商务创业攻略

网络创业的形式多样，大学生应结合自身的情况、专业特点、兴趣爱好以及掌握的资源进行系统的分析，选择适合自身发展的网上创业形式。目前，适合大学生网上创业的模式主要有以下三种。

1. 借助电子商务平台创建网店

大学生可以在一些大型电子商务平台上注册，在网站上创建自己的店铺。如在淘宝、赶集、易购、一号店等平台上开设店铺。这些平台不但影响力大、实力雄厚，而且拥有充足的客户资源，提供了丰富的服务功能，操作便利，创业者不需要掌握非常专业的网络技术，适合各专业背景的大学生网上创业。

（1）创办销售虚拟商品的网店。网上银行的推行以及第三方支付平台的运行日趋完善，很多网民出于便利，首选在电子商务平台购买虚拟商品，例如 Q 币、游戏卡、电话充值卡等。大学生网上创业选择在人气较旺的平台销售虚拟商品，这些不需要找货源，且成本低、利润较高、不积压货，风险较小，只需找好

[①] 王爱文：《区域经济特色的大学生电子商务创业研究》，载《湖北函授大学学报》2015 年第 5 期，第 1 页。

上家就可以了。可以先从软件充值开始，顾客通过自拍直接付款，客服不需要花费太多的时间和精力去跟进客户以及售后的事情，直接简单，非常适合大学生初始网上创业。

（2）创办销售实物商品的网店。网络零售显著改善了城市与乡镇之间的商品流通体系，网络零售以海量个性化的商品刺激各级市场日益崛起的个性化消费需求。有货源或有代理商支持的大学生可以在电子商务平台上开设店铺，销售实物产品。这种方式已经解决了货源的问题，只要能跟供应商保持良好的合作伙伴关系，对于货物的进出以及退换等问题就有了保障。大学生只要灵活安排时间，以热情耐心的服务态度和细心认真的跟进就可以进行。据我国最大的电子商务平台——淘宝网统计数据显示，大学生开设的网店超过30%，数量超过12万家，并呈现持续增长趋势。

（3）创办销售"网店装修模板"的网店。创办网店发展速度很快，竞争性非常激烈，为了使自己的店铺吸引更多的顾客，店家都要花费心思来装修自己的店铺，但由于个人掌握的计算机及媒体技术的专业知识有限，大多数网店创业者自己不会装修或者装修不好。因此，可以开办销售并能安装"网店装修模板"的网店，凭借自己的知识和技能，通过出售网店装修设计模板来盈利。这种方式是一本万利，一套店铺装修模板一经设计后，可以不断地重复出售，非常适合掌握了网店装修技术的大学生网上创业，尤其是没有货源的大学生。[①]

（4）创办"翻译社"网店。在日常生活、学习及工作中，常遇到专业的外文材料无法识别和理解，需要将外文资料翻译成中文或者将中文资料翻译成外文。然而，鉴于自身语言能力、时

---

① 王爱文：《区域经济特色的大学生电子商务创业研究》，载《湖北函授大学学报》2015年第9期，第2页。

第七章　高校创新创业教育动力机制构建的途径

间、精力或者其他原因，无法自己完成，因此需要找人代做，这也给大学生网上创业带来了机会。大学生可以凭借自己的知识优势以及有优质的翻译人员资源，方便地帮助顾客翻译资料。这种创业模式成本低、风险小、有保障，可行性较强。

2. 自主创建网站的创业模式

创办网站的网络创业方式，主要是针对一些有较扎实的电子商务相关专业技术的学生或者有独特创意的学生，可以发挥大学生的聪明才智。创办网站需要资金、技术等多方面的支持，大学生可根据自身的特长组建团队，创办网站，如计算机技术、市场营销、工商管理、信息管理等专业的学生组合，可形成优势互补的团队。根据个性化设计，通过注册域名、租用空间、设计网页、开发程序等一系列工作来建立自己的站点。

（1）创办论坛和社区类网站。由于互联网技术的进步以及人们生活节奏的加快，日常的事情都可以转移到网络上进行，网络已经成为人们生活的聚集地和生活拓展的空间。大学生可以通过创立实用性强、吸引人气的论坛和社区，通过不断提高论坛和社区的知名度，增加网民的访问量来打好人气基础。同时，可以引进广告，凭借不断提升的影响力和知名度，赚取广告费盈利。

（2）开设博客网站。博客自2000年被引入中国以来，很快便生根发芽并发展壮大，几乎所有网站都开设有博客专栏。大学生可凭借自身专业知识及学习资源，建立博客，坚持写实用、有价值、有意义且能吸引关注的博文，利用博客获取收入。还可以通过博客赚取稿费、广告费及链接分账利润。

（3）创建便民生活的网站。现代经济社会工作节奏快，在生活空间密度饱满的大城市，对个人生活及家庭琐事处理不当会影响生活的质量，因此需要寻找方便快捷的方式来解决。这些需求促使了"辅助办理生活或个人事情"网站的产生。例如，有大学生在网上开办购菜网，只要顾客在网上选择好新鲜的食材，登记好收货时间和地点，后台就会安排专人准时送菜上门，极大地方便了顾客。

3. 充当中介的网上创业模式

还有一种网上创业的模式可以实现零风险和解决创业缺乏资本的问题。适合大学生网上创业的中介方式主要有加入淘宝联盟、代查资料、出售优惠券几种方式，这里主要介绍淘宝客。网上店铺铺天盖地，商品琳琅满目、种类繁多，要让自家的商品脱颖而出，吸引顾客的注意力，获得买家的青睐，这就需要推广自家的店铺和产品，因此，在淘宝网上出现了专门代店家推广商品的淘宝客。淘宝客只要从淘宝客推广专区获取商品代码，任何买家经过淘宝客的推广（链接、个人网站、博客或者社区发的帖子）进入淘宝卖家店铺完成购买后，就可得到由卖家支付的佣金。拥有独立平台的专业淘宝客精通网站技术，通过搭建专业的平台，如淘宝客返利网站、独立博客、商品导购平台、用户分享网站等来吸引客户，赚取一定的佣金；自由的淘宝客没有固定的推广方式，不管技术还是实力都不具备，主要是以大众论坛、微博、SNS 平台或邮件、QQ 群等作为推广方式，适合大众新手。①

（三）大学生电子商务创业的若干建议

互联网经济已经成为引领全球经济复苏和发展的新增长极，在互联网与实体经济融合的进程中，电子商务起到了"连接器"的作用，正在从前端营销和零售逐渐渗入实体产业供应链环节，并形成了包含消费者、零售商、渠道商和服务商等在内的日益复杂的商业生态系统，进一步促进和带动区域经济的整体转型升级。大学生电子商务创业成了主力军，更好地推动广东地区的整体转型升级。在区域经济背景下，大学生在整合资源，搭建电子

---

① 王爱文：《区域经济特色的大学生电子商务创业研究》，载《湖北函授大学学报》2015 年第 9 期，第 2 页。

第七章　高校创新创业教育动力机制构建的途径

商务经营平台时应注意以下几点。

1. 利用好互联网工具

充分利用好互联网这个工具，学会如何通过网络寻找和开发客户，推广自己的产品和自己的企业。初期以开发客户、寻求订单为主，后期则以建立品牌、树立企业形象为主。用何种方法学习整合营销；关注阿里巴巴培训平台，学习与时俱进的新知识。

2. 整合团队力量，优势互补

刚创办的网上创业店面几乎都是一个典型的微型企业，创办者要以自身为核心主导，有效整合团队力量，做到优势互补，通过积极吸收内外援的力量巩固资金、技术、客源以及供应商等资源，加强领导，为店面的持续发展提供源源不断的支持力量。

3. 密切关注电子商务发展动态

作为电商人，就要关注电子商务发展动态。马云在致员工信中说，阿里必须"活在客户的成功里"。要关注无线电商，否则就会输在对无线电商第一"看不见"，第二"看不起"，第三"看不懂"，第四"来不及"，而未来无线电商的个性化服务将引领着电子商务发展的脉搏。

第四节　提升高校科技创新能力

一、增强科技创新的针对性、实效性

（一）强化高校科技创新网络和区域经济文化融合共生

教育是一项社会收益、市场收益的准公共产品。因此，从公共经济学角度来看，教育成本既需要政府投入，又需要市场承担。处于市场经济条件下，社会资金孕育着无限潜力。应当通过政策积极引导，充分发挥经济的杠杆调控作用，在高校科技创新

网络发展过程中，吸引大量的社会资金支持。自人类文化诞生起，教育也随之应运而生。教育作为文化的一部分，使人类文明得以不断传承。可以说，没有教育文化就没有生命力，没有文化的教育是缺少内涵的。文化必须和当地教育结合，才能实现教育传承文化目的，必须保持两者之间相互尊重、有效融合。

（二）加大高校科技创新网络经济经营机制的整体优化

企业是社会发展的重要力量，也是高校科技创新网络发展的主要推动力量。企业追加公共服务，可在高校科技创新网络的很多方面发挥正面作用。经济发展以及技能教育发展需要企业起到推动作用。一方面，要求企业在用人的同时支付一定的公共服务经费，或者加入办学行列，来解决企业高校科技创新网络需求不足的问题。另一方面，通过企业改善高校科技创新网络的水、电、气、交通、周边环境等办法，使高校科技创新网络在企业追加的公共服务体系中得到优惠、实惠，减轻负担，提高吸引力，优化资源配置与组合，实现崛起，更好发展。

（三）完善适应经济发展的高校科技创新网络教学改革

（1）教材建设与课程设置改革刻不容缓。一是要建立与当地经济、文化、社会相适应的地方课程，加入适合于社区文化发展乡土教材，使学生掌握具体的谋生本领，获得与社会生活相适应的意识，适应社会发展需要。二是要在课程设置中重视文化知识的提高，重视向学生传授先进的管理知识与科学技术，让学生掌握实用性比较突出的传统技能。三是围绕支柱产业和特色经济产业，结合国家开展一系列紧缺人才培养工程，探索以专业发展为纽带，以校企合作为重点，以提高劳动者素质为目的，优势互补、互利互惠，低投入、高产出的高校科技创新网络发展新

第七章　高校创新创业教育动力机制构建的途径

模式。

（2）教学内容应当从区域经济实际出发。要增加养殖、种植、管理、维护等知识，同时还需涉及相关法律法规常识。围绕农民增收，加大养殖与种植的品种和技术革新等方面的教学力度，提高经济作物优质率与商品率。

（3）要重视教学内容实用性。在教学内容方面要大力调整，在技能培养方面加大力度，加强理论同实践的紧密联系，培养学生动手能力和实践技能，突出高校科技创新网络"高等化"特征。

（4）要调整高校科技创新网络面向劳动力市场。波动性、竞争性成为劳动力市场的明显特点，要发展高校科技创新网络，在课程设置方面一定要立足于劳动力市场实际情况，在方向上及时调整、强化，以就业市场现实需求为依据，敏捷有效地做出反应，充分体现高校科技创新网络灵活性的特点。

二、发挥知识战略联盟聚集效应，提高科技创新能力

科技创新除了创新资源、人才的配备，更需要依赖组织的交叉融合、多学科联合攻关。高校知识战略联盟的发展，使众多的创新因子在区域内得以聚集，形成"聚集效应"，为高校持续创新提供持续的动力。国外高校知识战略联盟，都有着几十年的经验与教训，为我国高校可持续发展、核心竞争力、科技创新以及提高教育质量等提供了富有价值的借鉴经验。

（一）以提高育人质量为中心

联盟成员中高校、科研院所及学术机构的联合，不仅是各领域科学研究和人才培养能力的学术高地，有利于行业科技创新人才队伍建设，而且成员内部有效的资源优势互补形成了培育学生的良好生态环境，为学生的全面发展提供了更多的空间和保障条

件。澳大利亚八校联盟（G8）成员与学术研究、产业界的密切结合，一方面可以使高校师生零距离接触到生产领域中存在的各类科学技术问题，开展学术联合研究，共同攻克技术难题，使科研教学具有针对性，从而提高育人质量；另一方面，G8以加强合作的深度，拓展合作的形式，探索各层次学生联合培养的机制，搭建师资互动平台、专家交流网络平台，有利于实践性人才，尤其是行业企业创新人才的培养。

（二）开放流动的学习风气

国外高校知识战略联盟组织都构建了良性的互动机制，促进成员间知识、技术、人才、资金等科技资源流动顺畅，充分发挥协同创新的效率，使其为高校科技创新发挥应有的作用。在一个技术发展迅速、知识更迭迅速的行业中，非正式的交流比传统论坛更有价值，因为自由地交流、沟通与互动，容易碰撞出新的思想。硅谷用开放吸纳各地各人的思想，创新的思想火花总在不经意的地方出现；员工甚至可以超越部门和职业的界限，不断寻求思想、信息和机会，促进了相互交流和提高，开放流动的学习风气使科技创新得以持续健康发展。

（三）良好的法律制度基础

美国硅谷成功的经验，除了租税优惠、人才与创业投资等因素外，硅谷所凭借的法律基础和法制环境，是其他创新体系一直无法超越的。美国国会从1980年起，准许接受联邦经费补助的计划执行单位，如非营利的大专院校、国家实验室等知识创新联盟对其成果自行加以利用，既可以通过授权的方式获取收入，又可以设立衍生公司进一步发展。这促使企业与研究机构合作的意愿大增，将研究技术和新产品迅速延伸到整个创新链，进一步延展到产业化。此外，美国政府还颁布了相关法律，用于保护知识战略联盟组织，尤其是中小企业的利益，如《扩大中小企业输

第七章 高校创新创业教育动力机制构建的途径

出法》《中小企业创新发展法》和《中小企业投资奖励法》，为高技术公司的创办和发展提供了法律保障，科技创新体系得到蓬勃发展。

三、高校协同科技创新的 SWOT 分析与战略选择

从 19 世纪末科研创新行为主体初成，到科研创新自成体系，再到产学研融合，我国科研创新系统经历了一个跌宕起伏的演进过程。协同创新体现的知识经济本质和科技经济一体化，是当下新经济时期对提高我国科技创新能力的新思考，是科技创新体系发展的必然趋势。高等学校作为科研系统的重要组成部分，面临着推进协同创新的重大战略机遇。

（一）高校协同创新的 SWOT 分析

1. 高校科技创新联盟的重大机遇

高校既是高层次创新人才培养的重要基地，又是基础研究和高技术领域创新成果的重要源泉。面对国家的科技创新战略，高校既要保持自身的优势和特色，又迫切需要以全面开放的姿态积极协同科研院所、行业企业科研机构等不同创新主体开展深度融合，建设科技创新平台和创新团队，提升原始创新、集成创新和引进消化吸收再创新能力，以高水平的科学研究支撑高水平的教学质量，促进教育、科技、经济、文化的有机结合，为创新型国家建设做出应有的贡献。

2. 高校科技创新联盟遇到的挑战

《国家中长期科学与技术发展规划纲要（2006—2020 年）》确立了建设创新型国家的宏伟目标，并充分肯定和明确了高校在培养高层次人才、基础研究以及解决国民经济重大科技问题等方面的生力军和主力军的作用。而现阶段，高校存在科研反哺教学、科研促进教学、科研成果转化为教学资源的力量不足，提升人才培养质量的作用发挥不够明显等问题。如何建立开放合作的

局面、如何完善科学研究与人才培养的良性互动机制，推进科研教育一体化是当前高校及其联盟面临的重要课题。

3. 高校科技创新联盟的优势

从历史发展的角度看，科技创新联盟大都是由学科具有深厚的行业底蕴和学科积淀的"优势学科创新平台"组成。因此，联盟的优势依然是立足传统特色学科、面向行业的应用型人才培养、科学研究和社会服务。在深入开展产学研协同创新的过程中，高校科技创新联盟在不断摸索与实践中，创造性地形成了多种产学研合作教育教学模式，在人才培养方面，其人才培养目标以就业为导向，以行业为依托，将深厚的理论与实际应用紧密结合，培养的学生具有较强的适应社会主义市场经济要求的竞争能力、创新精神和实践能力，联盟拥有明显的比较优势和重要地位。

4. 高校科技创新联盟的劣势

协同创新联盟的成员都有各自的目的追求：政府追求GDP的增长，企业追求利益的最大化，科研院追求研究成果的前沿先进化，高校则不仅追求科研成果的前沿先进与转化率，更追求人才培养质量的提升。这些不同的价值追求必然引起联盟成员行动、思想上的分歧，产生合作各方的冲突。高校、科研院所、企业和地方政府等在运行机制、沟通机制、评价机制、激励机制等内容上都存在着不完善，容易在知识产权的价值评价、成果占有和利用方式上有矛盾，容易出现在交叉学科的研究群体中调动不了跨学科或跨校的教师等难题。这些问题都造成了许多创新联盟有协同创新之心、无协同创新之实的局面。

（二）高校协同创新的策略组合分析

在SWOT分析的基础上，高校协同创新可针对不同状态组合制定不同的措施或方法。

（1）SO战略组合，依靠内部优势，利用外部机会，即发展

第七章　高校创新创业教育动力机制构建的途径

型战略区,属于实力型和机会性。这是我国高校科技创新联盟愿意发展的区域,也正是我国地方性大学既面临众多机会,又具有明显优势的局面。我国高校在推进高校科技协同创新过程中应该利用自身的实力和优势,抓住有利时机,积极创新多种协同创新模式,延展协同创新的合作宽度和深度。

（2）WO 战略组合,利用外部机会,克服内部弱点,即扭转型战略区,属于争取性战略区。高校科技创新发展虽然面临众多的机会,但自身也存在着明显的劣势,应设法弥补不足,扬长避短,变劣势为优势,积极寻求协同创新发展。

（3）ST 战略组合,依靠内部优势,回避外部威胁,即抗争型战略区。我国高校科技创新联盟的发展面临强大的威胁,又具有明显的优势。应利用自身优势,积极面对外部威胁,分析威胁的来源,调整战略,积极变被动为主动,加强政府宏观调控力度,采取多种合作模式战略。

（4）WT 战略组合,减少内部弱点,回避外部威胁,属于防御型战略区。高校在协同创新的发展中存在明显劣势,在面临高等教育巨大的改革与挑战时,只能采取自我调整、回避威胁的战略。要在提升自主创新能力的基础上,依靠政府完善政策环境,从而寻找新的发展机遇。

（三）高校协同创新的战略选择

1. 确定协同创新方向

作为科技第一生产力和人才第一资源的重要结合点,高校科技创新联盟在协同创新过程中有其特有的性格和规律,有赖于服务体系中多元主体的协同、联盟网络中多种要素的组合、创新链条上多个环节的衔接。对高校而言,在选择协同创新模式时,首先应该结合高校自身的学科优势和优势领域出发,更新理念,抓住机遇,找准自身定位和发展方向,积极推进协同创新。按照"国家急需,世界一流"的要求和标准,创新联盟应该结合国家、地方、行业等发展规划选取协同创新方向。

2. 选择协同创新模式

行业企业的核心技术创新涉及的研发环节多，资金投入大，技术风险高，需要在整个创新链条中发挥政、产、学、研、用各自的优势。高校应发挥其积极作用，成为核心科技的自主创新的主导者，通过与其他高校、科研院所、骨干企业联合等协同创新体，整合创新链中的各种资源，把高校原始创新与行业科技创新有机结合，建立起我国的行业企业核心技术自主创新体系。此外，地方政府与行业主管部门共建是高校融入行业、服务行业的重要突进。要加大政府对高校协同创新的支持力度，以共建谋发展。

3. 组建知识战略联盟

知识战略联盟作为协同创新的一个有效载体，可以使协同创新体之间创新的核心要素形成有机结合，有利于形成协同创新的长效机制，从而通过协同创新，真正形成创新的新优势。当前，高校的优势学科仍然是行业人才培养和科技支撑的主要阵地。同时，高校和行业在企业生产、人才培养和科学研究等方面具有结合的天然基础，具有实现产学研合作的特殊优势。在新的历史背景下，传统的产学研结合必须做出一些改变和突破，需要各个创新主体进行资源共享，开展跨机构多项目合作，构建政产学研朕略联盟，形成稳定的知识战略联盟协同创新机制。

4. 成立行业技术协同创新中心

成立行业技术协同创新中心，充分发挥协同创新中心的引导和聚集作用，利用现有资源和条件，吸纳社会多方面的支持和投入。促进创新要素的深度融合，增强创新资源和成果的开放、共享，提高使用效益。以需求为导向、以任务为牵引来进行协同研究，研究方向则根据行业产业需求的改变而不断进行动态调整。从建立科技基础条件平台共享机制入手，借鉴国外成功经验，制

第七章 高校创新创业教育动力机制构建的途径

定各类科技资源的标准规范,建立促进科技资源共享、风险共担、利益共享的政策法规体系,为高校科技创新战略的可持续发展提供支持与保障。

四、创业导向的科技创新网络及其动力机制构建

创新网络是创业活动的焦点,网络发展的同时也有大量创业活动随之产生。是创新网络带动创业的发展,还是创业对创新网络有着吸引作用?近年来,创新网络和创业的关系研究逐渐成为经济学、社会学以及管理学等的关注热点。然而,在知识资本对网络发展,乃至创业对经济增长的影响过程中,研究方向和内容尚有很大的空间。

(一)创业的特性

(1)创新性。创业对于创业者都是一项从零开始的事业,从创建一个经济实体,到生存发展的过程,或从旧产品发展到新产品,或从旧机制过渡到新机制等,都具有创新性。

(2)社会性。创业是一种具有群体性的社会活动,即使是作为个体的创业活动,也会对社会产生影响。从生态系统循环的原理看,创业企业的成功对当前行业的经营格局、竞争状态有一定的影响,创业企业的进入促进竞争的加剧,有利于资源向经营良好、效率较高的企业流入,从而也推动有限的社会资源更合理地配置,实现自身的社会价值。

(3)经济性。创业活动产生的技术创新、产品服务创新和组织变革,是经济发展的主要动力,是社会财富积累的活跃力量。改革开放40多年来,中小企业迅速崛起,成为中国经济新的增长点,对中国的经济持续高速增长起到了重要的作用。

(4)不确定性和风险性。创业者在创业过程中要承担来自创业领域的人力、财务、技术、决策、市场、同行竞争、外部经营环境等各种风险。创业的过程和结果具有不确定性和风险性。

（5）知识资本性。创业也是促进知识向资本转化的过程，知识和管理已经成为重要的资本参与企业的分配，知识向资本的成功转化促进创业的成功，资本借助于知识的支持，又能发挥强大的作用，进而有利于创业企业的健康发展。

（6）根植性。企业及其相关的经济主体之间形成相互依存的产业关联、交流、竞争与协作的关系，加速了新思维、新理念的产生，从而降低了创新网络的平均交易成本。这种由于特定网络群体的相互影响、相互影响的特性体现了创业的文化根植性。

（二）创业导向下科技创新网络构成要素

在美国的硅谷，创新活动的主角是成千上万的中小科技企业，它们是硅谷创新活动的载体。著名的高科技人才走出校园，在风险资本的帮助下创立了众多的高科技公司。在这片培育创新的土壤里，这些公司得到了持续的发展。技术创新活动从开始需要资金支持到最终的商业化，以企业的形式进行融资、管理研发、推向市场等。所以小企业的创生成就了硅谷地区创新活动。拥有一项核心技术，成功地融到资金，就可以创办一家小企业。硅谷的成功离不开依靠创新赢得市场的成千上万的小公司。企业因技术创新而出现，也因技术创新而得以成长。从美国硅谷的形成主要因素得出，创业导向的科技创新活动动机非常强，创业导向的科技创新网络的构成要素应包括对创新活动支持的政策法规、进行创新产品生产的企业群、培育创新人才的教育机构、对创新知识和创新技术生产的研究机构，最后还包括提供金融、商业等创新服务机构。

1. 政府政策法规——创新活动的保障

政府出台的各项政策法规包括创业资金扶持政策、税收优惠制度、社会保障制度、破产保护法、知识产权保护法等法律保障和奖励机制。这些引导与保护的措施和平台帮助创业者把握创业机会，增强创业信心。政府通过实行产品、技术发展政策，定期

第七章　高校创新创业教育动力机制构建的途径

公布新产品、技术标准以及淘汰的工艺或产品，积极引导企业开发创新产品和工艺；在税收政策方面，政府可以通过给予新产品出口关税、企业所得税减免或优惠等支持创新措施；当企业缺乏资金研发新产品时，政府给予一定的信贷政策、利率政策来鼓励创业企业创新和帮助它们渡过难关。一个区域的政府制定的法律法规对技术创新活动起着重要的保障和调整作用，既使产生创新的动力，又起到很好的社会效果。

2. 高等院校——知识创新的源泉和人才培养的摇篮

在创业导向科技创新体系中，高校因其知识的高度密集特征，其在地理上的空间分布成为指示创新型集群分布的坐标。高校与企业从各自的需要出发，产生了自主交流与合作的愿望，从而建立多种互动模式。高校与企业可以合作研究项目为基点，对某领域或技术难题进行合作或者信息交流；高校向企业提供技术成果或技术服务，或者将科研成果出售给企业。高校还是科技创新体系人才培养的摇篮，也是知识生产的源头基地，高校积极与企业合作，形成产学研联盟，打造技术创新梦想的技术人才，培养优秀的企业管理人才，加快创新成果的商业化过程，帮助创立企业成就事业。营造创新创业的氛围，培养具备创业精神的人才，促进产生创新创意的商业化动机，高等院校成为创业推动科技创新体系构建的主要因素之一。高等院校不仅是知识创新的源泉，还是科技创新体系人才培养的摇篮。高等院校与科技创新网络企业间的互动可有效提高创业企业的创新能力，因此也从根本上推动了创新网络的创新能力与水平的提高。

3. 创新文化——创新的土壤和体系的灵魂

在创业驱动的导向下，大量新兴公司伴随着创新的设想、技术而诞生，与此同时，也有大量的公司因技术或服务方式落后而退出市场。当一种新的想法或成果出现时，会导致该产业或者该行业的技术竞争更加激烈，推动同行竞争者改革、更新换代，通过拓展新业务或创业将这种新想法或新成果落实到产品中。创新可以诞生新的生命，引发技术革命，带来商业利润，从而促进区域创新网络的向前发展。与其说创新是一种需求，不如说是一颗种子，是实现创新的过程。在科技创新体系的演化过程中，不仅需要有善于创新、勇于创新的精神，更要有不怕失败，敢于冒险，脱颖而出的创新力量，这是一种创业文化。创新发展和商业成功，两者相辅相成：创新的发展是商业成功的基础，商业的成功又推动创新的进一步发展。创业者就是区域内创新发展的主力军，也是商业成功的主要推动力量。

4. 风险资本——创新的催化剂

资金是企业创新活动的血液，企业在资本市场融资能力对创新活动影响极大，金融机构对区域内企业的成长和发展的作用也非常重要。创新基金、风险投融资机构以及商业银行等的活跃程度直接影响到新创企业的产生与资本增值程度。金融机构不仅为创新网络打通融通关节，还可以凭借丰富的投资经验和掌握的市场动态信息为企业的成长战略方向提供依据。金融机构与企业进行信息互动、共享资源的网络，为企业家、技术人员及新创办的企业、高校和科研机构提供风险资本，创业活动正是这些信息协调的结果。风险资本由于本身具有资金条件和信息协调功能，可改善科技型企业的融资环境，促进科技成果的资本化和产业化，放大财政资金的杠杆效应，推动科技、金融、产业融合，对创业行为起到激励和治理的作用，是科技创新网络各要素融合的催化剂。

（三）创业导向的科技创新网络动力机制

1. 政府引导与激励机制

（1）营造创新网络形成的环境。政府制定一些鼓励创新的政策或者颁布一些促进创新的法律法规来激发集群的创新热情。政府的引导与激励机制对于科技创新网络的建立和发展具有重要

第七章　高校创新创业教育动力机制构建的途径

的作用。在科技创新网络形成的初始阶段以及成长阶段，要通过各种引导和优惠政策协助创业企业成为经济实体。在此阶段，政府行为和政策起到主导性的作用。在成长后期，政府政策更应扶持和鼓励企业健康稳定发展，帮助科技创新网络的多元化发展，为科技创新网络的形成和发展提供有效的支持环境。

（2）给予资金扶持和配套设施。政府为创业者提供的资金支持，有助于创业企业拓宽融资渠道，为创新网络内的初创企业降低资金困难的阻力，与创业者共同承担创业风险。政府为创业者提供信息、教育等方面的培训，有助于创业组织的发展完善，这也使新创企业专心于优化技术和管理资源，从而加快企业科技创新的步伐。科技创新网络的形成需要公共设施的建设和配套，如公共数据库与知识库、信息交换或知识共享的交流平台等。政府在科技创新发展中的通过宏观指导与规划公共设施的建设，制定中长期科技发展政策，对新创企业在资金和税金方面给予相关的优惠和奖励。此外，政府还要通过优惠政策吸引一些中介机构，为科技创新网络补充新鲜血液和增加养分，来帮助科技创新网络的成长。

（3）发展完善的风险投资机制和资本市场。资金是发展的血液，完善的资本市场是科技创新发展的氧气，风险投资是促进企业技术创新与发展的金融发动机。目前，风险投资及资本市场的建立及完善主要依靠民间自身的力量。政府出台相关政策给予引导、支持各类风险投资的进入，无疑为科技创新网络打了一针强心剂。

2. 竞争与协作驱动机制

科技创新网络强调空间内企业的合作，各企业面对快速变化市场的外部环境、同行高技术竞争以及企业内部技术创新的风险，企业之间的关系应该是协同竞争，是柔性、协作性的竞争，而不应是对抗性的竞争。面对市场环境和高技术竞争压力、生存与发展的动力及市场竞争的压力大,企业选择网络化的合作关系能促使企业为提高创新能力,降低创新的风险。企业之间通过纯技术市场交易或并购来获取创新资源,企业都要承担很高的交易成本和并购成本,且有可能产生合作失败风险。高技术市场竞争的结果导致了交易成本的增加,阻碍了科技创新网络合作。如果合作方优势互补,资源共享,企业既可通过创新网络获得所需的创新资源,又可降低创新风险,提高创新绩效。这是区域创新网络内实体间的竞争与协作良性互动的结果。官产学研合作创新,企业在获取技术的同时,也使大学科研机构的成果得以实现向产业转化,同时,政府也积极推动产学研合作创新。

3. 社会资本与信用机制

由于创新具有不确定性和风险性,创业主体间的信任、合作和互惠,可以降低交易成本,减少不确定性,有利于科技创新网络的发育成长。创业主体间长期的协作和彼此的信任为主体间互相学习,以及信息和知识的扩散创造了条件,是达到有效学习的保障,提高科技创新系统的创新效率,是最有价值的社会资本,区域社会资本与信用机制是一种重要的科技合作创新动力。

4. 学习驱动机制

企业科技创新能力的形成是从个人与集体、内部与外部资源、积累性与创新性协同学习获取的特定的知识,单个企业作为知识搜寻的主体,尤其是经济实力较弱的新创企业,其学习成本太高。科技创新网络的顶层设计和管理部门应该为不同经济主体间的互动学习构建一个公共平台,不定期举办专业经营管理讲座或举办一些非正式的洽谈会、论坛来引导各主体的学习,营造浓厚的学习氛围。构建共同学习的平台,营造学习氛围,将极大地降低企业之间的学习障碍,提高科技创新网络整体的学习能力。通过组织学习来培养企业的科技创新能力有利于现代企业谋求生存与发展。

第七章　高校创新创业教育动力机制构建的途径

五、增强社会服务体制机制的协调性、优化性

社会的进步依赖于高等教育提供先进的科学技术和高素质的专业人才。美国经济学家萨克森宁认为美国硅谷成功的真正奥秘是硅谷处于一个有利于创新、有利于人才成长的良好文化生态环境，一个有利于科技创新服务社会的体制机制环境。高等教育只有与经济、科技和社会实践的密切结合，才能发展科学技术，培养适应时代要求的人才。如何提升高校社会服务的能力，体制机制的协调优化是一个根本的因素。

高校社会服务要结合本地区社会经济需求，进行学科专业、科研主攻方向的调整，引导教学科研人员结合本地区的社会经济问题、技术问题，进行应用研究，咨询服务工作，调整高校的专业设置、人才培养、科学研究的方向。通过社会服务能直接了解社会新的需要、新的问题，为教育补充丰富的内容和为科研提供信息与课题。而教学水平的提高、科研成果的丰硕，又都成为高校社会服务的前提和优势。建立孵化机制。通过中介服务等方法多渠道筹集资金，设立地方合作"种子基金"，对重大项目予以必要的前期经费支持。

积极推进知识资本、技术资本与产业资本的有机结合，在探索科技创新、经济成长和人才培养密切结合的有效机制方面取得实效。高校创办的企业，教师科研人员可以专利或技术的形式入股和参与利润分配。及时改进对大学科研人员的考核与评价标准，突出产学研的联动性，将产学研战略联盟绩效指标纳入科研创新评价体系中去，要把是否推动经济发展和社会进步作为评价科研水平高低的一项重要指标，把科研成果产业化、社会化作为衡量科研质量的重要标尺。同时，社会服务所创造的经费效益，社会服务参加者根据其实际贡献大小，按一定的比例提成。

第五节　培育专业的创业教育师资队伍

我国高等院校的教育目标为适应社会经济发展的需要，正从传统的培养就业型人才向培养创业型人才转变，"以创业带动就业""创业教育促进大学生能力的全面发展"理念已成为高校开展创业教育的宗旨。有效开展大学生创业教育，离不开一支高水平的创业教育师资队伍。加强和完善创业教育师资队伍建设，是高校实践创业教育的重要任务。但由于创业教育在我国高校开展的时间还较短，多种教育模式还在探索实践阶段，在制度和机制层面还缺乏有效保障，创业教育领域很难吸引优秀的教师，或在短期内培养出完全符合要求的教师，这不利于创业教育教师队伍的形成。在美国、德国、澳大利亚、日本、新加坡等发达国家，创业教育已成为国家经济发展的源动力。其成功经验就是重视和加强高校创业教育师资队伍的建设，我们可从中吸取国外高校创业教育师资队伍建设的成功经验。

一、国外高校创业教育师资队伍建设成功经验

（一）严格的教师选拔程序

为了确保高校创业教育教师的素质，国外很多高校实施严格的教师选拔程序。在选拔创业教育教师方面，各国没有统一的标准，但都比较严格。如美国高校在聘用创业教育教师时，要求须具备博士学位；德国则把具有专业实践经历作为聘任创业教育教师的一个重要条件。有较高的学历和丰富的实践经验，保证了创业教育师资队伍的质量。

（二）注重创新创业实践经验

国外很多高校一方面鼓励本校创业教育教师"走出去"，走

第七章　高校创新创业教育动力机制构建的途径

向社会,到企业兼职,培养经营实务技能,获得实践经验;选派创新创业教师参与创业实践,培养创业技能;另一方面实施"请进来",聘请有丰富经验的社会人士来校授课。如澳大利亚高校注重吸收社会各界既有创业经验,又有一定学术背景的资深人士担任兼职教师,参与学校的创业教育项目。新加坡高校也注重专兼职创业教育教师队伍的建设,经常性地邀请或者聘任创业教育学专家、成功企业家、咨询顾问、知识产权律师、风险投资商、新加坡政府经贸部门的高官等走进校园进行创业教学,以短期讲学、开展讲座、参加创业论坛、参与案例讨论等方式参与学校创新创业教育,给校内创业教育教师队伍注入了新的力量。[①]

（三）重视培训

国外高校十分重视提升创业教育师资的素质,对教师进行专门化培训,使其具备创业知识和创业技能。美国考夫曼基金会、科尔曼基金会等组织提供的"创新创业教育终身学习机会",对创新创业教育师资培训给予很大的资金支持;新加坡高校十分重视建设国际化教师团队,积极与美国、澳大利亚、法国、英国等发达国家高校开展有关学生创业教育的合作。此外,国外高校有的积极组织教师参加创业模拟活动,以此来获得创业体验;有的组织教师参加各种学术会议和案例示范教学或讨论会,丰富创业教育的教学知识。

国外高校成功经验表明,只有通过严格的选聘程序,重视培训,大力提升创新创业教师的素质,才能全面提升创业教育师资水平,确保高校创业教育向深层次发展。

[①] 朱晓芸、梅伟惠、杨潮：《高校创业教育师资队伍建设的困境与策略》，载《中国高教研究》2012 年第 9 期，第 82 页。

二、我国创业教育师资队伍建设的途径

（一）建立立体的选聘渠道，配齐配足专兼职教师

创业教育团队的知识结构和学历结构尤其重要，学校应重点引进经济学、财政学、金融学、法学、人力资源管理、财务管理、工商管理、市场营销等创新创业教育所需专业的教师，优先选聘具有创业实战经验的优秀人才到高校担任创新创业指导教师，进一步完善教师知识体系；健全创业师资培养机制，建立创业教师专业成长的可持续培养渠道，形成"自培+外培"长效机制，建立学习型创业教育，鼓励相互学习，跨学科进修深造，聘请创业成功者、企业家、风险投资人等各行各业优秀人才，担任专创新创业课实践课或指导教师；新的技术、新的工艺最先是在企业中使用，从企业到学校，走进课堂需要较长的时间，选派创新创业教育教师到企业挂职，积累企业经营管理实践经验；"支持和鼓励教师和企业联合开发新产品、新技术，教师增强解决实际问题的实践能力，促进教师'双师'素质的提高，从而带动学生专业素质的提高"。

（二）改革培训方法，促进教师角色转型

学校要定期组织教师培训、轮训、实训和交流，使其创业心理得到调整、创业意识得到增强、创业知识得到丰富和完善，不断提高其创新创业教育的意识和能力。在培训过程中注重体验式、活动式的培训方法，在改善教师创业知识结构的同时，提升教师的创业能力。教师应树立创新的教育理念，由以教师为中心向以学生为中心、由个体学习向团队学习转变；建立创业网络学习平台，加强经验交流与资源共享；鼓励各高校教师提供创业教学大纲、课程建设方案等信息，为教师同行交流教育经验、共享创业资源创造条件。同时，各地区和高校也可以根据自身的创业

第七章 高校创新创业教育动力机制构建的途径

教育规划,建立区域和校内的创业网络学习平台。

（三）提升创新创业教育教师的教学和科研能力

创业培养体系的构建是一个系统工程,无论在研究的深度还是广度上都需要以教学和管理实践为基础不断地丰富和完善。应扎根于本土高校创新创业问题,深入系统地开展课题研究,加强对国内外创新创业教育理论学习和研究,学习和借鉴国外高校创新创业教育先进经验,提出适应本国国情发展的创新创业教育对策,寻找更适合构建高职院校学生创业的培养体系,及时总结经验。构建创业教育教学研究平台,按专题研究组织教师开展对创业教育的研究,提供鲜活的教学内容与科学的教学方法,加速创业教学研究。组建教师团队,编写适应新形势的创业教育教材,突出应用性和实践性,提升学生的创新和创业能力,激发大学生创业的兴趣并培养其创业思维,使大学的创业教育和大学生的创业学习变得更有效率和更具乐趣。还要促进科研与教学互动、与创新人才培养相结合,鼓励教师带领学生创新创业,鼓励师生组建有创新潜能的学术团队,支持教师以自主创业形式将科技成果产业化,倡导科研成果与教学相结合。

（四）完善高校创业教育考核机制,提升创业工作动力

为激发教师参与创业教育的积极性,建立合理的创业教育评价机制对推动创业教育师资队伍建设至关重要。制定符合创业教育教师劳动投入的报酬标准、工作量计算标准,对开展创业教育的教师通过多种形式和途径给予表扬、鼓励和肯定。例如,奖励在创业课程建设、教学方法革新、指导学生创业实践、组织专题讲座以及创业研究等领域做出显著成绩的教师;鼓励教师开展创业咨询、参与创业实践,深入了解创业实际,培养双师型教师等。建立创新创业教育教师定期考核制度,对于学生评价好且对

创新创业教育做出突出贡献的教师，从教学考核、职称评定、经费支持等方面给予倾斜支持。

本章小结

教育是理性的科学探索活动，从价值取向到内容行成、从理论到实践，都深受社会环境及文化传统的影响。高校开展的创业教育具有创业素质的综合性和创业实践的创新性等特性，支撑创业教育不仅需要科技创新体系，更需要文化体系、素质体系，以及培养创造性意识、思维和方法的优越环境。

创新是创业的核心要素，包括推动社会经济发展的技术创新、组织创新、方法创新和系统变革及其创新价值的实现过程。这一切都需要创新者具备创新意识、思维和创造能力，以及具有创新情感和人格等要素。创新情感和创新人格是人文素质的外在体现。从事创新的人，不仅需要有理论知识，还要有人文修养。包括文化艺术在内的人文修养是创新的激活剂。创造性思维需要有严密的逻辑思维和开放的形象思维。高校创业教育不只是培养狭义上的企业家、职业人，还要培养具有综合素质和职业可持续发展能力的创新创业者。培养创业者素质的内涵与特质，不仅需要以专业知识和专业技能作为基础，更需要以文化素养为支撑，需要自身人生观、价值观和外部文化环境等多方面来共同塑造。

创业环境是创业的基地，是影响创业计划形成与各项创业活动开展的外界因素和条件集合。一个支持创业、鼓励创业的社会文化环境会直接影响高校创业教育的成效，从而影响学生的创业意识和创业行为。全社会建设一个鼓励创业、有利于创业的文化环境和有效机制，鼓励学习和探索，支持产品、流程和管理的不断创新，对经济和社会事业的可持续发展起着积极的推动作用。我国在增强高校自主办学活力的同时，还应该通过加大政策扶持

第七章 高校创新创业教育动力机制构建的途径

力度、完善法律保障体系等措施,为高校创业教育和实践创造良好的社会文化环境,为大学生创新创业提供制度保障、政策倾斜和资金支持,为大学生创新创业创造宽松环境。教育部及各省、市高等学校就业主管部门已相应建立了各级创业教育指导委员会,开展高校创新创业教育的研究、咨询、指导和服务。地方政府还可以建立"大学生创业教育指导教师专家库",通过健全创新创业教育专项考核评估体系,加强对高校创新创业教育的指导与咨询服务、巡视督导及考核评估工作,有效引导高校创新创业教育事业有序发展。创业教育的有效深化不仅仅是高校的事情,还必须有全社会的参与,需要全社会各方力量的参与和支持,优化学校创业教育的外部环境,才能保障学校创业教育的顺利进行。

高校营造创新创业的文化环境构建的主要维度,影响大学生创业行为的个体层次因素主要包括兴趣爱好、专业技能、创业动机、性格特征、社会经验、人际关系、进取意识、执行力等。与创新思维相结合的创业将成为支持经济发展的发动机,着重探讨如何利用创新思维原理培养创业所需的智慧,并具体剖析这一过程的形成路径。创造开放性环境、打破传统思维方式、鼓励思维交互碰撞和培养全局化思考能力,贯穿于创业的整个过程中。在互联网与实体经济融合的进程中,大学生电子商务创业成了主力军,很好地推动广东地区的整体转型升级。融合互联网与传统产业,大学生把所学的专业知识作为自身优势,积极顺应区域经济结构转型升级的大趋势,具有超强的职业发展眼光和精准的创新创业切入点,并且能够充分发挥年轻人对新技术、新领域敏感的特点,找出创新创业的突破口。大学生创业群体的最大特殊之处在于其创业过程受学校影响较深,学校对大学生创业过程的影响主要通过创业教育实现。能否开发和保持大学生的创新创业能力,端赖于知识教育层面。选择一个合适的创业教育模式,对于创业人才的培养来说是十分必要的。创业文化的发展程度影响创业资源的获取难度。创业服务、金融支持、"工匠精神"文化氛围、创业配套政策对大学生是否选择创业有重要影响。对创业者的尊重和推崇，鼓励冒险和创新，以及容忍失败等支持性的区域创业文化氛围能激发个体的创业动机，能促使其实施创业活动。

  企业是社会的重要力量，也是高校科技创新网络的主要就业所在，企业追加公共服务，可在高校科技创新网络的很多方面发挥正面作用。经济发展以及技能教育发展需要企业起到推动作用。一方面，要求企业在用人的同时支付一定的公共服务经费，或者加入办学行列，来解决企业高校科技创新网络需求不足的问题。另一方面，通过企业改善高校科技创新网络的水、电、气、交通、周边环境等办法，使高校科技创新网络在企业追加的公共服务体系中得到优惠、实惠，减轻负担，提高吸引力，优化资源配置与组合，实现崛起，更好发展。

第八章 发达国家的高校创业教育发展动力机制借鉴

第一节 美国高校创业教育的发展系统的动力机制及启示

一、美国高校创业教育发展动力系统的运行特征

促进美国高校创业教育发展的主要外部影响因素是政治、经济、文化,"社会服务"理念、教师、管理制度是其主要的内部影响因素,科技创新则是促进美国高校创业教育发展的最关键性影响因素。然而,在不同的历史发展阶段,影响美国高校创业教育发展的作用力是不均衡的,各影响因素间的相互作用关系也是不同的,而且在整个发展进程中,各影响因素处于动态的变化之中,因而美国高校创业教育发展动力系统在不同历史阶段表现出不同的运行特征。

(一)兴起阶段的动力系统运行特征

美国高校创业教育的兴起并非"子虚乌有",也不是出于美国学校自我改革的设想,它的产生有着深刻的社会背景与动因。创业教育的外部力量因素,有哪些构成了创业教育发展的外部主要推动力?外因必须通过内因起作用,美国高校的"社会服务"

理念、教师和管理制度等是否为创业教育课程的开设提供了可能性？

1. 外部动力是美国高校创业教育兴起的主要推动力

（1）创业教育产生于学校之外。创业教育的起点可追溯到20世纪初。当时，一些具有前瞻性眼光和社会责任感的成功商人和商业社团等认为学生在学校里学习获得的商业知识价值不大，如能在校园里就开始从事商业实践，那会使学习更具有实用意义和实际价值。1919年，商业成功人士霍勒斯·摩西创立了青年商业社，旨在帮助有商业意识、创业想法和热衷于从事商业的学生创建自己的公司，以获得更多的商业实战经验，这就是美国创业教育的雏形。商业社还指导学生走向社会开展市场调研与分析，制定销售策略，向消费者销售商品。学生在经济领域的商业策划、产品生产和流通、财务管理等方面积累了相关的经验。青年商业社不仅帮助他们了解了商业活动的过程，而且培养了他们的创业精神和创业能力。青年商业社创业教育模式出现后，很快就在美国其他高校学习和推广。

（2）"一战"后的政治、经济环境推动创业教育发展。美国在第一次世界大战期间并没有深度卷入战争，而且获得了大量武器交易份额和商品贸易利润。它利用了战后经济重建的机会，经济发展很快就进入了繁荣时期。随着战后科学技术的不断进步，引发了汽车、电气、钢铁和制造业等领域革新的热潮，而此时"泰勒制"的提出激发了工业管理的"精神革命"。这些都为美国创业教育的发展创造了良好的时机。1913年，经济学家熊彼特提出了著名的创新理论，创业者实现"新组合"重新组合生产要素是经济发展的推动器。企业家的创新精神作为新的生产要素，将技术革新引入经济组织中，以形成新的生产力。经济发展的重要机制就是创新，只有不断创新的企业家才能在市场竞争中生存下来。"一战"后的经济发展激发了人们的创业意愿，熊彼

第八章 发达国家的高校创业教育发展动力机制借鉴

特的经济学理论更是为创业教育的发展提供了重要的价值引领,为推广创业教育奠定了理论基础。①

青年商业社成立后,美国商业界敏感地认识到在青少年中进行创业教育能够给商业繁荣储备未来的人才,在创业教育中所形成的由创业能力、创业精神等综合而成的创新创业素质,可以为经济发展提供不竭动力。以培养"创新、创业一代"为根本目的,奠定学生探索和进取等精神品质,美国商业界人士纷纷依托学校平台,举办青年商业社模式的创业教育。美国高校的创业教育得以迅速铺开和发展,这促进了"一战"后美国整整十年的经济繁荣。创业教育逐渐成为不同学校教育领域所认可的教育内容,更被正式纳入中小学的教育计划,"二战"后则被高等学校作为正式课程开设。

(3)"二战"后美国中小企业的发展激发高校创业教育。"二战"后,随着美国经济危机的爆发,在政府强力介入对经济的调控,重新认识了中小企业的作用与地位,并开始大力支持中小企业的发展。因此,大公司的垄断受到了遏制,中小企业获得了一定的发展空间。1941年美国政府成立了小企业委员会。1953年通过《小企业法案》。同年成立小企业管理局,并向中小企业提供贷款、管理帮助,中小企业的发展环境得到了进一步的改善,发展步伐明显加快。随着中小企业的发展,美国创业教育也再次活跃起来,为了适应社会人才发展的需要,高校也随之开设创业教育课程。1947年,哈佛大学商学院的迈勒斯·迈斯教授开设了美国大学创业教育第一门课程——"新创企业管理"。随后,斯坦福大学和纽约大学也相继开创了现代创业教育课程体系。据统计,到1970年,美国提供创业教育课程的高校共有

---

① 陈世伟、易开刚:《美国高校创新创业教育对我国高校的启示》,载《黑龙江高教研究》2017年第8期,第82页。

16 所。

2. 内部因素为高校创业教育的兴起奠定了重要基础

（1）大学的"社会服务"理念已深入人心。20世纪初期，威斯康星大学校长查尔斯·范海斯正式将"服务社会"作为大学的重要职能，打破了大学的固有传统封闭状态，大学除了教学和科研外，更要发挥为周边经济服务的作用，积极为威斯康星州的社会和经济发展服务。"二战"之后，美国面临着众多的社会与经济发展问题，因此，高校的"社会服务"理念更具实践意义和价值。其中，社区学院的发展表现较为突出，它满足了所在社区的教育、文化、经济各方面的需要。高校除了为社区服务，还与企业之间达成紧密的合作。"二战"后，高校除了继续与传统的农、工企业合作外，还与军工企业、新兴电子企业建立战略合作伙伴关系，大大增强了高校的社会服务能力。美国高校不仅满足企业发展的需求，还与企业进行科学研究和人才培养的合作。其中，科技园、大学—企业合作研究是最主要的合作形式。为了使高校更好地服务于企业，美国还成立了很多负责校企合作的专门组织机构，包括咨询公司、联络办事处、专利事务所、综合服务机构等。①

（2）实干型教师成为高校创业教育的开拓者。美国高校"社会服务"理念深入人心，高校随之也涌现了一批实干型的教师。在教学过程中，他们对企业管理有着浓厚的研究兴趣，长期关注企业管理问题，深入研究企业管理问题，研究成果服务于实践。从而也开启了创业教育的发展历程。大部分的老师都参与创业实践，开创公司或指导学生开办企业。美国高校创业教育的兴起和发展与像注重实践的实干型教师密切相关。这一类教师作为

---

① 陈世伟、易开刚：《美国高校创新创业教育对我国高校的启示》，载《黑龙江高教研究》2017年第8期，第82页。

第八章　发达国家的高校创业教育发展动力机制借鉴

核心，连接着美国高校内部与外部，并将高校外部的需求信息及时地输入高校内部，推动了创业教育的发展。

（3）选修制度为高校创业教育发展提供了温床。选修制度在发展历程中，在促进学科体系多元化发展和保护新生知识方面的作用起着很大的推动作用，非主流科目得以在高校中生根、发芽，最后演变为高等教育中的重要学科体系。在美国高校创业教育发展历程中，在选修制度的支持下，创业教育课程有了开设的空间，创业教育打破高等教育固有的知识结构并逐步扩大影响，最后形成一个学科专业。

（二）大发展时期的动力系统运行特征

20世纪60年代，美国外部受动荡的西方乃至世界范围内东西方冷战白热化的经济状况影响，加上国内复杂的经济生产过剩、身陷越南战争、美元的货币危机和肯尼迪政府实施扩张性的财政金融政策影响，内外受困，20世纪70年代，美国爆发了经济危机。经济危化后，美国迅速调整经济结构和进行经济转型，中小企业迅速成长并表现出强大的经济活力，从而也促进了美国高校创业教育进入良性发展阶段。

1. 外部动力作用进一步提升：经济结构转型时中小企业异军突起

20世纪70年代发生的经济危机，使美国经济结构有了重大的调整，从传统的农业和机械制造业转向新兴的服务产业和高科技产业，对科技人员和高技能技术专业人员的需求增加，结果导致基层操作工人的需求减少，白领人员和服务行业人员中的比例呈不断上升的趋势，从而带来了劳动力市场的结构性失业。由初级工业化经济向高级工业化经济的转型，使中小企业在经济发展中异军突起。美国每年诞生的各种新公司从20世纪70年代前的约20万家增加到70年代中期的约110万家，从而也解决了大量劳动力的失业问题。以创业充分带动就业所做出的贡献，激发了各个方面从事创业教育的兴趣和热情，也激发了全社会探索新的创业教育模式的动力。1968年，百森商学院第一个在本科教育中开设创业方向。1971年，南加州大学提供了有关创业的工商管理硕士学位课程；1972年首次开设了创业方面的本科专业。1977年，美国约有70所学院和大学开设了与创业有关的课程；高校开设创业教育课程蔓延到了中小学教育机构，到1979年，先后有263个中学提供创业和小企业课程。20世纪80年代是美国创业教育发展的重要阶段，有300多所大学开设了创业、商业和中小企业等方面的课程，之后一直呈直线上升的趋势。

2. 内部因素成为主推力：创业教育进入学科发展轨道

在持续不断的外部推动力的作用下，美国高校做出了快速的反应，创业教育的规模不断扩大。随着创业教育的规模不断扩大，创业教育的质量问题引起了研究者和高校管理者甚至是教育主管机构的重视。在捐赠教席、跨学科教育制度等多方面因素的共同作用下，美国高校创业教育开始走上学科发展道路，促进了创业教育的系统化发展。

（1）创业教育的系统化发展。随着创业教育的高度发展，创业教育的科学研究也大力兴起，随之产生了众多的创业教育研究中心，有关创业教育理念、人才培养目标、教学等研究成果有效地促进了创业教育的实践。在高校管理者和创业教育教师的共同推动下，形成了多元化的创业教育模式，并构建了理论与实践密切结合的创业教育课程体系。

（2）技术创新与创业教育的融合。20世纪70年代，依靠半导体、软件产业和互联网服务产业等高科技产业群发展起来的硅谷，聚集了大量高科技的中小企业公司和像思科、英特尔、惠普和苹果等这样的大公司。周边还集聚了斯坦福大学、加州大学伯克利分校等美国一流大学作为其具雄厚科学研究实力的重要支柱，硅谷成为融合科学研究、技术创新和产品生产一体化的高科

第八章 发达国家的高校创业教育发展动力机制借鉴

技产业园。风险资本的进驻,更进一步激发了硅谷的经济活力。1972年,硅谷第一家风险资本投资公司落户,极大地推进了硅谷的内涵成长。硅谷从一个农业种植区一跃成为世界高新技术的创新发源地和最具活力的经济地带,成为美国人均GDP最高的地区。硅谷集知识、技术、产业和创新于一体,是创新和创业教育汇聚的集散地。大学参与硅谷的发展,不仅为知识转化和科技创新寻找实验场,还可以获取大学所需要的发展资金,同时还可以解决毕业生的就业问题。硅谷倡导"允许失败的创新,崇尚竞争、平等、开放"的宽容精神,成为科技创新的试验场,为大学生创业提供了实践平台;硅谷周围的大学紧贴社会,为工程技术人才提供最新的技术课程,提供智力支持,并鼓励学生们发展他们的"创业投资"事业,使得创业教育更具科学性与针对性。美国高校创业教育与高科技创新和创业投资公司的融合创新成为可能。伴随着大学科技园的发展,科技创新与创业教育之间的互动关系日益密切,科技创新成为推动高校创业教育的主要关键性因素。

(三)成熟阶段的动力系统运行特征

20世纪90年代后,以电子通信技术和互联网络技术为代表的知识经济在美国的快速发展,美国的创业教育也进入了迅速发展阶段。企业投入硬件物质资本和软件经济资本的要求降低了,企业开办企业的门槛也大为降低,从而也简化了开办创业企业的程序;创业的成本减低,提高了收益的可能性,因此创业的良好机会大量地涌现出来,创业进入了空前的活跃期,创业教育迈向新的发展高峰。不管商学院还是工程、艺术学院,都开设了大量的创业学课程,创业教育成为连接专业教育和经济利益的有效手段,也成为实现人力资本的重要措施。1989年,联合国教科文组织在"21世纪教育国际研讨会"上提出"第三护照",要求把"事业和开拓技能教育"提到"学术和职业教育护照"的同等地位。创业教育正式进入国际教育研究者的视野。

1. 外部动力推动高校创业教育走向成熟

（1）"自我雇佣"现象涌现。伴随美国进入后工业化社会这一进程，30 年间产生"自我雇佣"这一种重要的经济现象。20 世纪 70 年代经济滞胀背景下，美国政府放弃凯恩斯主义而转为供应学派的经济学主张，时任总统里根认为，企业家从事经营性活动是受利润最大化的利益驱动，工人从事劳动需要收入最大化，政府的减税政策有利于调动企业家和工人的积极性。同时，便捷的公司注册制度为自我雇佣创造便利条件，0 元就可以注册新公司，从注册到正式运营只需要简单的六个程序，从注册到开发只需要六天。这些快捷便利的条件催生了"自我雇佣"现象的涌现，从而也进一步促进了创业教育的发展，为大学生未来成为"自我雇佣者"做准备。

（2）电子商务蓬勃兴起。1989 年，美国 Peapod 公司将副食品放到了互联网上销售，开创了一种全新的商业模式——电子商务。把互联网作为销售平台的商务活动开辟了人们创业模式的新纪元。1994 年，亚马逊创始人萌发了互联网上销售书本的新念头，1995 年，亚马逊网上书店正式上线，并产生了良好的社会效应。一种全新的商业模式作为时尚潮流而成为创业教育的另一种催化剂，直接催生了电子商务创业教育。利用计算机和互联网进行创业教育和开展实际创业活动，是新兴技术对创业领域的新贡献。信息高速公路的开通，开创了创业教育和创业活动的新局面。

（3）创业教育支援机构不断增加。美国高校创业教育的发展还得益于社会支援机构的支持，它们是美国高校创业教育发展的生态环境不可缺少的重要因素。考夫曼基金会主要是对创业教育从教学、研究到资金的全方位援助，不仅推动和促进个人和团体的创业活动，而且立足于社区开展创业教育。考夫曼基金会旨

第八章 发达国家的高校创业教育发展动力机制借鉴

在创业环境的促进、开发，范围涉及儿童与青年的创业、大学的创业、成人的创业、社会的创业、公共政策及研究等，从小学到大学的各阶段，在学校里宣传与发展创业意识，提供广泛的创业知识和专业训练，随时提供充分的知识和资源，并鼓励创业家回报他们的社区。有些非营利性机构组织和商业基金会如风险投资机构、创业培训机构、创业资质评定机构、小企业开发中心、创业者校友联合会、创业者协会为高等教育的创业教育提供创业训练和资金赞助，开发课程，鼓励并培训年轻的大学生参与创业活动。多元化、大量的创业教育支援机构为创业教育的顺利开展提供了有利的条件。

（4）成立国家级别的创业学委员会和"小企业与创业委员会"。1953年，美国国会依据《小企业法》成立小企业管理局。这是全美最大的为中小企业提供独立融资服务的第三方机构，承担着美国最大的公共创业资金投资方角色。并利用网络聚集创业信息，为创业者提供了充足的信息资源，也为创业教育做商业推广。1999年，美国成立了国家级别的创业学委员会，致力于发展创业教育和相关学术研究，聚集了创业教育和创业教育学术研究领域的杰出人才，统筹管理全国的创业项目，成为创业和创业教育的领导者和倡导者。

2. 创业教育外部的市场需求，推动高校创业教育专业化发展

1990年以来，美国每年有超过100万家新公司和中小企业成立，极大地推动美国经济的繁荣和发展。要满足外部创业人才的大量需求，并推动高校创业教育专业化发展，需要大力培养具备创新创业精神和能力的专业人才。到20世纪90年代，开设创业课程的学校增加到1050所。创业教育的规模不断扩大，走向更深入的发展期。在这过程中，专业教育与创业教育的发展与融合、学术研究、学术组织、其他学科的专业发展等都发挥了重要的促进作用。

3. 培育独特的创新文化

鼓励创新、激励创新、宽容合作的创新创业文化氛围是创业活动的重要基础。以硅谷为例,勇于尝试、善于冒险、宽容失败的硅谷企业文化,是美国企业的"成功之道"。除了鼓励、宽容,公司给予带来利润和技术创新的人才以物质和精神方面的奖励,以鼓励和培育公司员工的创新行为。

二、美国创新创业教育的几大亮点

(一)政府对创新创业教育高度重视

美国政府在政策、法律、法规方面对高校发展创新创业教育的支持力度相当大,是创新创业型人才培养政策上的保障。针对创新创业型人才培养,政府特定制定颁布了相应的法律条文,如《高等教育》《美国教育规则》等。为了使创业教育顺利开展,美国政府还提供了专项基金,例如低息贷款,极大地支持各大高校创新创业型人才培养的发展。

(二)学校的教育模式不断创新

美国高校开展创新创业教育模式多样,如产学研一体化、校企合作、创业模拟实践、创业孵化器等,各式各样的教育模式创新,使得人才培养效果越来越接近社会发展对人才的要求。例如"校企合作"模式,学校提供教学场地给学生,企业向高校提供专业的指导老师,两者共同开发合作课程和编写合作教材,校企共育人才,使得培养出来的学生能够更好地适应社会发展的需要。又如"产学结合"模式,学生在学习期间就有了面向社会的大开放的真实场景,面向企业的实际学习寻求解决方案。这样的教学模式让学生在现实社会中获得实际技能,增强了学生的职

第八章 发达国家的高校创业教育发展动力机制借鉴

业信心,提高了他们的社会实践能力。①

(三) 重视创业教育课程体系建设

从1947年哈佛大学商学院开设了美国大学创业教育第一门创新创业课程起,到1985年美国大学提供的创业课程就有250门,至今美国高校已经开设了超过5000门创业课程。历经半个多世纪的沉淀和发展,美国高校创新创业课程的开发逐步系统化、多元化,日趋成熟,课程的内容大多采用模块化的结构,主要由基本理论、案例分析和模拟练习等模块组成,例如科学教育与人文教育的融合,智力开发与非智力教育的融合,系统化的课程设计,有效地保证了创业教育理念的落实和教育目标的实现。

(四) 校企合作紧密融合

高校与企业紧密联系,共同培养创新创业人才,既锻炼了学生的实际工作能力和培养创新能力,而且能在人力方面为企业带来有大量的人力储备,培养出适应其自身需求的人才。学校的发展与企业的发展相辅相成。校企结合教学使得创新创业型人才得以充分发挥作用,充分实现了他们的价值,也让企业得到更多的资源利用空间。

(五) 科学技术广泛应用

科学技术的飞速发展,提高了经济发展水平,将现代科学技术应用到教育活动中,也促进了教学事业的快速进步。例如,从视觉教育到视听教育,再到现今的互联网教育、远程教育等,教育事业能够充分应用科技与信息技术,使得创新创业教育模式多样化发展,学生的创业活动能够更加便捷和高效地开展。

---

① 刘沁玲:《美国高校创业教育改革的新趋势及启示》,载《当代教育科学》2010年第23期,第23页。

（六）具有较为完备的保障体系

良好的创新创业环境和完备的保障体系，是美国高校发展创新创业教育的重要平台。活跃、成熟的资本运转机制为大学生创新创业项目较好地引进种子基金和风险投资基金，健全的知识产权保护法为学生创新创业提供充分的法律保障，灵活弹性的考核管理环境则推动教师与学生更自由地投身创业活动。

三、美国高校成功的创业教育经验对我国的启示

（一）树立科学的育人理念

育人为本是教育的根本要求，高校创新创业人才培养的目标，不仅是培养获得实践能力、创办企业、体验商业价值，引导学生理解创业的社会价值，更要培育学生的创新精神、艰苦奋斗、锲而不舍的进取精神，团结协作、诚实守信的优良品质和爱岗敬业、精益求精的职业操守，培育学生服务社会的意识和能力、提升社会责任感，真正实现"德能"兼备、全面发展。

（二）顶层设计，打通人才培养的"任督二脉"

"双创"教育的顺利开展，需要教育者、受教育者和管理工作者的共同行动，贯穿于教育的全过程。开展创业教育的高校应当从专业人才培养模式的顶层设计开始，选择适合本校创业教育实际、教学资源的发展模式，并使之融入人才培养的全过程。在学校的纵向发展上，把创新创业教育编入战略规划；在横向的项目建设中，使创新创业成为专业学习的一个重要主题，从而促进创业教育与专业教学的结构性融合。在资源的调配机制上，既要注重整合校内资源，又要有效聚合校外资源，为学生创新创业提供条件保障，为项目咨询、策划、指导等提供跟踪服务，保证创业教育在专业人才培养过程中的连贯性和持续性。

第八章 发达国家的高校创业教育发展动力机制借鉴

(三) 完善课程体系

课程是实施创新创业教育的重要载体,要在明确创新创业人才的知识、能力、素质结构的基础上,不断完善创新创业教育课程体系。市场在一定时期内是知识价值的试金石。能否在把握市场变化趋势与技术进化路线的情况下,最终把学到的专业知识转化成市场的产品,创造新的经济效益与社会效益,体现了知识的应用价值。可见,创业教育的逻辑线路可以是"产业—行业—知识—产品"。"专业知识+市场知识"课程渗透模式正是实现专业与市场的深度融合、相互促进的方式。以课堂教学为载体,把具体创业理论、创业知识等内容渗透到专业教学过程中,为拓宽学生综合知识结构和创业实践能力奠定坚实的基础;以每一门具体课程为载体,在具体课程中把综合性的创业知识嵌入各专业的课程当中,实现专业理论和创业知识相结合。例如,在某一专业中,根据市场的成熟度,选择 1~2 门与市场关联较高的专业课程,以市场为导向,以创业机会分析为切入点,在专业课程中融入创业管理的知识;或以市场前沿最新技术,根据创业管理的一般原理,结合创业所必需管理知识、企业家精神和市场环境认知等知识,形成新课程。在线开放课程拓展了教学时空,增强了教学吸引力,不仅激发了学习者的学习积极性和自主性,而且扩大了优质教育资源受益面。在开设线下课程的同时,开发一批资源共享的创新创业教育在线开放课程,实现创新创业教育资源的开放共享,为学生提供了随时随地的学习机会,增强了学习的灵活性。

(四) 健全产学合作机制

"双创"教育是一项综合性、开放性、实践性强的项目,将其有效地嵌入学校的专业教育课程之中,必须有一个很好的实践操作平台。在基础教学的基础上,以市场为导向,以企业所处的社会生态环境作为切入点,将创业过程中每个细节进行现场教学,使得学生们仿佛置身于创业实践中。校园结合创业园的方式有助于巩固学生课本知识,强化其创新创业等实践意识。走产教研学结合之路有助于在基础技能的训练基础上培养学生的创新能力,指导学生如何在社会中站稳脚跟。大学生创新创业教育需要社会各界,特别是产业界的广泛参与,建立校企全流程协同育人机制,与企业联合起来建立人才培养平台,推进产学合作、产教融合,把更多外部资源转化为育人资源,实现资源信息共享。学校和企业共同搭建的平台,满足企业、用人单位、学生、教师等的需求。学校按企业的要求培养人才,企业参与人才培养的全过程,成为实行订单式、学徒制等培养方式的基础。学校与企业共建校外实践教育基地、大学科技园、大学生创业园、创业孵化基地和小微企业创业基地,着力提升学生创新创业的实践能力。通过校企合作共建专业,让学校围绕岗位的要求培养人才,调整专业,优化课程设置,整合教师教学团队,完善教育培训,推动培养以符合企业岗位标准为目标的应用型、创业型人才。

(五) 搭建大学生创业实战平台,积极开展创业实践活动

创业能力是一种高层次的综合职业能力,包括专业能力、方法能力和社会能力,而创业能力的培养必须通过创业实践。虚拟仿真实训能让学生从认知到熟知现代商业企业的工作内容和特性,培养学生从事商业活动所需的执行、决策及创新能力等,使其具备全局意识和综合职业素养、创新创业的实战经验,同时,也训练培养他们良好的创业团队协作能力。面向真实的市场背景,以项目为驱动,是对创新创业体验和创新创业课程的升级。通过创业知识和真实创新项目的带动,帮助学生建构知识的有机关联,为学生创造理论知识的验证途径和专业能力的实践渠道。学校通过各教学单位依托专业实验中心或与企业合作建立校内学

第八章　发达国家的高校创业教育发展动力机制借鉴

生创新创业实践教学基地，并为学生聘请专业教师作为创业技术顾问，为学生在校期间围绕专业领域开展创业实践提供支持。学生也可以参与教师的科研工作，在增强专业素质的同时，也熏陶了创新精神。此外，在科研成果转化中，有更多的机会帮助学生开启创业之路。

（六）营造良好的创业文化氛围

大学生网络创业活动的顺利开展需要一个良好的、支持性的社会文化氛围。相关政府部门应担负起应有的责任，通过多种形式，大力倡导和弘扬创业型的社会文化，在全社会营造一种支持创业、尊重创业、宽容失败、创业光荣的良好氛围和舆论环境。同时，要大力加强我国的社会信用体系建设，建立健全相应的奖惩机制，加大对失信行为的惩处力度，增强公民的诚信意识。此外，学生家长和高校等也应树立对大学生创业尤其是网络创业的正确认识，摒弃"创业不如就业""网络创业虚拟不可靠"等狭隘观念，充分认识到网络创业本身也是一种就业，尊重大学生的个人选择，理解、鼓励和支持大学生从事网络创业活动，为大学生网络创业的顺利进行营造良好的环境。

（七）加强创业教育服务体系建设

离开了创业活动的服务主体，大学生的创业就失去了根基。学校主动研究对接、运用政府政策、社会资源和市场要素，为促进大学生创新创业工作搭建平台、整合资源，发挥政策保障的效应，助力大学生创业的"最后一公里"。学校鼓励跨学科、跨专业的教师组建项目化的创业实践指导团队，保障学生在创新创业的各个阶段都能获得指导教师的帮助。同时，引进培养高素质创新创业导师，建立校级创新创业导师库，遴选专业教师、创业成功人士和企业家组建创新创业师资团队，为创新创业课程开设、学生"三创"实践活动指导提供有力的保障。①

(八) 价值引领,着力培养创新思维和心理素质

创新创业教育,其核心价值在于创新思维和创新意识的培养,引领学生利用专业技术创造社会价值,将知识转化为生产力。技术创新是工程技能、管理知识、企业家精神和市场需求相结合的产物,受到社会、经济、政治环境的影响,但其根本要素还是归结于人的创新思维能力,即创造或识别市场机会,并抓住机会的能力。因此,创新创业教育要强调技术创新和思维创新兼顾,在培养技术能力的基础上,重视对学生的创造力、洞察力和解决实际问题的能力的培养,关注学生思维发展方面的隐形知识的构建。除了创新思维,学生在学校接受专业教育的同时,还应接受创业心理品质的磨炼,学校也要给予创业心理的引导以及鼓励,创造一个良好的创业环境,使学生从内心深处体会到创新创业精神的重要性。

第二节 德国高校创业教育的实施策略与发展模式

德国是现代大学模式的发源地,其高校创业教育也一直走在世界前列。半个多世纪以来,德国的高校创业教育形成了各具特色的创新研究和创业教育体系。创业教育的宗旨在于培养学生的创业技能、创新意识与开拓精神,以适应经济变迁、全球化等时代性的挑战,并使其转变就业观念,将创业作为未来职业的一种选择。学习和借鉴德国高校大学生创业教育方面的发展过程中创

---

① 郝杰、吴爱华、侯永峰:《美国创新创业教育体系的建设与启示》,载《高等工程教育研究》2016年第2期,第11页。

第八章　发达国家的高校创业教育发展动力机制借鉴

新能力培养和高校创业教育的经验，对于推动我国大学生创业教育发展具有重要的实践指导价值。

一、德国高校创业教育发展动力系统的运行特征

（一）德国高校创业研究和创业教育的发展状况

德国创业教育最早起源于20世纪50年代，当时主要是面向职业学校经济类专业的学生，为了有效解决实践教学难的问题，培养学生的专业知识和实践能力，使其增长相关的知识。学生在"模拟公司"学习全部业务操作流程，而不必承担任何经济活动风险。这是德国创业教育的雏形。20世纪七八十年代，科隆大学、斯图加特大学开始设立了创业教育课程，开展相关研究工作，有的高校设立了创业教育研究中心，为创业教育打下理论基础。到了20世纪90年代后期，由于经济衰退，德国大多数公共机构减员，大企业纷纷裁员，导致市场就业机会萎缩，大学毕业生就业难，失业率呈上升趋势。在此背景下，德国联邦教育和研究部开始重视发展创业教育，高校创业教育的发展步伐加快。一方面德国在高校普遍推行创业教育，以提高大学生创业实践能力，缓解大学生就业压力。并于1998年启动"EXIST"（生存）计划，促进高校提高科研成果转化率，支持从大学和研究所衍生新创企业，从而也增加创新性的工作岗位。该计划不仅促进了大学自身的教育教学变革，还改善了创业环境和培育了创业文化。德国还专门成立了"德国提高大学创业能力研究协会"等创业教育研究中心，取得了一些有影响的科研成果，是德国大学创业教育发展的一座重要里程碑。1998年，德国大学把创业教育学纳入核心课程，每所大学创业教育学教授席位达到30个以上，创业教育在德国高校普及开来。进入21世纪，德国大学创业教育发展突飞猛进，创业教育学课程体系更加完善，开设创业教育

课程的高校也由25所增至上百所。[①] 德国在2001年和2006年分别启动了"EXIST Ⅱ"和"EXIST Ⅲ"计划,并进一步加大资金支持力度,将资助网络扩大到20个区域,计划使创业教育观念根植于大学传统教学文化。

(二) 德国发展高校创业教育的主要特点

1. 强大的社会创新力量与高校相结合

德国高校的创业教育及创业实践得到政府和社会各界的大力支持。为推动创业教育发展,德国政府采取了多项政策。德国政府从1998年起对大学生创业从政策、资金上给予了极大力度的支持:对刚毕业就创业的大学生,提供最高7500欧元的免费培训课程;对大学生创立企业给予创业咨询、创业指导和帮助;对新成立的公司提供最高为5000欧元的财政补贴;为新创立企业提供10～20年期限的创业援助贷款、减免新创立企业的部分所得税等一系列帮扶。这些优惠和扶持激起了大学生的创业热情,对大学生开展创业活动有很大的促进作用。除了政府的支持外,企业界也给予了大力支持。众多公司不定期举行创意大赛项目,从公司研究课题到社会公益创业等项目,提供给高校的大学生参加,大学生在校期间就与社会实践相结合。还有的是高校与企业联合促进师生把高新技术和知识一站式转化到市场,创业孵化器定期组织创业知识讲座和创业培训,随时对有创业想法的大学生进行制度支持和法律保障,对入驻孵化器的大学生每月补贴2600欧元的生活费。2006年,莱比锡大学成立的创业中心,年平均投资70多万欧元的创业活动基金。到2011年,莱比锡大学已成立250个公司,近3000名大学生和员工受益。此外,银行和大型公司积极成立投资基金,支持高校创业教育的发展。政

---

① 敬阳:《德国大学生创业教育模式聚焦》,载《教育与职业》2014年第10期,第108页。

第八章　发达国家的高校创业教育发展动力机制借鉴

府、社会和企业的多方支持,促进了使高校的创业教育顺利发展,为企业带来新的创新研发思想,也有利于促进产学研的良性循环。

2. 高校创业教育课程体系化

德国在推动创业教育和大学生创业实践方面,采取了一系列的措施和政策,已建成一套比较完善的创业教育课程体系。首先,在以商贸和手工业培训为主的非全日制学校开设创业教育课,之后在全日制大学正式开创业教育课,从工商管理专业扩展到其他专业,形成了以社会科学、自然科学和人文科学为基础,结合各高校特色的创业研究和创业教育体系。职业培训学校和职业高等学校注重生存性创业教育,综合性大学注重结合所学专业进行的创新理念和商业模式运作,对创业精英和高质量的创业项目进行重点扶持。课程涵盖了创业意识、创业知识、创业能力、创业实践、企业家精神训练等创业意识与能力培养领域。在内容方面包括市场调研、新产品开发、市场营销战略、财务管理、法律法规、创业管理、商业计划书等几十门课程。许多课程为学生提供实践机会的方式,全面提升了学生的创业能力,促进创业教育目标的实现。对富有创意的高科技设计或作品、市场定位准确的都可以得到进驻孵化器的机会,进驻的创业团队从商业计划书策划到创办企业一系列过程,都可以得到大学校园孵化器导师的指导和支持。[1]

3. 教学模式以经典教学和创业学习两种模式为主

德国大学创业教育主要采用经典教学和创业学习两种教学模式,以经典教学模式为主,以创业学习模式为辅,其中,以问题为驱动的经典教学路径,主要教师传授创业教育理论知识,一般

---

[1] 陈文、赖炳根、关福远:《德国高校创业教育特点及启示》,载《学校党建与思想教育》2012年第10期,第93页。

是不允许犯错误和模仿，而创业学习模式是以对策为驱动的研究路径。学生是主动学习者、是活动的参与者，参与创业实践活动，学生根据在创业实践中发现的问题来选择学习内容。学习的环境也比较宽松，允许模仿和犯错误。后者较多被一些大学所重视并采纳。

4. 创业教育师资队伍逐步发展壮大

大学教师是创业教育的实施主体，创业教育师资队伍结构将直接影响创业教育的实施程度和效果。教师不仅要承担向大学生传授有关创立企业的创业教育知识、创业与经济发展关系的知识和创业实践能力、对创业理念的渗透和灌输，还要对创业项目进行评估、指导，为大学生的创业计划提供理论指导等教育工作。德国大多数创业教育教师由经济、管理专业背景的教师来担任，由其传授大学生必要的经济学方面的创业知识和创业实践。为推进创业教育发展，德国高校一方面积极吸收既有专业背景又有创业经验的社会人员担任兼职教授，另一方面鼓励教授从事创业实践、企业管理等活动获取创业教育指导经验，定期安排教师下企业检验和实践企业管理知识和技术。邀请成功企业家和经理人报告其创业和企业管理经验等，通过各种途径弥补高校教师实践经验不足的问题，丰富了创业教育的内容。

5. 具有良好的大学生创业教育环境

德国高度重视大学生创业教育，1998年，德国大学校长会议和全德雇主协会联合发起旨在创建一个大学生独立创业的环境，让高校成为"创业者的熔炉"的"独立精神"倡议。逐渐在高校中建立了健全的创业知识和创业时间教学体系，还成立了创业教育与培训的大学生创业服务中心，服务中心利用高校的教育教学环境，通过创业课程、创业咨询、创业技能培训和创业意识培养等多方面免费为有意创业的大学生提供实战性较强的培训，积极引导和帮助大学生成功创业。以科技创新型创业为主，

第八章 发达国家的高校创业教育发展动力机制借鉴

德国让学生广泛参与到具体的研究项目中,在实际工作中了解到最新成果和前沿知识,学会基本的科研方法和技术,培养他们对新技术的掌握和新产品的创新能力。高校成立专门的技术转让办公室,负责高校科研成果的管理,通过联合研发的形式为高校的科研项目争取一定的科研经费,向工业界推荐高校最新技术成果;由行业协会和技术转移中心组成的科技中介服务组织,帮助研究院所、高校、企业的新技术、新产品进入市场。完善的服务体系以及丰富的市场资源,为学生提供了更好的科研环境和更多的创业机会。

二、德国创业教育对我国高校的启示

(一) 整合社会资源,探索创业教育组织模式

德国政府重视大学创业教育,集合全社会的力量,共同投入开展创业教育项目,为支持大学生顺利创业提供了全方位的创业政策体系,如创业教育、培训和指导政策,还有企业注册、税收优惠和资金支持等,政府制定相应的配套和保障政策,积极推动大学生创业。大学与校外科研机构和企业利用各自优势形成有效联盟,为大学生创业创造条件和提供支持。我国政府对大学创业教育也非常重视,近年来,国家出台了一系列配套政策,鼓励高校积极开展创业教育和实践活动,支持高校毕业生自主创业。积极倡导在大学展开创业教育并出台了很多优惠政策,鼓励大学生创业。然而,创业教育是一项系统复杂的浩大工程,需要社会各界的广泛参与。需要以政府为主导,社会各界积极参与大学生创业教育,形成促进大学生创业教育合作的动力机制,建立各类各级创业教育联盟,实现社会资源共享、优化组合,以保证大学创业教育科学、优质、高效地发展与实施。

(二) 调整创业教学模式,培养大学生创业精神

德国大学创业教育的教学模式主要有经典教学和创业学习两

种模式。相对于经典教学模式，创业学习模式更能体现大学生在创业教育中的主体性和主动性，更能培养大学生自主创新创业的能力。与创业有关的知识、技能培养，培养大学生具有强烈的创业欲望和创业精神更为重要。我国大学培养大学生创业能力应在适当实行经典教学模式更加重视创业学习模式，注重提高学生参与学习的积极性，激发学生学习的主动学习兴趣，着重提高学习的质量。培养大学生的创业意识和精神，并将其内化为大学生的思维方式和行为模式，从而让大学生学会像企业家一样去思考。

（三）加强培养的针对性和实效性

并不是所有大学生都具有创业的意愿和潜能，高校应该根据不同层次的学生，设计有针对性的创业教育课程。从普及到筛选，再到重点扶持，把生存创业和机会创业教育区分开来，将具有创业意愿和潜能的大学生列为重点的培养对象，满足创业启蒙和创业实践的不同需求，为学生今后的人生规划奠定理论和实践基础。集中优势资源对这一创业者群体进行重点培养，以节省创业教育资源，提高创业教育质量效率；定期聚集这部分学生开展团队辅导，给予特殊化和专门化的指导。邀请创业孵化器相关人员和专业技术人才考察创业项目，评估创业条件，指导学生制作商业计划书，帮助他们找到适合自身的创业方向，帮助学生把市场需求和创业目标衔接起来，为创业提供有价值的信息帮助和事实依据。

（四）鼓励学生的创业活动与科研成果相结合

德国高校充分利用其齐全的学科设置、稳定的高水平科研队伍、浓厚的学术氛围等优势，鼓励和支持大学生的科技创新型创业活动，积极引导大学生参与到科研项目中，并为其提供优良的孵化条件，全面促进大学生创办创新型企业。我国高校应鼓励科研与学生创业相结合，鼓励大学生创办科技创新型企业。重视创

第八章 发达国家的高校创业教育发展动力机制借鉴

业教育与高校的专业特点相结合,加强创业教育与专业教育的融合,提高创业教育质量,加强技术创新,努力培养有高新技术和商业运营模式的创意,鼓励学生将创业活动与科研成果相结合。邀请有创业经历的企业家、投资专家、管理专家加入创新和创业过程中,参与项目的选题和合作,重点培养应用性强的成果,推动科研成果与市场需求有效对接,通过改进、提高、推广,最终走向产业化,真正实现产学研一体化,极大地推动大学生的创业活动和提高大学生创业活动的成功率。

(五) 加强师资队伍建设

德国大学创业教育师资以经济学教师为主,同时聘用具有丰富创业经验以及企业管理经验的行业企业人士。在注重创业教育知识的传授的同时,加强对学生创业教育实践能力的培养。我国大学创业教育师资大多属于学院派,缺乏创业实践经验以及企业就业经历,高校应加强师资队伍建设,优化教师队伍结构。一方面,利用现有资源,提高在校教师的创业教育实践经验;另一方面,吸纳部分优秀企业家、创业者、创业投资者担任高校兼职教师,着力建设多元化的创业教育师资队伍。

(六) 建立健全的大学生创业服务体系

德国建立健全大学生创业服务体系,专门设置了各级各类部门负责大学生创业项目咨询、创业培训、新技术项目建设等服务的专门机构。德国1983年成立了第一个创业者中心,至今已发展到270个,而且形成了由创业者中心、风险企业、大学研究所等组成的创业服务网络。在创业服务网络的支持下,创建的企业已有近万家,职工约10万人。2008年,德国欧洲服务管理中心成立,通过在因特网上扩建"E电子政府"服务系统和提供一站式服务,企业注册的时间比以往缩短了1/3。由于我国的创业教育起步较晚,尚未形成健全的大学生创业服务体系,要提高我国大学生创业的成功率，成立专门的岗位部门开展创业指导和创业支持服务，为大学生创业者提供信息、咨询、指导、培训等创业服务；简化大学生注册企业的审批过程，缩短企业注册时间，为大学生创业提供"一站式""专业化"服务；打造产学研一体化平台，充分利用社会资源和市场运营，缩短大学生科研成果从研发到市场应用的路径，全面促进有创业意识、创业能力的大学生顺利创业。①

第三节　以色列高校创新创业教育的发展模式与借鉴

根据世界经济论坛发布的全球竞争力相关数据，2001—2015年，以色列在全球竞争力中的各类数据排名一直靠前。在140多个国家中，以色列的排名最高为22位，最低为27位。近年来，以色列在全球主要创新指数评估榜单中更是名列前茅，创新能力全球第3，创新空间全球第3，科研机构质量全球第3，风险投资获取力全球第4，科学家和工程师队伍及政府采购高科技产品均排第8，创新竞争力呈现出创新驱动型经济体的要素与特征。2000年以来，以色列的研发支出占GDP的4%以上，远高于同期OECD（经济合作与发展组织）国家的平均水平，也高于美国、欧盟及中国等。在互联网、生物技术、新能源、现代农业等领域的发展都极具技术含量。1999—2014年，以色列成立的高科技公司数量累计超过了10000家。2015年，其高科技产品占全国的出口总额高达81.6%。以色列借助优越的科技环境，已

---

① 杨茂庆、袁琳：《基于德国经验的中国大学创业教育思考》，载《职业技术教育》2011年第10期，第87页。

第八章 发达国家的高校创业教育发展动力机制借鉴

经发展成了全球的研发及创新中心。2000年至今,过去的十几年里,以色列的经济增长超过了世界发达国家的平均水平,堪称"创新的国度"。以色列在创新型国家建立的过程中积累了很多成功的经验,在政府体制与环境建设、人才与教育、企业与市场、创新与产出等多方面完善国家创新体系,政府主导设立与运作创新机构、完善政策法规、推行引智计划、增强企业创新活力,企业负责高新技术的研发与产出,高校联合企业创建高校产业园区、主管学术科研的攻坚与技术转移等。以色列在创新创业教育发展、高校科技创新方面的先进经验对加快推进我国高校的创新教育改革实施具有重要的借鉴意义。

一、以色列的创新创业教育发展模式的特征

(一)奉行人才强国的发展战略

以色列建国后,政府便奉行人才强国的发展战略。知识型的人力资本是国家创新型经济发展的核心要素。以色列人口仅850万,科学家就超过3.8万名,他们在很多重要领域都取得了杰出成就,拥有量多质高的发明专利,其专利的重要程度和影响力高于美国、日本、韩国等专利大国,14位科学家获得诺贝尔奖。根据2015年的OECD相关报告,以色列人25岁至64岁间近50%接受过高等教育,高等教育入学率预示着国家高科技人才的储备状况与技术创新的研发潜力。2017年和2018年,100万人口中专业研发人员数量分别为8337.1人和8255.4人,占比位居全球首位。至2016年,以色列建成有57所专业性技术学院与7所综合性大学。据近四年英国高等教育调查机构评估世界大学排名指数,以色列高校的总体水平排列世界第22位,有6所进入

世界大学 500 强。[①]

（二）政府大力支持，营造创新环境

以色列能够成为"创新的国度"主要归功于政府的大力支持。20 世纪 80 年代中期，政府由高度的计划经济体制向经济自由化改革，完善市场机制方面转变，奠定了以色列成为创新之国的基础。政府为激励创新，实施了许多政策和措施，并制定了一系列法律、法规。如政府相继颁布了《鼓励工业研究与开发法》《资本投资鼓励法》《以色列税收改革法案》，还有《产权法》《天使法》《版权法》等大量鼓励自主创新和推动初创企业发展的条文条款和具体措施，极大地促进了以色列各个行业领域进行技术创新。政府加大了财政资金支持创新的力度，尤其是对科技创新及基础研究投入了大量的人力和物力，给予创新主体，尤其是高科技创新型人才最大程度的支持。

（三）建立完善的科技创新的管理体制和科研机构

为促进高校人才的公平竞争和科技创新的良性发展，以色列建立了多个专门的科研管理机构，由首席科学家负责科研投资管理、成立部际科技委员会和建立产学研合作的科技计划体系。其中，首席科学家办公室成员囊括各领域科学家，帮助高端人才开展相关研究，并提供风险资助；科技委员会由科技部长担任主席，引导教育部、科技部、工贸部、通信部等各大部门进行合作，共同制订相关的科技计划以及创新导向机制。如搭建高校科研机构和企业的平台，促进优秀人才与校企的科研转化机制，引导高校科研人员将自己的科研成果应用于实际，将产品开发与科研成果相互融合，高校随之便衍生了附属的企业。此外，还搭建

[①] 张泽一、周常兰：《以色列高校创新教育对我国的启示》，载《中国高校科技》2016 年第 9 期，第 64 页。

第八章　发达国家的高校创业教育发展动力机制借鉴

了科技创新发展的平台和载体，大力支持众创空间和科技孵化器的建设。政府的这些政策和举措，构成了完善的创新扶持系统，营造了优越的创业生态环境。

（四）多元化、高效率的资金投入机制

以色列政府高度重视创新创业教育，为保证高校有充足创新创业教育经费，中央每年都向地方高校拨一大笔教育经费。其教育经费投入占 GDP 比重长期保持在 10% 左右，全国 200 多万学生，人均教育经费为 4000 美元，居世界前列，是一般国家无法比拟的。同时，地方政府也给予学校资金管理高度自主权。政府还积极构建国内外投资融资体系，鼓励社会向教育事业投资融资，推动以色列创业教育快速发展。以色列高校每年有大量的科研成果产出、技术转让转化以及初创企业的成立。技术成果的产业化吸取了大量资金，目前为止，以色列国内拥有风险投资基金 60 余个，人均创业投资资金世界第一，全球创新指数 GLL 位居世界第 15 名。

（五）创新创业教育与社会教育相融合

以色列的社会已形成了普遍的观念，创新创业教育是一个终生事业，并不局限于某一个人生阶段。在国内设有众多组织和机构服务和支持创业者，如公共和私人机构为中小型企业提供咨询、教育培训和资助服务，设有委员会、基金会等来支持创业者，还有各行业专业知识和社会经济的趋势性创新创业人才培养。如以色列制定了一项全面的国家战略《绿色成长计划（2012—2020）》，旨在引导创建生态高效、环保创新的清洁产业企业，并支持此类企业创新人才的培养。① 国家还在校企合作培

---

① 郭伟：《国家引领创业人才培训》，载《上海教育》2015 年第 32 期，第 32 页。

养创新创业人才方面起扶持作用,制订了促进学术界和企业界合作的产学研合作计划,设立多个研发和技术中心、孵化器、科技园区,以色列中小企业署运营了26个小企业发展中心,在全国设有六个商业孵化器和24个科技创业孵化器,通过网站在线提供大量可用的商业服务信息,为学生提供涵盖各个教育阶段的创业方案,鼓励学生参与相关创业项目,投入真实创业实践中。①

（六）切实可行的创业指导服务

以色列高校均设有创业中心,中心的宗旨是为创业者提供实际可行的专业指导,帮助他们成功设立新公司。中心不仅构建交流、合作、发展的平台,还为相关课程、实战提供指导,为优秀创业项目提供奖励和资金支持。如不定期举行导师课程、学术研讨会,举办工作坊、大型活动、讲座、社区活动等多个项目,促进企业家精神领域的教学和研究等;帮助私营企业家、天使投资人、风险投资与初创企业者搭建关系网;提供业务开发、市场营销、法律咨询、为技术和创新企业制定创新意图等服务;提供实验室设备、加速器项目、导师指导等服务。以色列还举行全国性的创新创业活动和比赛,为大学生创业者提供了更加广泛的交流和展示机会。

（七）塑造创新创业精神

以色列高等教育注重学生理性思维与感性思维的平衡培育,高校的创新教育服务于全体人民,倡导非常规的入学教育方式。以色列高校十分重视创业教育,采取多种方式培养学生的创新创业精神和能力。据统计,近年来,以色列接受创业教育后有10%以上的本科生和30%以上的硕士、博士毕业生创办了自己

---

① 张泽一、周常兰:《以色列高校创新教育对我国的启示》,载《中国高校科技》2016年第9期,第64页。

第八章　发达国家的高校创业教育发展动力机制借鉴

的企业，从项目设计、平台建设到教育改革，以色列高校全方位地促进创新创业人才的培养。不论种族、年龄、社会地位、职业或文化水平等，只要有学习热情和科研兴趣，都可以通过大学的智力测试顺利进入高校接受创新教育和学习深造，甚至专门为没有高中毕业证的学生设立可获得数学学士学位的绿色通道。时常饱受生存和安全危机的威胁，使得以色列人着重培育学生批判和质疑精神，以及探究问题的习惯，注重用创新手段挣脱外界条件的束缚，批评、质疑文化是以色列高校培育创新成果的肥沃土壤。[①]

二、以色列的创新创业教育发展举措对我国的启示

（一）建立完善的法规制度，鼓励引导科技创新

以色列创业教育之所以得到长足发展、繁荣发展，很大程度上归因于建立完善的法规制度，以及投入资金保障科技、技术、学术的创新。尤其在经济和科技政策法规中提出了很多创新的鼓励措施和机制，对自主创新提出了鼓励措施和奖励形式，大力促进了行业领域的创新研究以及科研探讨，有效地推动了创新人才培养战略的开展。近年来，我国创新创业教育发展迅速，在全社会逐渐形成了"大众创业、万众创新"的创新创业氛围，也明确提出了很多鼓励创新创业的法律法规，但还没有一个专门机构统一归口管理创新创业教育工作，也缺乏完善的风险投资体系来确保创新成果顺利转化。因此，我国在积极鼓励全社会进行创新创业形成良好创新创业氛围的同时，要积极制定符合本国国情的创新创业法律法规，构建创新创业教育机制体制，建立专门的机构部门规范创新创业进行管理与监督，鼓励创新创业，提高全社

---

① 王志强、代以平：《以色列创新创业教育生态系统的特征及其成功经验》，载《中国人民大学教育学刊》2019 第 1 期，第 116 页。

会的创新水平。

(二) 与企业界密切联系,共建产学研协同创新平台

以色列高校十分重视与工业界的联系,互动频繁,建造了众多产学研协同创新平台。高校周围聚集很多高科技企业,与企业等各界共同制订相关的科技计划以及创新导向机制,积极搭建高校科研机构和企业的平台。我国高校应该紧密联系企业,鼓励教师和学生走进企业,到企业进行知识的交换,汲取信息营养,充分了解市场需求导向,利用企业资源研究具有市场价值的技术;与企业共同制订技术研发计划、创新导向以及市场转化机制,为高校提供科研技术和实践指导、创新导向,共同完成高校的创新创业项目。高校还要完善风险投资机制,为科技提升提供充足的资金和制度保障,在科技成果与产业应用之间建立便捷的转换渠道,使高校的创新成果得以迅速地推向市场,进行产业化并产生效益,从而带动高校科研创新活动的持续发展。

(三) 创新创业教育模式多元化,推动高校创新教育质量的提升

以色列高校的创新教育面向全民,而且采取多种方式培养学生的创新创业精神和能力。我国政府倡导"大众创业、万众创新"的主导精神,也是一种全民教育,受众应该是学生、家庭、企业、社会其他机构或个人。因此,创新创业教育应该是拓宽发展渠道,开发更多发展路径,将创新创业教育融入社会各行各业,融入每个人的各个阶段。以色列的教学中鼓励提出质疑、鼓励新想法、培育学生批判和质疑精神,提倡探究问题的教学风格,有助于培养创新环境、鼓励创业。我国高校应该鼓励家庭教育、学校教育、社会教育与创新创业教育相融合,除了重视学习者创新创业基础知识和技能的学习外,更要注重对学生创新思维

第八章 发达国家的高校创业教育发展动力机制借鉴

和创业能力的培养,鼓励学生参与实践活动,获取实际经验,鼓励学生积极思考和提问,鼓励他们敢于开拓和创新,积极鼓励学生参与课外实践活动,培养学生动手操作能力。

(四)注重创新人才的选拔

以色列不仅面向全民开展创新培养项目和计划,而且鼓励全民进行科研创新研究。以色列对独特性、创新型人才设置了鉴定程序,实施特殊人才培养计划,如非常注重数学人才培养,每年都会选出全国范围内的数学天才进行专项培养;对博士生的培养制度实施的是严出制度,博士培养相对较为严苛,要求参加很多学术活动,要掌握最前沿的信息知识及科技水平,积极参与国际合作共同探讨创新技术及学术研究。特殊的甄选机制和严格的人才培养策略使以色列优秀人才辈出,科研技术水平较高。我国应该参考并借鉴其教育理念和创新人才培养战略,针对不同层次的人才实行针对性的培养方案,对高新科技人才、创新型人才实行优才计划,提高人才培养的针对性和效用性。以色列的人才培养改革模式以及科研创新途径也为我国的提供了参考范本。

(五)培育创业文化,形成良好创业氛围

一个社会形成和积淀的精神文化气质影响着主体的创新活动,培育良好的创业文化对于引领创新创业文化、增强人们自主创新、提升创业意识和精神、推动创新创业教育等方面有不可忽视的推动作用。以色列创新创业教育事业的稳步发展得益于其政治环境、危机教育、高校创业生态环境等创新创业文化的推动作用。相比于以色列勇于冒险、探索创新等精神文化传统,我国社会文化不仅受传统儒家、道家文化等优秀传统文化精华的影响,而且受经济结构调整下的社会文化转型等因素影响。要增强文化对创新的驱动力,我国应该积极全民的创新意识、营造创新创业氛围、酝酿创新创业文化气息,尤其是在高等教育过程中,积极

培育高校创业文化，改变我国众多高校创新创业教育发展乏力、创新创业文化落后的局面。

本章小结

近十几年来，我国高校的创业教育已经取得了长足的发展，但是面对缺乏创业教育课程的体系建设、师资力量匮乏、大学生参与度和成功创业率低等诸多问题，还需要一个长期改进，完善的过程。他山之石可以攻玉，积极借鉴美国、德国、以色列等国家先进创业教育经验可以帮助我们发现和改进存在的问题，加强创业教育体系建设和创新研究，促进社会创新力量和高校间合作，逐渐走出符合中国特色的创业教育之路。

促进美国高校创业教育发展的主要外部影响因素是政治、经济、文化，"社会服务"理念、教师、管理制度是其主要的内部影响因素，科技创新则是促进美国高校创业教育发展的最关键性影响因素。美国政府在政策、法律、法规方面对高校发展创新创业教育的支持力度相当大，是创新创业型人才培养政策上的保障，针对创新创业型人才培养，政府特定制定颁布了相应的法律条文，如《高等教育》《美国教育规则》等。为了使创业教育顺利开展，美国政府还提供了专项基金，例如低息贷款，极大地支持各大高校创新创业型人才培养的发展。

美国高校开展创新创业教育模式多样，如产学研一体化、校企合作、创业模拟实践、创业孵化器等，各式各样的教育模式创新，使得人才培养效果越来越接近社会发展对人才的要求。例如"校企合作"模式，学校提供教学场地给学生，企业向高校提供专业的指导老师，两者共同开发合作课程和编写合作教材，校企共育人才，使得培养出来的学生能够更好地适应社会发展的需要。良好的创新创业环境和完备的保障体系，是美国高校发展创

第八章　发达国家的高校创业教育发展动力机制借鉴

新创业教育的重要平台。活跃、成熟的资本运转机制为大学生创新创业项目较好地引进种子基金和风险投资基金,健全的知识产权保护法为学生创新创业提供充分的法律保障,灵活弹性的考核管理环境则推动教师与学生更自由地投身创业活动。

德国是现代大学模式的发源地,其高校创业教育也一直走在世界前列。近半个多世纪以来,德国的高校创业教育形成了各具特色的创新研究和创业教育体系。创业教育的宗旨在于培养学生的创业技能、创新意识与开拓精神,以适应经济变迁、全球化等时代性的挑战,并使其转变就业观念,将创业作为未来职业的一种选择。学习和借鉴德国高校大学生创业教育方面的发展过程中创新能力培养和高校创业教育的经验,对于推动我国大学生创业教育发展具有重要的实践指导价值。德国政府重视大学创业教育,集合全社会的力量,共同投入开展创业教育项目,为支持大学生顺利创业提供了全方位的创业政策体系,如创业教育、培训和指导政策,还有企业注册、税收优惠和资金支持等,政府制定相应的配套和保障政策,积极推动大学生创业。大学与校外科研机构和企业利用各自优势形成有效联盟,为大学生创业创造条件和提供支持。德国高校充分利用其齐全的学科设置、稳定的高水平科研队伍、浓厚的学术氛围等优势,鼓励和支持大学生的科技创新型创业活动,积极引导大学生参与到科研项目中,并为其提供优良的孵化条件,全面促进大学生创办创新型企业。德国建立健全大学生创业服务体系,专门设置了各级各类部门负责大学生创业项目咨询、创业培训、新技术项目建设等服务的专门机构。

在过去的十几年,以色列的经济增长就超过世界发达国家的平均水平,堪称"创新的国度"。以色列在创新型国家建立的过程中积累了很多成功的经验,在政府体制与环境建设、人才与教育、企业与市场、创新与产出等多方面完善国家创新体系,政府主导设立与运作创新机构、完善政策法规、推行引智计划、增强

高校创新创业教育发展动力机制研究

企业创新活力,企业负责高新技术的研发与产出,高校联合企业创建高校产业园区、主管学术科研的攻坚与技术转移等。以色列在创新创业教育发展、高校科技创新方面的先进经验对加快推进我国高校的创新教育改革实施具有重要的借鉴意义。以色列创业教育之所以得到长足发展、繁荣发展,很大程度上归因于建立完善的法规制度,以及投入资金保障科技、技术、学术的创新。尤其在经济和科技政策法规中提出了很多创新的鼓励措施和机制,对自主创新提出了鼓励措施和奖励形式,大力促进了行业领域的创新研究以及科研探讨,有效地推动了创新人才培养战略的开展。以色列高校十分重视与工业界的联系,互动频繁,建造了众多产学研协同创新平台。高校周围聚集很多高科技企业,与企业等各界共同制订相关的科技计划以及创新导向机制,积极搭建高校科研机构和企业的平台。因此,创新创业教育应该是拓宽发展渠道、开发更多发展路径,将创新创业教育融入社会各行各业,融入每个人的各个阶段。以色列的教学中鼓励提出质疑、鼓励新想法、培育学生批判和质疑精神,提倡探究问题的教学风格,有助于培养创新环境、鼓励创业。

我国政府对大学创业教育也非常重视,近年来,国家出台了一系列配套政策,鼓励高校积极开展创业教育和实践活动,支持高校毕业生自主创业。积极倡导在大学展开创业教育并出台了许多优惠政策,鼓励大学生创业。然而创业教育是一项系统复杂的浩大工程,需要社会各界的广泛参与。需要以政府为主导,社会各界积极参与大学生创业教育,形成促进大学生创业教育合作的动力机制,建立各类各级创业教育联盟,实现社会资源共享、优化组合,以保证大学创业教育科学、优质、高效的发展与实施。我国高校应鼓励科研与学生创业相结合,鼓励大学生创办科技创新型企业。重视创业教育与高校的专业特点相结合,加强创业教育与专业教育的融合,提高创业教育质量,我国在积极鼓励全社

第八章　发达国家的高校创业教育发展动力机制借鉴

会进行创新创业，形成良好创新创业氛围的同时，要积极制定符合本国国情的创新创业法律法规，构建创新创业教育机制体制，建立专门的机构部门规范创新创业进行管理与监督，鼓励创新创业，提高全社会的创新水平。我国政府倡导"大众创业、万众创新"的主导精神，也是一种全民教育，受众应该是学生、家庭、企业、社会其他机构或个人。我国高校应该鼓励家庭教育、学校教育、社会教育与创新创业教育相融合，除了重视学习者创新创业基础知识和技能的学习，更要注重对学生创新思维和创业能力的培养，鼓励学生参与实践活动，获取实际经验，鼓励学生积极思考和提问，鼓励他们敢于开拓和创新，积极鼓励学生参与课外实践活动，培养学生动手操作能力。

第九章 结 语

知识型社会的到来推动了经济发展模式的变革，以创新为主导的驱动成为新一轮国际竞争的关键。放眼全球，谁拥有创新创业型人才，谁就能在激烈的国际和地区竞争中拥有竞争力，赢得先机，获得主动，取得发展。创新关乎国家战略发展，提升国家创新能力的驱力根源在于深化高校创新创业教育改革，培养创新创业人才。目前，创新创业已成为现代社会中世界各国一种普遍的经济现象。

系统论作为研究客观现实系统的特征、本质、原理和规律的科学，主张从整体出发研究系统内部结构之间、系统与外界环境之间的普遍联系。系统论对高校创业教育发展动力机制研究有重要的启示和借鉴价值。高校创业教育系统是高等教育系统的一个子系统，更是一个社会系统，其运动演化非常复杂。运用系统理论，可对构成高校创业教育系统的要素进行深入分析，有助于认识各要素之间、由要素组成的整体与外界环境之间的非线性相互作用关系，揭示高校创业教育系统的动力机制，进而通过建构、调整和优化，推动高校创业教育系统的有序演化。人才培养是高校实施创业教育的最终目的，而创业教育则是高校为实现人才培养目标在动态、复杂环境下具体实施的一种手段或方法。从类型上看，创业教育有别于专业教育与通识教育；从实施范畴上看，它不仅仅局限于高等教育领域；从其追求的目标看，成功创业本身越来越不是其最终目标，促进人的终身发展才是其根本目的。

第九章 结语

围绕着高校创业教育的总目标要求，在学校整个人才培养体系的框架内，结合社会现实状况、学校办学类别、学生自身条件等因素，在该过程中完全发挥其在教育体制中的主导性作用。高校创业教育外部的创业环境包括政府政策、金融环境、经济环境、法律环境等多个方面，对创业活动产生深远的影响。高校除了通过革新课程体系和组织管理体系，面向全社会培养具有创业精神和创业思维的人才以外，还要通过内外部的技术支持和产业合作等方式突出体现自己的服务功能。

建立适合本国特点的动力机制，促进个人创业、团队创业和企业内创业也已有了广泛的共识。动力机制的形成涉及政治政策、体制机制、法律制度、经济运行以及文化教育等各个层面，是一个复杂的巨大系统。研究高校创新创业教育发展动力机制，是顺应"双创"国家战略，着眼"十三五"规划，紧扣高校创新创业教育的本质特征，对于我国高校探索创新创业型人才培养的体系路径、走内涵式发展道路、建设创新创业型院校具有理论研究价值与实践意义。我国高校在人才资源、学科专业基础、思想活跃等方面具有丰富的创新创业优势，在贯彻创新驱动发展战略的过程中，承担着重要的历史使命和时代责任。随着创新驱动发展战略的实施，我国高校积极开展了大量的创新创业教育活动，但通过总结发达国家的优秀发展经验可以看出，我国高校未来的创新创业教育改革仍然任重道远。如何进一步充分发挥市场在科技资源配置中的决定作用，如何化解行政力量对高校科技资源配置的过度干预，如何实施多重激励，建立健全创业动力机制，使大学生创业具有强大的动力和旺盛的生命力，如何解决长期以来高校科研成果的市场化、产业化推广，如何进一步促进高校与科技创新园区的融合发展，如何提高大学生创新创业的技术含量，培育良好的创新创业文化，这些问题还有待进一步研究。

参考文献

Almeida, Fernando. Learning entrepreneurship in higher education through Flow Theory and Fligby Game[J]. International Journal of Virtual and Personal Learning Environments,2019(1):1-15.

Andrade, Andrew. Quantifying the impact of entrepreneurship on cooperative education and job creation[J]. Asia-Pacific Journal of Cooperation Education,2018(1):51-68.

Baptista,R., and Naia, A. Entrepreneurship education: A selective examination of the literature[J]. Foundations and Trends in Entrepreneurship,2015(5):337-426.

Barnard, A. Pittz, T., and Vanevenhoven, J. Entrepreneurship education in U. S. community colleges: A review and analysis[J]. Journal of Small Business and Enterprise Development, 2019(2): 190-200.

Baron, R. A. The cognitive perspective: A valuable tool for answering entrepreneurship's basic "why" questions[J]. Journal of Business Venturing,2004(2):221-239.

Bellman, L. M. Attracting undergraduates to an entrepreneurship program[J]. Journal of Entrepreneurship Education,2004(7):1-22.

Burton,C. The entrepreneurial university: Demand and response [J]. Tertiary Education and Management,1998.

Clark, U. Higher education as a self-guiding society[J]. Tertiary

参考文献

Education and Management, 1997(2):91-99.

Cunha,C. , Santos, B. C. , and Sereno-Ramirez,A. Entrepreneurship education: A tool for development of technological innovation[J]. Education Tools for Entrepreneurship,2016(4):73-86.

Dimitrakaki,I. Entrepreneurship and education: The role of education in the development of entrepreneurship [J]. Economics and Management,2018(2):138-143.

Draghici, A. , Tamasila, M. , Ivascu, L. , and Albulescu, C. Intercultural education for creative entrepreneurship[J]. International Journal of Management, Knowledge and Learning, 2018(2): 117-140.

Estelles-Miguel, S. , and Gato, M. E. P. Educating for entrepreneurship: Application to the business services marketing subject[J]. Education Tools for Entrepreneurship, 2016(10):125-134.

Georgiou,P. C. Human Capital as a Facilitator of Innovation and Imitation in Economic Growth: Further Evidence from Cross-country Regressions[D]. Baton Rouge: Louisiana State University,1999.

Gloet,M. , and Terziovski, M. Exploring the relationship between knowledge management practices and innovation performance [J]. Journal of Manufacturing Technology Management, 2004 (5): 402-409.

Hayton, J. C. Promoting corporate entrepreneurship through human resource management practices: A review of empirical research [J]. Human Resource Management Review, 2005(1):21-41.

Johansen,V. Entrepreneurship education and academic performance[J]. Scandinavian Journal of Educational Research,2014(3): 300-314.

Kakouris,A. , and Georgiadis,P. Analysing entrepreneurship education: a bibliometric survey pattern[J]. Journal of Global Entrepreneurship Research,2016(6):1-18.

Kuratko, D. F. The emergence of entrepreneurship education: development, trends, and challenges[J]. Entrepreneurship Theory and Practice, 2005(9):577-597.

Kyröa, P. The conceptual contribution of education to research on entrepreneurship education[J]. Entrepreneurship and Regional Development,2015(9):599-618.

Lans, T., Tynjälä, P., and Biemans, H. Entrepreneurship education with impact: opening the black box[J]. Education Research Internation,2017(6):128-139.

Laursen, K., and Foss, N. J. New human resource management practices, complementarities and the impact on innovation performance [J]. Cambridge Journal of Economics,2003 (2):243-263.

Malebana, M. J. Does entrepreneurship education matter for the enhancement of entrepreneurial intention? [J]. Southern African Business Review, 2016(1):365-387.

Matlay, H. New developments in enterprise and entrepreneurship education [J]. Education and Training, 2018(7):654-655.

Matlay, Harry. Researching enterprise and entrepreneurship education[J]. Educationand Training, 2015(8):30-40.

Nasr, K. B., and Boujelbene, Y. Assessing the impact of entrepreneurship education[J]. Procedina-Social and Behavioral Sciences, 2014(5):712-715.

Nitu-Antonie, R. D. Education-vector of entrepreneurship development[J]. Transformations in Business and Economics, 2014(3)348-369.

Peterka, S. O., Koprivnjak, T., and Mezulić, P. Challenges of evaluation of the influence of entrepreneurship education[J]. Economic Review:Journal of Economics and Business,2015(2):74-86.

Piva, E. Milan Polytechnic University: Experience-oriented entrepreneurship education[J]. Entrepreneurship Education at Universities, 2017(37):353-377.

Pounder, P. A. Entrepreneurship education in the Caribbean: learning and teaching tools [J]. Brock Education: A Journal of Educational Research and Practice. 2016(1):83-101.

Sarıkayaa, M., and Coşkunb, E. A new approach in preschool education: Social entrepreneurship education[J]. Procedia-Social and Behavioral Sciences,2015(8):888-894.

Schulte,P. The entrepreneurial university: A strategy for institutional development[J]. Higher Education,2004(2).

Storen, L. A. Entrepreneurship in higher education[J]. Education and Training,2014(8):795-813.

Ugoani, J. N. N., and Nwaubani, A. N. Entrepreneurship education as helicopter for entrepreneurship development: Nigerian perspective[J]. International Journal of Management Sciences, 2014(4):182-198.

Wu,Hsin-Te, and Chen, Mu-Yen. Course design for college entrepreneurship education: From personal trait analysis to operation in practice[J]. Frontiers in Psychology,2019(10):1016.

Wyness, L., Jones,P., and Klapper, R. Sustainability: What the entrepreneurship educators think[J]. Education and Training, 2015(8).

埃茨科威兹. 创业型大学与创新的H螺旋模型[J]. 科学学研究, 2009 (4).

埃茨科威兹. 三螺旋：大学—产业—政府三元一体的创新战

略[M]. 周春彦, 译. 北京: 东方出版社. 2005.

埃兹科维茨. 麻省理工学院和创业科学的兴起[M]. 土孙禹, 等, 译. 北京: 清华大学出版社, 2007.

布尔迪厄. 实践理性: 关于行为理论[M]. 谭丽德, 译. 北京: 生活·读书·新知三联书店, 2007.

蔡宁, 刘景枝, 陈瑾. 优化大学生创业教育生态环境, 完善创业教育支撑体系[J]. 教育界, 2010 (6).

蔡兴怀, 陈燕, 王颖. 论高职院校创新创业教育的实现路径[J]. 白城师范学院学报, 2016 (3).

曹扬, 邹云龙. 经济发展方式转变背景下的大学生创业与创新创业教育[J]. 东北师大学报 (哲学社会科学版), 2012 (4).

曹扬. 西方创业教育理念的演进与启示[J]. 东北师大学报 (哲学社会科学版), 2016 (4).

曾凡奇, 郑慕强, 刘倩. 创业意向的影响因素实证研究: 基于大学生社会创业问卷调查[J]. 汕头大学学报 (人文社会科学版), 2015 (3).

曾珍香. 可持续发展协调性分析[J]. 系统工程理论与实践, 2001 (3).

常晓茗. 创业教育: 创业和教育的关系分析[J]. 企业家信息, 2013 (7).

陈德智. 创业管理[M]. 北京: 清华大学出版社, 2001.

陈光. 以色列国家创新体系的特点与启示[J]. 中国国情国力, 2014 (11).

陈晶晶. 创业教育如何与专业教育深度融合[J]. 中国高等教育, 2015 (8).

陈丽影, 易石宏. 就业资本与大学生创业[J]. 求索, 2007 (11).

陈龙. 大学生创业支持体系构建与评价研究［D］. 武汉：武汉工程大学，2011.

陈琪，金康伟. 创业环境问题研究述评［J］. 浙江师范大学学报（社会科学版），2008（5）.

陈世伟，易开刚. 美国高校创新创业教育对我国高校的启示［J］. 黑龙江高教研究，2017（8）.

陈微微，陈芳. 大学生自主创业支持体系的构建研究［J］. 中国高等教育评估，2010（2）.

陈文，赖炳根，关福远. 德国高校创业教育特点及启示［J］. 学校党建与思想教育，2012（10）.

陈霞玲，马陆亭. MIT与沃里克大学：创业型大学运行模式的化较与启示［J］. 高等工程教育. 2012（2）

陈延良. 系统论下基于创客空间加强大学生创新创业教育的对策研究［J］. 学校党建与思想教育，2018（16）.

陈宇学. 创新驱动发展战略［M］. 北京：新华出版社，2014.

陈昭锋. 大学功用：全方位服务社会.［EB/OL］.（2017-07-02）. http://www.cssn.cn/gd/gd_rwhd/gd_gdxc_1652/201706/t20170602_3537232.shtml.

陈忠，等. 复杂性的探索：系统科学与人文［M］. 合肥：安徽教育出版社，2002.

陈忠卫，曹薇. 创业环境与创业活动关系的研究视角及其进展［J］. 科技进步与对策，2009（9）.

程利敏，陈焘. 高校创新创业教育课程的宏观建构［J］. 中国成人教育，2018（2）.

仇志海，洪霄. 依托专业教育开展创业教育与实践范式研究［J］. 高等教育研究，2010（2）.

崔万珍. 大学生创业支持系统的构建研究［J］. 中国大学

生就业, 2007 (15).

党咨文, 张小辉, 张瑛, 等. 创新创业型人才培养的战略谋划与战术探究 [J]. 创新与创业教育, 2016 (1).

德鲁克. 创业精神与创新 [M]. 北京：工人出版社, 1989.

邓志良, 孙卫东. 高职学生创新创业教育的顶层设计与实施 [J]. 常州信息职业技术学院学报, 2016 (2).

蒂蒙斯. 创业企业融资 [M]. 5版. 周伟民, 等, 译. 北京：华夏出版社, 2002.

董伟. 大众创业、万众创新背景下的高校创业教育 [J]. 教育与职业, 2015 (12).

杜祥培. 地方高职院校服务地方经济发展的探索 [J]. 教育与职业, 2010 (27).

段辉琴, 陆俊. 大学生创新创业精神培育路径 [J]. 继续教育研究, 2017 (2).

段美. 大学生创业能力培养问题研究 [D]. 保定：河北农业大学, 2011.

段云龙, 王墨林, 刘永松. 科技创新中心演进趋势、建设路径及绩效评价研究综述 [J]. 科技管理研究, 2018 (13)

冯帆. 美国高校创新创业教育师资队伍建设的经验借鉴与启示 [J]. 湖北函授大学学报, 2015 (12).

冯之浚. 国家创新系统的理论与政策 [M]. 北京：经济科学出版社, 1999.

高明. 英美创业型大学管理模式比较及启示 [D]. 沈阳：东北大学, 2012.

高霞. 价值链内部控制框架的构建与应用研究 [D]. 河北经贸大学, 2011.

工信部：今年我国信息消费规模达2.8万亿 [EB/OL]. (2014-12-22). http://tech.ifeng.com/a/20141222/40915068_

0.shtml.

郭伟.国家引领创业人才培训[J].上海教育,2015年(32).

郭占恒.创业的本质是创新、创业与就业概念辨析[J].浙江经济,2007(16).

国务院办公厅关于深化高等学校创新创业教育改革的实施意见[EB/OL].(2015-05-13).http://www.gov.cn/xinwen/2015-05/13/content_2861327.htm.

国务院办公厅印发《关于发展众创空间推进大众创新创业的指导意见》[EB/OL].(2015-03-11).http://www.gov.cn/xinwen/2015-03/11/content_2832461.htm.

国务院印发《关于大力推进大众创业万众创新若干政策措施的意见》[EB/OL].(2015-06-16).http://www.gov.cn/xinwen/2015-06/16/content_2879971.htm.

韩琪瑄.美国高校创业教育课程体系研究:以百森商学院和斯坦福大学为例[D].石家庄:河北大学,2013.

何独明,滕发祥.大学生创业教育的基本理念及实践通道[J].教育探索,2007(7).

何杨勇.高校创业教育的价值反思[J].江苏高教,2013(5).

贺建民,郭永强.构建地方院校创业教育新体系[J].中国高等教育,2010(7).

贺腾飞.创新与创业概念与关系之辩[J].民族高等教育研究,2016(7).

贺旭.关于高校大学生创业教育的思考[J].商场现代化,2007(6).

洪再环.创造力在成才中的作用及培养途径探析[J].才智,2017(3).

胡超. 大学生创业群体能力的结构、形成机制及其优化研究[D]. 天津工业大学, 2016.

黄俊, 冯诗淇. 创业理论与实务: 倾向、技能、要素与流程[M]. 北京: 清华大学出版社, 2011.

黄唯. 服务区域经济发展与高校创业教育创新[J]. 煤炭高等教育, 2011（5）.

黄英杰. 中国大学创新创业教育的哲学之思[J]. 高校教育管理, 2016（1）.

季学军. 美国高校创业教育的动因及特点探析[J]. 外国教育研究, 2007（3）.

姜鹏飞, 许美琳. 大学生创业支持体系构建研究[J]. 当代教育科学, 2012（17）.

姜言东. 三维透视以色列创新创业教育[N]. 中国教育报, 2017－9－22（1）.

蒋逸民. 新的知识生产模式对大学教学和科研的影响[J]. 中国高教研究, 2010（2）.

教育部关于大力推进高等学校创新创业教育和大学生自主创业工作的意见. [EB/OL]. (2010－05－14). http://info.jyb.cn/jyzck/201005/t20100514_359988.html.

教育部关于做好2015年全国普通高等学校毕业生就业创业工作的通知[EB/OL]. (2014－12－02). http://old.moe.gov.cn//publicfiles/business/htmlfiles/moe/s3265/201412/xxgk_180810.html.

金碚, 等. 美国高技术产业的创业与创新机制及启示[J]. 管理世界, 2001（4）.

敬阳. 德国大学生创业教育模式聚焦[J]. 教育与职业, 2014（10）.

克拉克. 建立创业型大学: 组织上的转型[M]. 王承绪,

译．北京：北京人民教育出版社，2003．

劳特，拉里莱斯利．学术资本主义：政治、政策和创业型大学［M］．北京：北京大学出版社，2008．

李炳论．大学生创新创业一站式服务平台构建的探索与实践［J］．教育与职业，2012（11）．

李楚英，王满四．美国大学创业教育模式及与中国比较［J］．高等农业教育，2010（2）．

李高阳，孙鹏．科技型小微企业创业环境分析及优化对策研究［J］．江苏大学学报（社会科学版），2014（7）．

李华晶、张玉利．从圣路易斯大学看创业教育与知识转化的契合［J］．管理现代化，2015（3）．

李建军．硅谷产学创新系统及其集群效应［J］．山东科技大学学报（社会科学版），2003（9）

李军，孙启新．国外孵化器发展的借鉴与启示［J］．中国高校科技与产业化，2006（12）．

李凯．基于胜任力的大学生创新创业能力素质培养与评价［J］．高教学刊，2018（6）．

李丽丽．"学术资本主义"中的资本逻辑与文化逻辑［J］．云南社会科学，2017（6）．

李梁，殷惠光，姜慧．基于行业协会的高校应用型人才培养模式［J］．河北大学学报（哲学社会科学版），2014（6）．

李梅，罗南林．高职"三项融汇，分层递进"创新创业人才培养模式研究［J］．教育与职业，2015（35）．

李涛，刘明永．论创业教育的内涵与价值［J］．教育探索，2009（8）．

李闻一，徐磊．基于创业过程的我国大学生创业行为影响因素研究［J］．科学进步与对策，2014（4）．

李亚奇，王涛．加强高校创新创业教育"双师型"专职师资队伍建设探析[J]. 创新与创业教育, 2018 (4).

李志永. 日本大学创业教育的发展与特点[J]. 比较教育研究, 2009 (3).

林航, 邓安兵. 中国高校创业教育生态系统引入及风险分析[J]. 创新与创业教育, 2016 (4).

林金贵, 邹艳辉, 杨邦勇. 大学生创业资金支持系统构建研究[J]. 福建工程学院学报, 2010 (4).

林强等. 创业理论及其构架分析[J]. 经济研究, 2001 (9).

林伟连. 面向持续创新的产学研合作共同体构建研究[D]. 杭州：浙江大学, 2016.

刘宝存. 确立创新创业教育理念培养创新精神和实践能力[J]. 中国高等教育, 2010 (12).

刘成柏, 迟晶. 高等学校的社会服务职能及其历史演进[J]. 现代教育科学, 2007 (5).

刘春花. 学术资本：大学生创业可资利用的优势资本[J]. 继续教育研究, 2013 (2).

刘洪波. 论五大发展理念与创新创业教育的内在逻辑[J]. 太原理工大学学报（社会科学版）, 2017 (2).

刘沁玲. 美国高校创业教育改革的新趋势及启示[J]. 当代教育科学, 2010 (23).

刘欣. 产学研合作助推地方大学转型发展[J]. 教育与职业, 2012 (3).

刘叶. 学术资本主义浪潮中的西方大学变革路径：基于传统使命与现实诉求的理性选择[J]. 高教探索, 2011 (2).

刘英娟. "三螺旋"理论视角下地方高校创业人才培养模式研究[J]. 教育与职业, 2013 (33)

刘瑛, 何云景. 构建复杂适应的大学生创业支持系统[J].

山西高等学校社会科学学报，2012（12）.

刘颖．院校研究：高职创新专业理性升级的导向［J］．中国职业技术教育，2014（20）.

刘影．论构建与实施高校创业教育体系［J］．中国高教研究，2006（1）.

刘元芳，彭绪梅，彭绪娟．基于创新三螺旋理论的我国创业型大学的构建［J］．科技进步与对策，2007（11）.

罗公利，王明慧．科技企业创业环境研究综述［J］．青岛科技大学学报（社会科学版），2010（6）.

罗三桂．大学生创业能力的培养现状及提升策略［J］．中国高等教育，2013（12）.

骆方金，宁昭棠．中美高校创业教育比较研究［J］．黑龙江高教研究，2018（6）.

吕际荣．大学生创业风险分析及防范［J］．现代营销，2018（10）.

吕胜男，方法林．"创新创业+"的内涵、构建、特征与价值［J］．教育与职业，2016（14）.

马黎赵，薇胡程．创业教育研究现状的社会经济学解析［J］．山东社会科学，2016（4）.

梅伟惠．创业人才培养新视域：全校性创业教育理论与实践［J］．教育研究，2012（6）.

明赛尔．人力资本研究（中译版）［M］．张凤林，译．北京：中国经济出版社，2001.

倪涵．高职院校应用型创新创业人才培养模式研究［J］．职教通讯，2013（11）.

潘燕萍．从"自上而下"向"创业本质"的回归：以日本的创新创业教育为例［J］．高教探索，2016（8）.

裴利芳，徐宏伟．创业研究概念框架述评［J］．北京科技大学学报（社会科学版），2010（12）.

  钱宗霞. 浅析三螺旋视域下高校创业教育的创新模式［J］. 江西师范大学学报（哲学社会科学版），2015（2）.

  曲秀琴，吕秀丽. 构建"多维度"创新创业实践平台的研究与实践：高职院校创新创业教育教学模式的新思维［J］. 科技创业家，2013（10）.

  任胜洪，刘孙渊. 高校创新创业教育政策的演进逻辑及展望［J］. 教育研究，2018（5）.

  任义君. 论高校科技创新系统的构建及优化战略［J］. 西安交通大学学报（社会科学版），2008（11）.

  任智勇. 共通性与差异性：中外学术资本主义兴起原因的比较［J］. 高等农业教育，2018（4）.

  塞诺，辛格. 创业的国度：以色列经济奇迹的的启示［M］. 王跃红，韩君宜，译. 北京：中信出版社，2010.

  沈超红. 基于行动逻辑的创业教育内容探索［J］. 创新与创业教育，2012（12）.

  沈召前. 高等院校培养 21 世纪创新性人才若干措施的思考［J］. 中国高教研究，2000（10）.

  师晓莉，师晓华. 基于创业过程的大学生创新创业实践模式探索［J］. 学术论坛，2014（12）.

  施永川. 我国高校创业教育十年发展历程研究［J］. 中国高教研究，2013（4）.

  舒尔茨. 论人力资本投资［M］. 吴珠华，等，译. 北京：北京经济学院出版社，1990.

  斯密. 国民财富的性质和原因的研究：上卷［M］. 郭大力，王亚南，译. 北京：商务印书馆，1972.

  苏晓晋. 大学生创新创业能力现状及培养途径［J］. 中国高校科技，2011（11）.

苏晓晋. 大学生创新创业能力现状及培养途径［J］. 中国高校科技, 2011（11）.

孙金花, 毕克新, 冯英浚. 区域中小企业技术创新的对策与建议［J］. 中国科技论坛, 2005（5）.

孙丽娜, 董昊, 徐平. 美国创业型大学知识生产模式及其价值取向［J］. 现代教育管理, 2016（6）.

唐鹏程. 企业的创业与发展：基于企业家的视角［D］. 成都：四川大学, 2010.

唐越阳. 我国高校创新创业教育政策探析［J］. 才智, 2018（12）.

王爱文. 电子商务服务业现状、影响因素和发展对策研究［J］. 价格月刊, 2015（6）.

王爱文. 高校协同创新的SWOT分析与战略选择［J］. 时代经贸, 2018（5）.

王爱文. 高职院校学生"创业带动就业"的培养路径研究［J］. 科教文汇, 2012（6）.

王爱文. 高职院校学生创业的培养体系构建研究［J］. 中国商界, 2012（11）.

王爱文. 国际视域下高校知识战略联盟发展模式探究［J］. 文学教育, 2018（6）.

王爱文. 基于"双创导向"的"六元渗透式"育人模式研究［J］. 中国商论, 2016（12）.

王爱文. 基于冰山模型的创业实训模式探究［J］. 中国电力教育, 2012（12）.

王爱文. 基于创业驱动的区域创新网络及运行机制研究［J］. 市场研究, 2015（8）.

王爱文. 基于企业创业过程视角的大学生创业支持体系构建［J］. 商场现代化, 2017（1）.

王爱文. 区域经济特色的大学生电子商务创业研究［J］. 湖北函授大学学报，2015（5）.

王冰，顾海川，李继怀. 社会化教育与大学生创新创业能力形成的内在关联性及其引领功能［J］. 现代教育管理，2017（3）.

王海涛，陈志平，郑翘. 高职院校学生创新创业特色课程建设的研究［J］. 哈尔滨职业技术学院学报，2016（3）.

王立. 学术资本主义背景下大学学术创业的发展探讨［J］. 中国市场，2017（4）.

王伟忠. 大学生创业指导服务的三维联动与要素协同［J］. 教育发展研究，2015（23）

王星霞. 学校发展变革研究［D］. 兰州：西北师范大学，2007.

王绪梅. 大学生创业动力影响因素实证研究［D］. 合肥：安徽大学，2013.

王延荣. 创业机制及其架构分析［J］. 理论月刊，2004（4）.

王延荣. 高新技术创业动力的经济学分析［J］. 科研管理，2006（5）.

王艳茹. 创业教育、企业家精神与创新型经济发展［J］. 产经评论，2011（9）.

王占仁. "广谱式"创新创业教育体系建设论析［J］. 教育发展研究，2012（3）.

王占仁. 以德国为镜鉴，建设良好大学生创业环境［J］. 中国高等教育，2010（21）.

王志强，代以平. 以色列创新创业教育生态系统的特征及其成功经验［J］. 中国人民大学教育学刊，2019（3）.

王左丹. "金字塔"式大学生创业教育体系的探索与实践［J］. 高教探索，2014（5）.

魏东初. 国外大学生创业教育的经验与借鉴［J］. 思想教

育研究，2013（7）.

吴金希. 创新文化、国际比较与启示意义［J］. 清华大学学报（哲学社会科学版），2012（5）.

吴小明. 高等院校大学生创业孵化器管理模式与实践研究：以南京财经大学为例［J］. 现代管理科学，2017（1）.

吴晓，覃永晖. 论区域经济发展与创新创业型人才培养的关系［J］. 求索，2010（10）.

吴远征，李璐璐，董玉婷. 大学生创新创业的综述：研究政策与发展［J］. 中国林业教育，2015（11）.

伍军. 大学生创业实训教学模式的设计与研究［J］. 前沿，2013（18）.

西凤茹. 大学生创业影响因素与支持体系完善［J］. 黑龙江高教研究，2012（7）.

夏人青，罗志敏. 论高校人才培养框架下的创业教育目标：兼论高校创业教育课程的设置［J］. 复旦教育论坛，2010（6）.

谢安邦. 高等教育学［M］. 北京：高等教育出版社，1999.

谢列卫. 陶行知教育思想与高职创新创业人才培养的关系研究［J］. 职业技术教育，2017（7）.

熊彼特. 经济发展理论［M］. 郭武军，等，译. 北京：商务印书馆，1990.

徐生林. 大学生创业教育模式的探索与实践［J］. 江苏高教，2013（3）.

徐玛璠. 学术资本主义环境下大学创业教育面临的机遇和挑战［J］. 教育教学论坛，2016（4）.

许广永. 中美大学生创业实践能力培养比较及启示［J］. 教育评论，2016（3）.

薛雷. 高校创业教育发展研究：基于创业教育与专业教育融合的视角［J］. 经济视角，2014（12）.

薛天祥. 高等教育学［M］. 桂林：广西师范大学出版社，2001.

薛玉香，李梁. 我国大学创新创业园区发展路径探析：基于美国的经验与启示［J］. 教育发展研究，2017（5）.

闫广芬. 大学生就业、创业教育研究的逻辑起点［J］. 南开学报（哲学社会科学版），2013（3）.

严中华，林海，张燕，姜雪. 国外社会创业研究述评与展望［J］. 技术经济与管理研究，2013（4）.

颜惠庚，李玮，李耀中. 高职院校学生创新能力培养："3T"模式的实践与探索［J］. 中国职业技术教育，2015（17）.

杨从意. 对优化城市人才创新创业环境的思考［J］. 内蒙古师范大学学报（教育科学版），2015（7）.

杨国祥，尹家明，万碧波，等. 创新人才培养理念与模式［M］. 镇江：江苏大学出版社，2007.

杨虹. 高职院校社会服务功能的意义及实现途径［J］机械职业教育，2009（8）.

杨茂庆，袁琳. 基于德国经验的中国大学创业教育思考［J］. 职业技术教育，2011（10）.

杨秋宁. 德国高校创业教育的特点及启示［J］. 人民论坛，2014（11）.

杨艳蕾. 当代威斯康星理念的新发展及启示：以威斯康星大学为例［J］. 外国教育研究，2012（5）.

杨谊，喻德旷. 以系统论方法建设创新创业教育课程体系［J］. 高教学刊，2018（2）.

姚聪莉，任保平. 国外高校创新人才的培养及对中国的启示［J］. 中国大学教学，2008（9）.

姚威. 产学研合作创新的知识创造过程研究［D］. 杭州：浙江大学，2009.

叶峻. 社会生态经济协同发展论：可持续发展的战略创新[M]. 合肥：安徽大学出版社，1999.

殷朝晖，雷丽. 学术资本主义对美国大学创业教育的影响及启示[J]. 江苏高教，2014（4）.

殷忠敏，赵海志，袁媛. 高职创新创业教育体系构建研究[J]. 经贸实践 2015（8）.

游振声. 美国高等学校：创业教育研究[M]. 成都：四川大学出版社，2012.

于建秀. 高校创新创业教育的本质内涵及对策研究[J]. 河北企业，2012（9）.

俞金波. 大学生创业教育培养模式的科学构建及其运行[J]. 高教探索，2012（2）

郁义鸿，李志能. 创业学[M]. 上海：复旦大学出版社，2000.

郁震，高伟，李书朋，等. 青年（大学生）创业服务平台建设和运行机制研究[J]. 浙商研究，2011（1）.

袁青燕. 高校创业教育与区域经济协同发展的本质与互动机理关系[J]. 教育现代化，2018（16）.

翟美荣. 科技生产关系与产学研合作本质探究[D]. 沈阳：东北大学，2014.

占卫国. 基于区域经济发展的高职创新创业人才培养实践研究[J]. 农村经济与科技，2015（12）.

张存凯. 论大学生创业教育立体支持系统的构建[J]. 内蒙古师范大学学报（教育科学版），2009（3）.

张国昌. 知识生产方式变迁下的产业—教学—科研—学习连结体的组织特征[J]. 高等教育研究，2012（11）.

张国峰. 产学研联盟的知识转移机制及治理模式研究[D]. 大连：大连理工大学，2012.

张慧. 论 E. 拉兹洛的系统整体观［D］. 广州：华南师范大学，2010.

张剑英. 论高校创业教育与大学生创业能力培养［J］. 中国成人教育，2007（3）.

张鑑民. 高职创业教育的内在逻辑、体系构建和深化路径［J］. 教育发展研究，2013（7）.

张倩红，刘洪洁. 国家创新体系：以色列经验及其对中国的启示［J］. 西亚非洲，2017（3）.

张宇飞. 新时期大学生创业的困境及对策研究［D］. 太原：山西财经大学，2017.

张玉利，曲阳，云乐鑫. 基于中国情境的管理学研究与创业研究主题总结［J］. 外国经济与管理，2014（1）.

张玉利，杨永峰，秦剑，薛红志. 创业联盟前沿理论的发展及其实证研究［J］. 管理现代化，2014（1）.

张泽一，周常兰. 以色列高校创新教育对我国的启示［J］. 中国高校科技，2016（9）

张政文，田刚健. 面向全体探索以创新意识培养为主旨的创业教育模式［J］. 中国高等教育，2010（12）.

赵丽，于生兰，段琼辉. 基于创新创业人才培养的高职院校实践教学基地建设［J］. 黑龙江畜牧兽医，2015（5）.

赵宇萱. 基于第三方平台的小微企业创业绩效研究［D］. 蚌埠：安徽财经大学，2015.

赵志军. "三创"教育体系化构建：意义、逻辑基点及路径［J］. 东北师大学报（哲学社会科学版），2014（1）.

郑英蓓. 高等教育与区域互动发展的国际经验［J］. 教育发展研究，2006（4）.

中华人民共和国教育部高等教育司组. 世界主要国家创业教育情况［M］. 北京：高等教育出版社，2012.

钟华. 大学生创新创业协作平台的构建［J］. 管理观察，2015（1）.

周海容. 高校创业教育支持系统的构建与优化探析［J］. 湖北民族学院学报（哲学社会科学版），2013（3）.

周静. 发展创业教育和创业经济的几点思考［J］. 北京工业职业技术学院学报，2011（1）.

周志成. 高等教育哲学视阈下的创新创业教育［J］. 北京交通大学学报（社会科学版），2011（7）.

朱丽. 从"以色列经济奇迹"看政府在创新驱动中的作用［J］. 当代经济，2016（12）.

朱仁宏，曾楚宏，李孔岳. 创业研究不同观点的剖析与发展趋势的把握［J］. 外国经济与管理，2008（5）.

朱晓芸，梅伟惠. 高校创业教育师资队伍建设的困境与策略［J］. 中国高教研究，2012（9）.

后　记

本书完成，得益于创新创业教育领域的专家和同仁的支持、指导，得益于他们给予的大量建议和启迪。在此，非常感谢指导本书撰写的各位同志。在本书撰写过程中，笔者得到了广州城建职业学院领导的指导和关怀，在此表示诚挚的谢意。感谢课题组成员的热情参与，感谢家人给予的极大支持和无私奉献。同时，还要感谢中山大学出版社负责本书稿编审和校对的工作人员所付出的努力。由于时间、资源和能力有限，该著作尚存很多不足，所分析和研究的问题有待进一步深入和完善，诚请读者斧正。本书在编写过程中，参阅了大量的文献资料，引用了不少专家和学者的成果，在此谨向各位作者表示衷心的感谢。

王爱文

2019 年 11 月于广州